"十四五"职业教育国家规划教材

Chengshi Guidao Jiaotong Zonghe Jiankong Xitong

城市轨道交通综合监控系统

（第2版）

颜月霞　主　编

轩宏伟　副主编

何　鑫　主　审

人民交通出版社股份有限公司

北京

内 容 提 要

本教材是"十四五"职业教育国家规划教材,是在城市轨道交通综合监控系统迅速发展的背景下,为适应"城市轨道交通综合监控系统"的课程学习而编写的,共包括4个项目、14个任务,除了城市轨道交通综合监控系统的基础知识,还介绍了综合监控系统主要集成和互联子系统的运用,包括设备相关的综合监控子系统、客运相关的综合监控子系统、综合监控系统的运行维护和故障处理等内容。

本教材可作为城市轨道交通类专业学生学习"城市轨道交通综合监控系统"的课程教材,也可供城市轨道交通运营企业作为岗位培训教材选用。

*本教材配套多媒体教学课件,任课教师可通过加入"职教轨道教学研讨群"获取(QQ群号:129327355)。

图书在版编目(CIP)数据

城市轨道交通综合监控系统/颜月霞主编. —2 版
. —北京:人民交通出版社股份有限公司,2021.1(2024.12重印)
　ISBN 978-7-114-16881-9

　Ⅰ.①城… Ⅱ.①颜… Ⅲ.①城市铁路—交通监控系统—职业教育—教材 Ⅳ.①U239.5

中国版本图书馆 CIP 数据核字(2020)第 191501 号

"十四五"职业教育国家规划教材
书　　名:城市轨道交通综合监控系统(第 2 版)
著 作 者:颜月霞
责任编辑:司昌静
责任校对:孙国靖　龙 雪
责任印制:刘高彤
出版发行:人民交通出版社股份有限公司
地　　址:(100011)北京市朝阳区安定门外外馆斜街 3 号
网　　址:http://www.ccpcl.com.cn
销售电话:(010)85285911
总 经 销:人民交通出版社股份有限公司发行部
经　　销:各地新华书店
印　　刷:北京市密东印刷有限公司
开　　本:787×1092　1/16
印　　张:14.75
字　　数:329 千
版　　次:2015 年 9 月　第 1 版
　　　　　2021 年 1 月　第 2 版
印　　次:2024 年 12 月　第 8 次印刷　总第 14 次印刷
书　　号:ISBN 978-7-114-16881-9
定　　价:45.00 元

P 前言
Preface

【课程定位】

城市轨道交通综合监控系统可作为城市轨道交通运营管理和城市轨道交通机电技术专业的专业核心课程,旨在培养学生对城市轨道交通综合监控系统的利用能力和实际突发事件的处理能力。同时,该课程也是城市轨道交通类专业的平台专业课程。随着地铁系统的发展和智能技术的应用,相关岗位职工需要具备相应的复合能力。

【编写思路】

本教材是按照2014年教育部发布的教学标准要求,充分结合城市轨道交通综合监控系统近几年的发展而编写。在新一轮科技革命和产业变革的推动下,我国城市轨道交通行业信息化建设步入快速发展阶段,信息化建设成果初具规模。2020年《中国城市轨道交通智慧城轨发展纲要》重磅发布,标志着城市轨道交通发展智能系统、建设智慧城市轨道交通、助推交通强国建设的新发展阶段开始了。为适应新技术发展产生的岗位培训和职教改革发展需要,本教材及时修订更新,期待能为城市轨道交通专业课程体系建设与完善发挥作用。

【教材特色】

在本教材编写过程中注重考虑不同课程在重点上的界定,与时俱进,紧跟城市轨道交通综合监控系统新技术的发展,充分考虑职业教育学生的认知特点,增加了大量的学生作业任务和案例分析。教材编写时追求:内容上深入浅出、通俗易懂;形式上图片丰富,表格多样;编排上案例多、习题多;行文上可读性强。

本教材着眼于线上资源和线下资源结合,从高等职业教育理论和实训操作的层面出发,采用了项目—任务式基本教材结构,包括学习情境、学习目标、相关知识、任务实施、知识拓展、相关技能、思考题等内容。任务实施部分的实训活动设计不仅可以激发学生的兴趣、调动学习积极性,更重要的是能够通过实训活动培养学生对知识的形象理解和应用的熟练掌握。通过学习与实训,学生能够对城市轨道交通综合监控系统的运用有系统的认识,能够像广大城市轨道交通行业一线职工那样能够熟悉快速发展的综合监控系统。

【教学建议】

本教材内容丰富,配套 PPT、教案、习题、案例等辅助教学资源。本课程已建《城市轨道交通综合监控系统》国家专业教学资源库,读者可搜索学习使用。由于不同专业、不同学习层次的学生有着不同的学习要求,各校可根据人才培养方案的要求自行安排课时,建议设置32～64 课时为宜。

【编写分工】

本教材由北京交通运输职业学院颜月霞担任主编,负责编写项目二中的两个任务,副主编轩宏伟负责编写项目四中的两个任务,参与编写的还有马娜、周丽、李旭等老师。本教材由北京京港地铁有限公司何鑫担任主审。

【致谢】

非常感谢北京交通运输职业学院所有领导和同事对本教材的编写给予的大力支持,感谢地铁企业和人民交通出版社股份有限公司各位专家老师对本教材提出的宝贵建议。由于时间仓促,加之编者水平所限,纰漏难免,恳请广大读者指正。

作　者

2020 年 12 月

C 目录
Contents

项目一 认识综合监控系统

⚙ **教学引导**

　　本项目从城市轨道交通综合监控系统概念出发，利用城市轨道交通有关的综合监控系统实训设备，认识城市轨道交通综合监控系统的通用功能、中央级综合监控基本功能、车站级综合监控系统的功能和互联的监控子系统功能。帮助我们了解综合监控系统的基本技术基础，包括：传感器类型原理、通信和网络技术、分散控制技术系统等。综合监控系统的设备组成包括硬件和软件两个部分，硬件包括工控机、服务器、磁带机和磁盘阵列、前端处理器、综合后备盘、不间断电源、大屏幕投影系统、其他网络设备等。

⚙ **学习目标**

　　（1）启发学生关注智能交通技术在城市轨道交通系统中的应用，培养其对综合监控新技术的兴趣。

　　（2）学习掌握综合监控系统的基本技术。

　　（3）能够描述传感器类型。

　　（4）能够描述所学的先进通信和网络技术。

　　（5）能够了解分散控制技术系统。

　　（6）能够说出综合监控系统的通用功能、中央级功能、车站级功能、互联子系统的功能。

　　（7）学习掌握综合监控系统的设备组成。

任务一　熟悉综合监控系统功能

⚙ **情境导入**

　　（1）某天，某地铁车站控制室值班站长的手持对讲机突然响起，有站台站务人员报

1

告，站台上有人打起来了，值班站长一边用对讲机安排其他站务人员前往援助，一边迅速熟练地操作视频监控系统，只见他很快调取了现场的实时视频，一边观察，一边利用手持对讲机指挥工作人员处理事件，过程中还插入了即时广播，提醒乘客请勿围观，通过车站广播系统维持秩序，不到几分钟，现场就回归了平静……

在这起处理突发事件的过程中，车站值班站长熟练地应用了综合监控系统来指挥协调。

[思考] 综合监控系统有哪些功能和作用？

（2）地铁运营公司正在进行毕业生的招聘面试工作，一位某交通职业技术学院的毕业生在滔滔不绝地介绍自己，在学校学习期间，曾多次到地铁现场进行志愿者服务，面试老师问："你在地铁车站进行志愿服务时，对综控室有了解吗？"学生回答："进去过，那里有综控人员值班，他的工作是天天盯着计算机屏幕看。"

[想一想] 综控人员所盯的计算机屏幕上有什么呢？

知识储备

一、综合监控系统概述

1. 综合监控系统的概念

城市轨道交通运营涉及大量机电设备和复杂的子系统，而城市轨道交通的安全运营除了应提供必要的、安全可靠的机电设备外，还应建立对这些设备进行监视和控制的计算机监控系统，从而使安全风险在可控范围内，这对保证城市轨道交通运营的安全、高效是十分重要的。城市轨道交通综合监控系统（Integrated Supervision and Control System，简称 ISCS）就是在上述需求下应运而生逐步发展的。

计算机监控系统框架

国家标准《城市轨道交通综合监控系统工程技术标准》（GB/T 50636—2018）中定义：城市轨道交通综合监控系统是对城市轨道交通线路中机电设备进行监控的分层分布式计算机集成系统。

某地铁运营企业在技术规格书中规定：综合监控系统能够完全集成电力监控系统、环境与设备监控系统、站台门系统，在此基础上集成视频监控系统、广播系统的人机操作界面，同时互联列车自动监控系统、火灾自动报警系统、传输系统、时钟系统、自动售检票系统、乘客信息系统、通信专业集中告警设备、城市轨道交通指挥中心等。

综合监控系统的主要目的是将各分散孤立的自动化系统连接为一个有机的整体，实现地铁各相关系统之间的信息互通、资源共享，提高各相关系统的协调配合能力，高效实现系统间的联动，提高地铁全线的整体自动化水平。综合监控系统的使用大大加强了城市轨道交通系统运行的安全性、乘客的舒适性，以及紧急情况下乘客疏散的及时性。

总的来说，城市轨道交通综合监控系统是一个高度集成的综合自动化监控系统，其主要目的是通过集成地铁多个主要弱电系统，形成统一的监控层硬件平台和软件平台，从而实现对地铁主要弱电设备的集中监控和管理功能，实现对列车运行情况和客流统计数据的关联监视，最终实现相关各系统之间的信息共享和协调互动功能。通过综合监控系统的统

一用户界面，运营管理人员能够更加方便、有效地监控管理整条线路的运营情况。

城市轨道交通系统的运营需要多个专业的监控系统协调配合，包括多个子系统，具有代表性的子系统包括：电力监控系统（SCADA）、环境与设备监控系统（BAS）、列车自动监控（ATS）系统、火灾自动报警系统（FAS）、自动售检票系统（AFC）、通信系统［包括公务通信、调度通信、无线通信、数字传输、广播系统（PA）、乘客信息系统（PIS）、视频监控系统（CCTV）、时钟系统（CLK）等］、站台门监控系统（PSD）、门禁系统（ACS）等。地铁车站涉及的专业设备多种多样，要求综合监控系统可以统一、高效地管理和监控多种系统及设备。

2. 综合监控系统的构成

随着技术发展，城市轨道交通综合监控系统的应用范围由最初的只监测部分设备到现在的几乎涵盖了地铁系统中的所有需要监测的几十种设备，由一个小系统发展到现在的综合监控系统。但不同的线路采用的综合监控系统的范围和技术有所不同。

集成子系统是指完全集成在综合监控系统内的专业自动化子系统，其全部功能都由综合监控系统实现，是综合监控系统的一部分。比如，电力监控子系统和环境与设备监控子系统就是综合监控系统的集成子系统。

互联系统是指与城市轨道交通综合监控系统通过外部接口进行信息交互的、独立运行的专业自动化系统。比如，列车自动控制系统通常是城市轨道交通综合监控系统的互联子系统。

有的综合监控系统不仅仅集成了电力、环控等系统，还通过工业以太网集成了广播系统（PA）、视频监控系统（CCTV）、门禁系统（ACS）、乘客信息系统（PIS）等。此外，综合监控系统还集成了车载综合监控系统，其主要是通过无线集群技术或宽带无线技术等与车辆的列车管理系统和信号系统进行互联，以实现信息共享。

由图 1-1-1 可以看出，综合监控系统的最大特点就是三级调度、四级控制。三级调度指的是城市级指挥中心［如城市轨道交通指挥中心（Traffic Control Centre，简称 TCC）］、运营控制中心（Operating Control Center，简称 OCC）和车站三级调度。四级控制指的是城市级指挥中心、OCC 控制中心、车站和就地四级控制。

一般对于一条线路来讲，综合监控系统包括中央和车站两级调度、控制，就地级控制不在综合监控系统的范围之内。这是城市轨道交通综合监控系统有别于一般的数据采集与电力监控系统（Supervisory Control and Data Acquisition，简称 SCADA）和分散控制系统（Distributed Control System，简称 DCS）的最大应用特点。

在实际城市轨道交通建设任务中，还有可能出现管理局部几个邻近车站的区域分中心。而当城市形成轨道交通网络体系以后，也可能出现管理几条线路的指挥控制中心。

运营控制中心，是城市轨道交通的管理、调度中心，其职责是保证一条线路完整运营、统一管理，同时负责与上一级管理的接口。通常把位于 OCC 的综合监控系统称为中央级综合监控系统（Center ISCS，简称 CISCS），把位于车站的综合监控系统称为车站级综合监控系统（Station ISCS，简称 SISCS）。CISCS 通过通信主干网将各 SISCS 信息汇集到 OCC，从而完成中央级的调度、控制功能，实现全线多系统的综合监控。SISCS 通过车站局域网将现场级的信息汇集到车站，从而实现车站级的综合监控。

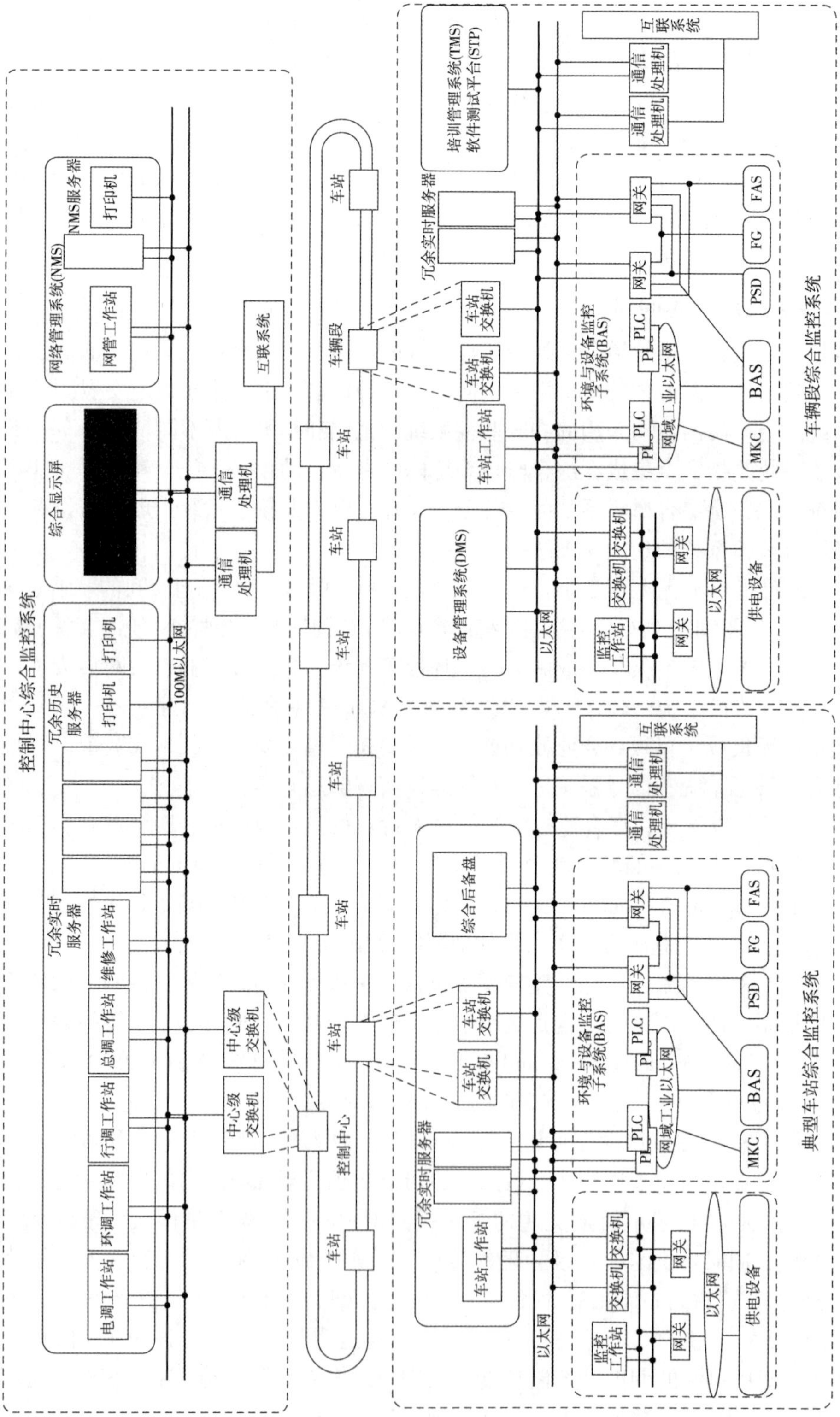

图 1-1-1 综合监控系统整体结构构图

3. 综合监控系统的应用和发展

（1）综合监控系统的应用。

2002 年北京地铁 13 号线综合监控系统是我国第一个综合监控系统，包括信号系统（SIG）、通信系统（COM）、环境与设备监控系统（BAS）等。2004 年深圳地铁 1 号线一期工程采用了综合自动化监控系统，集成了机电设备监控系统（EMCS）、数据采集与监视控制系统（SCADA）、火灾自动报警系统（FAS）等三个系统。广州地铁 3 号线和 4 号线集成和互联的系统有 12 个，包括环境与设备监控（BAS）、火灾自动报警（FAS）、电力监控（PSCADA）、防淹门（FG）、站台门（PSD）、门禁（ACS）、广播（PA）、闭路电视（CCTV）、时钟（CLK）、乘客信息系统（PIS）、信号（SIG）、自动售检票（AFC）等，标志着我国地铁综合监控系统技术走向世界前列。

北京地铁燕房线 2017 年开通，是我国第一条完全国产化并实现全自动运行的示范线路。该线路利用行车综合自动化系统（TIAS），建立统一的数据库、应用软件及人机界面平台，将各个专业子系统间的数据高度融合，实现对轨道交通信号、供电、机电、车辆、站台门、乘客服务等进行全面高效监控，同时也实现了 40 多项全自动、半自动列车运行场景，支撑列车全自动运行。

部分综合监控集成商、设备商对应的建设线路及集成情况

（2）综合监控系统的发展趋势。

由于科学发展和技术进步的推动，城市轨道交通的建设正在走向全自动化、全数字化和高智能化。综合监控系统已成为城市轨道交通自动化系统的发展方向，同时，综合监控系统还存在以下几个方面的发展趋势。

衡量综合监控系统的集成深度，可以从两方面考察：一是从横向看集成的子系统的个数；二是从纵向看集成的层次，是 OCC 集成，还是集成到车站级，或是集成到现场级。

①横向发展趋势。

从横向看，在采用综合监控系统建设城市轨道交通的初期，一般是适度集成。例如上海地铁明珠线是把 SCADA 和 BAS 集成在一个平台上。深圳地铁 1 号线、成都地铁 1 号线等集成了电力监控系统（SCADA）、环境与设备监控系统（BAS）、火灾自动报警系统（FAS）三个子系统，并且在 OCC 的大屏幕上将城市轨道交通各专业信息接入。随着城市轨道交通建设的发展，综合监控系统集成和互联的子系统越来越多。

上海地铁 10 号线已开始实施国内最大的综合监控系统，集成的子系统有 SCADA、CCTV、PIS、PA、BAS、列车综合监控系统（TISCS）；互联的子系统有 FAS、站台门（PSD）、列车信息系统（TIS）、车站信息系统（SIS）、自动售检票系统（AFC）、信号系统（SIG）、时钟系统（CLK）。该系统集成和互联的子系统有 15 个之多，几乎包括了城市轨道交通运营的所有系统。此外，北京地铁 5 号线和上海地铁 10 号线准备集成和互联的子系统也比较多。

再如，某条地铁线路的 ISCS 主要监控对象也包括集成子系统和互联子系统两部分，见表 1-1-1。

某线路 ISCS 主要监控对象 表 1-1-1

集成的监控对象	互联的监控对象
电力监控系统（SCADA）	自动售检票系统（AFC）
环境与设备监控系统（BAS）	门禁系统（ACS）
火灾自动报警系统（FAS）	广播系统（PA）
感温光纤探测系统（DTS）	视频监控系统（CCTV）
站台门（PSD）	无线通信系统（RCS）
防淹门（FG）	乘客信息显示系统（PIS）
	通信集中告警系统（TEL/ALARM）
	调度电话（DLT）
	信号系统（SIG）

②纵向发展趋势。

从纵向看，综合监控系统集成的界面有向下层移动的趋势。如北京地铁 13 号线在 OCC 集成了 SCADA、BAS 和 FAS，在车站依然保持了各自独立的子系统。广州地铁 3 号线、4 号线、5 号线主控系统则从车站级集成了 SCADA、FAS、EMCS、PSD、FG 等子系统。而深圳地铁 1 号线工程在集成 SCADA、BAS、FAS 三个子系统时，综合监控系统对 SCADA 集成的界面在通信控制器上，对 BAS 集成的界面在 PLC 的输入/输出端子上，对 FAS 集成的界面直至报警传感器探头。而北京地铁 5 号线在设计之初，就提出"大综合监控系统"的概念，希望由综合监控系统直接与各子系统的设备接口相连，如 SCADA 的开关室、BAS 的智能低压开关柜、照明导向、电/扶梯等。

综合监控系统深度集成化已经成为一种趋势，反映了当前城市轨道交通发展的内在迫切要求，是城市轨道交通调度指挥系统追求的建设目标之一。

随着城市轨道交通的发展，在同一个城市里出现多条城市轨道交通线路的运营是必然的趋势。相应的城市轨道交通调度所面对的对象不再是一条孤立的线路，而是包括若干条线路的一个路网。如何从单线路综合监控系统向路网综合监控系统发展，是城市轨道交通各部门所面临的一个新命题。

现在已经出现的集中综合监控系统，是同一运营主体出于信息资源共享、管理指挥的需要，在某一地点将几条线路的相同系统集成或以单线综合监控系统为基础而建立起来的集中式的综合监控中心，如日本东京帝都营团、墨西哥轨道交通等。集中式综合监控中心具有了初步的轨道交通网的雏形，一般是在单线路控制中心的基础上加设一级总调度系统。

通常，城市轨道交通路网综合监控系统采用分层管理、分级控制的模式，实现点、线、网的结合。点，即车站或车辆基地，从城市轨道交通网络上看为一点，是构成线路的基本单元。线，即相对独立的线路，从城市轨道交通网络上看为一条独立营运的线路，这些线路构成城市轨道交通网络的骨架。网，即城市轨道交通网络，由全部城市轨道交通线路组成。指挥控制系统应以点为基本单元、线为主体，保证每条线路完整、独立运营管理的控制功能，并在此基础上实现城市轨道交通网络的信息资源共享，达到职责明确、风险分散的目的。在国内城市轨道交通比较发达的城市，如广州、上海等，已经开始考虑路网综合监控系统的建设。这种将先进的集计算机、通信和网络技术等融为一体的管理系统，可以更好地满足城市轨道交通网络各层面的使用需求。

二、综合监控系统的基本功能

城市轨道交通综合监控系统的基本功能定位应确立三个原则：为运营服务、为设备维护服务、为乘客服务。

综合监控系统功能分为中央级功能、车站级功能和互联系统功能三个层次（图1-1-2）。具体功能如下。

（1）综合监控系统应满足正常模式、阻塞模式、故障模式和灾害模式的联动控制要求。触发联动控制应包括事件触发、时间触发和人工触发。

（2）综合监控系统应具有模式控制、顺控及点控功能。

（3）综合监控系统应实现故障自诊断功能，宜实现远程故障诊断、远程维护功能。

（4）综合监控系统应具有时钟同步功能。

（5）综合监控系统应具备监视、控制与调节和参数设置功能。

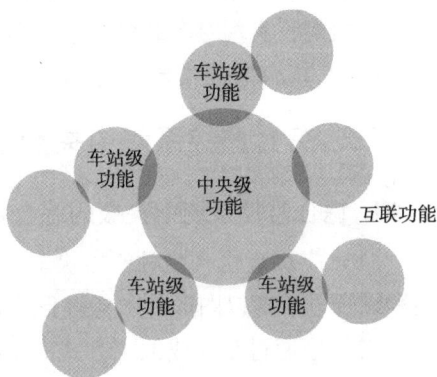

图1-1-2　综合监控系统功能分类

（6）综合监控系统宜具有事件回放、运营数据统计和决策支持等运营辅助管理功能。

（7）综合监控系统应实现所集成系统的中央级和车站级的运营管理、设备监控功能。

（8）综合监控系统应具有权限管理功能和集中统一的用户注册管理功能，并应根据注册用户的权限，提供权限范围内的功能。使用权限级别应包括系统管理级、运营操作级和浏览级。

（9）系统配置中的冗余设备之间应实现无扰动自动切换。

（10）综合监控系统的功能应符合下列规定。

①应具有监视功能，通过监视画面监视监控对象的状态、参数及运行过程。

②应具有综合报警和报警管理功能，并应提供画面和声光报警。报警应能分级，一级报警宜具有推图功能。报警信息应能分类按时序显示。

③应具有事件管理功能，应能在线查看实时信息和历史事件。

④应具有文件和报表管理、生成和打印功能。常用报表应包含报警报表、事件报表、数据统计报表、各种日志报表等。被授权的用户可定制报表。

⑤应具有对各类操作、事件、报警、日志、历史数据和文件进行记录、保存、归档和查询功能。

⑥应具有历史数据管理功能，可对历史数据记录进行处理、分析、统计和存档。

⑦应具有在线、离线的配置组态功能。

⑧应具有网络管理功能，实现网络管理、配置管理、网络监控、故障报告、性能管理、安全管理、事件记录和参数调整等操作。

⑨应具有设备维护、维修管理功能，实现设备运行的监视和维修、维护工作的管理；宜具有维护维修计划、维护维修工单和设备台账等。

⑩应具有培训管理系统功能，实现系统运行管理、操作、日常维护、故障排除等业务的培训；培训管理系统可在线和离线运行，并应具有相同的人机界面及功能。

⑪应具有系统软件和数据的备份和恢复功能。

⑫当全自动运行时，综合监控系统应实现下列功能：

集成列车自动监控系统；实现车辆设备、车站设备和区间设备的联动；实现对车载广播系统、车载闭路电视系统、车载乘客信息系统和乘客紧急对讲的监控；实现对车辆运行状态的监控；实现对车载信号系统运行状态的监视。

（11）综合监控系统应提供操作提示功能。

三、综合监控系统中央级功能

1. 综合监控系统中央级的综合功能

（1）应对全线监控对象的状态、参数数据进行实时收集及处理，并应在各调度员工作站和综合显示屏以图形、图像等形式显示；

（2）应通过自动或人工方式向全线被监控对象或系统发送控制命令；

（3）应设有统一的、多层次的监控显示及操作；

（4）应提供全系统的网络状态图，网络状态图应显示系统主要设备的运行状态和网络通断状态；

（5）应提供全线各区域、各系统之间的联动功能；

（6）应设有与线网调度指挥系统的接口。

2. 综合监控系统中央级的电力监控功能

（1）应提供动态显示的供电系统图、变电所主接线图、牵引网供电分段示意图、顺控等用户画面以及变电所盘面图；

（2）应实时显示变电所设备的电流、电压、功率、电量信息；

（3）应在综合显示屏指定区域显示全线的一次接线图；

（4）应实现对全线遥控对象的遥控，遥控种类应分选点式、选站式控制

（5）应实现多站并发顺序控制；

（6）应实现对全线供电系统设备运行状态的实时监视、故障报警和保护复归；

（7）应实现运行状态和故障信息的记录、画面显示及打印功能；

（8）应实现电能统计日报、月报的制表及打印功能；

（9）应实现实时趋势显示功能；

（10）应具备权限移交功能；

（11）宜实现故障录波显示功能。

3. 综合监控系统中央级的环境与设备监控功能

（1）应提供系统图画面；系统图画面应包括车站综合画面、车站机电设备分类画面、

环境与设备监控系统模式控制画面、环境与设备监控系统模式列表；

（2）应能监视全线各车站的通风与空调系统、给水排水系统、电梯、自动扶梯、动力照明系统等设备的运行状态；

（3）应能监视和记录各车站站厅和站台、管理用房和设备用房的温度、湿度环境参数；

（4）应实现对车站相关设备、隧道区间通风系统设备的模式控制功能；

（5）应实现时间表的编辑和下载功能；

（6）应在综合显示屏指定区域显示全线隧道通风系统的工作状态、区间水位状态等运行情况；

（7）应实现趋势显示功能；

（8）应具备权限移交功能；

（9）应实现模式对照功能。

4. 综合监控系统中央级的火灾自动报警功能

（1）应管理全线的火灾报警，并应显示具体报警部位；

（2）应实现区间火灾模式控制，应按区间火灾发生位置组织防灾设备联动；

（3）可以车站为单位分类接收、显示并储存全线火灾自动报警设备的运行状态；

（4）综合监控系统应实时监测与火灾自动报警系统通信链路的运行状态，发布火灾涉及有关车站消防设备的控制命令；

（5）应实现火灾事件历史资料存档管理。

5. 综合监控系统中央级的列车自动监控功能

（1）应实现全线列车的自动追踪和监控；

（2）应实现进路的自动或手动办理功能；

（3）应实现列车运行图管理功能；

（4）应实现列车运行的自动或手动调整功能；

（5）应实现自动列车保护设备、联锁设备、信号机、区段设备、道岔设备等设备运行状态的监控功能；

（6）应实现折返模式状态、遥控状态、站控状态、区域控制器通信状态等运行状态的监视功能；

（7）应实现列车临时限速的功能；

（8）应实现行车调度派班管理的功能；

（9）应实现列车站控和遥控的切换功能。

6. 综合监控系统中央级的复示功能

（1）宜在控制中心设置环境与设备监控系统、火灾自动报警系统和电力监控系统复示终端；

（2）复示终端应监视全线环境与设备监控系统、火灾自动报警系统和电力监控系统设备的运行情况及事故信息；

（3）复示终端应实现复示信息的打印功能。

7. 中央级的其他功能

（1）当综合监控系统集成站台门时，其中央级应实现全线车站站台门系统设备的运行状态、故障状态监视功能；

（2）当综合监控系统集成防淹门时，其中央级应实现防淹门系统设备的运行状态、故障状态和水位状态监视功能。

四、综合监控系统车站级功能

车站级综合监控系统应包括车站综合监控系统和车辆基地综合监控系统。

1. 综合监控系统车站级的综合功能

（1）应实现管辖范围内的供电、环境、防灾、乘客服务及车站设备的运行情况监控功能；

（2）应实现集成子系统和互联系统的信息及车站综合信息显示功能；

（3）应实现集成子系统和互联系统间的联动功能。

2. 综合监控系统车站级的电力监控功能

（1）应实现车站级管辖范围内变电所设备、牵引网设备运行状态和运行参数实时监视功能；

（2）应在设定的权限范围内实现遥控、遥信、遥测、遥调功能；

（3）应实现权限移交功能；

（4）设备的遥控控制权应默认在控制中心，车站级获得控制权后方可对设备进行控制，同一时刻应只允许一个用户对同一设备进行控制操作；

（5）应实现供电系统运行情况的数据归档和统计报表功能；

（6）应实现根据需要动态显示本站变电所一次系统图、牵引网供电系统图、控制权限移交画面、压板管理画面、本站程控等用户画面功能。

3. 综合监控系统车站级的环境与设备监控功能

（1）应实现车站级综合显示画面、环境与设备监控系统设备分类画面、环境与设备监控系统模式的显示功能；

（2）应实现对车站级及所辖区间、隧道通风系统、通风空调系统、给水排水系统、自动扶梯、照明系统、事故照明电源设备监视和控制功能，并应对故障进行报警；

（3）应实现对车站站厅、站台、设备用房等区域的温度、湿度、压力环境参数的监视和记录功能；

（4）对于所有的监控设备，应实现手动或自动模式控制功能；

（5）应实现车站级照明系统的节能运行状态监视功能；

（6）应将车站级被控设备运行状态、报警信号及测试点数据送至控制中心，并应接收中央级的各种运行模式指令；

（7）应接收火灾自动报警系统发出的模式指令并监视环境与设备监控系统执行防灾模

式的情况；

（8）应实现权限移交功能。

4. 综合监控系统车站级的火灾自动报警功能

（1）应实现车站级的火灾报警管理功能；

（2）应实现车站级火灾报警设备的主要运行状态监视功能，应接收车站级火灾报警并显示报警具体位置；

（3）当火灾发生时，应根据火灾模式，联动广播系统进行防灾广播，联动视频监控系统进行车站级火灾场景监视，联动乘客信息系统进行火灾信息发布，同时还应联动防排烟，电源切换，紧急疏散释放设备；

（4）应实现控制城市轨道交通专用消防救灾设备的启动/停止功能；

（5）应分类存储车站级火灾自动报警系统设备的运行、故障、报警的数据记录。

5. 综合监控系统车站级的复示功能

（1）宜在车辆段、停车场、车站维修工区、换乘站的不同车站控制室设置环境与设备监控系统、火灾自动报警系统、电力监控系统复示终端；

（2）复示终端应监视全线或换乘站环境与设备监控系统、火灾自动报警系统、电力监控系统设备的运行情况及事故信息；

（3）复示终端应实现复示信息的打印功能。

6. 综合监控系统的车站综合后备盘功能

（1）车站综合后备盘应具备灾害报警以及信号、环境与设备监控系统、火灾自动报警系统、自动售检票、屏蔽门等系统的后备应急操作；

（2）在系统故障或发生灾害等紧急事件的特殊情况下，应具备隧道火灾模式、车站火灾模式、隧道阻塞模式、站台门应急开启、列车自动监控系统的紧急停车、扣车和停车、自动检售票系统闸机释放、门禁系统电锁的释放、牵引网紧急断电以及和各紧急情况相关的联动控制。

7. 综合监控系统车站级的列车自动监控功能

（1）应实现本集中区列车的自动追踪和监控功能；

（2）应实现进路的自动或手动办理功能；

（3）应实现本集中区信号机、站台、区段、道岔、列车等设备运行状态的监控功能；

（4）应实现折返模式状态、遥控状态、站控状态、区域控制器（ZC）通信状态等运行状态的监视功能；

（5）应实现发车指示器控制功能；

（6）应实现站控和遥控的切换功能。

8. 车站级的其他功能

（1）当综合监控系统集成屏蔽门时，应监控车站级屏蔽门的各种运行状态；

（2）当综合监控系统集成防淹门时，应监控车站级防淹门的各种运行状态。

五、互联系统功能

1. 综合监控系统列车自动监控系统功能

（1）应接入列车运行信息、阻塞信息等；

（2）宜接入设备状态、故障信息；

（3）宜将接触网带电信息发送给列车自动监控系统；

（4）宜显示站场图、列车实际运行图和计划运行图；

（5）宜实现列车进站自动广播及阻塞触发的联动功能。

2. 综合监控系统的广播系统功能

（1）应实现广播、话筒广播、线路广播、广播区域混选及音量调节功能；

（2）应实现选择广播源功能；

（3）应实现广播设备状态和报警监视功能；

（4）应实现定时广播功能；

（5）应实现广播区占用显示功能；

（6）宜实现列车到站自动广播功能。

3. 综合监控系统的视频监控系统功能

（1）应实现视频监控系统的显示及操控功能；

（2）应实现对视频监控图像切换、云台调节等控制功能，宜实现对视频监控图像保存、回放功能；

（3）应实现在综合显示屏上切换管辖范围任意摄像机图像的功能；

（4）应实现视频监控系统的序列管理功能；

（5）宜实现云台摄像机占用状态显示功能；

（6）可实现车站视频行为分析功能。车站级、中央级工作站可上传报警信息，并能调用报警截图。视频分析报警可触发相关联动。

4. 综合监控系统的门禁系统功能

（1）应实现对门禁系统的故障信息、状态信息及通信状态信息的接收和存储功能，宜对门锁进行开关控制；

（2）应实现火灾联动控制功能。

5. 综合监控系统的乘客信息系统功能

（1）中央级应具备乘客信息系统的信息编辑管理功能，信息发布区宜支持混选。宜具备发布信息的审核、清除功能；

（2）应实现乘客信息系统发布信息状态的监视和乘客信息系统设备运行状态的信息监视功能。中央级应实现对全线设备的监视功能；车站级宜实现对本站设备的监视功能；

（3）宜实现信息的定时和实时发布功能；

（4）宜实现显示屏的开关屏的开关屏操作功能。

6. 综合监控系统的自动售检票系统功能

（1）应实现监视客流信息及自动售检票系统设备状态信息和报警信息的功能；

（2）车站级综合监控系统宜实现闸机控制功能。

7. 互联系统的其他功能

（1）当综合监控系统互联火灾自动报警系统时，应对全线车站、车辆基地及区间火灾情况进行监视管理，对全线区间火灾进行模式表管理；

（2）当综合监控系统互联屏蔽门时，应对全线车站站台门设备的运行状态、故障状态进行监视；

（3）当综合监控系统互联防淹门时，应对全线防淹门设备的运行状态、故障状态、水位状态进行监视；

（4）综合监控系统与时钟系统应实现对时功能，中央级、车站级设备时钟系统应同步；

（5）综合监控系统应实现对不间断电源的工作状态、各种电量参数、报警信息及电池状态等的监视功能；

（6）综合监控系统应实现监视感温光纤、电气火灾、消防电源等设备状态、故障信息的功能，应接收电气火灾报警并显示报警具体位置；

（7）综合监控系统的能源计量管理系统功能应具备监视相关设备状态、故障信息的功能，并应实现采集能源计量信息、进行统计分析和制定统计报表功能。

———————◇ 任 务 小 结 ◇———————

中央级综合监控系统一方面必须实现被集成系统已有的主要功能，另一方面必须按照系统工作模式实现必要的联动功能。其在实际应用中有 4 种不同的工况，包括正常工况、灾害工况、阻塞工况、故障工况。在不同的工况情况下，功能侧重不同。

1. 正常时的工况功能

综合监控系统的日常监管模式下，综合监控系统将根据列车、环境、乘客、供电和设备状态等信息，自动监控全线各站各有关系统的运行情况。

2. 灾害时的工况功能

当确认灾害报警信息后，综合监控系统将综合现场信息、列车位置信息等，启动相关的灾害模式，使各有关系统协调工作。综合监控系统将围绕救人、救灾、迅速疏散乘客等工作快速高效地协调各系统。

3. 阻塞时的工况功能

当列车在站台、区间受阻时，综合监控系统启动阻塞模式，控制中心大屏幕显示进入阻塞模式的信息，报警体系提醒在控制中心和车站的工作人员进入阻塞模式，各有关系统也将协调工作，在保证安全的前提下快速消除阻塞。

4. 故障时的工况功能

当主要系统设备出现重大故障，影响综合监控系统甚至城市轨道交通系统的正常运营或危及设备安全时，综合监控系统自动进入故障模式，控制中心大屏幕发出进入故障模式的消息，报警体系提醒在控制中心和车站的工作人员进入故障模式，各有关系统也将协调工作，尽快排除故障。

综合监控系统采用两级管理、三级控制方式，系统由中央级系统、沿线各车站、车辆基地（含备用控制中心）及数据传输通道组成。

中央级综合监控系统位于控制中心，服务对象是控制中心的各专业调度员，监控对象为全线的环境、灾害、乘客、供电，及主要机电设备的运行情况。监控对象通过各种调度员工作站和大屏幕以图形、图像、表格和文本的形式显示出来，供调度人员参考使用，并根据一定的逻辑关系自动向分布在各站点的被监控对象或系统发送模式（程序）、点控指令，也可由调度员人工发布控制指令，从而完成对全线环境、设备和乘客的集中监控。

车站级综合监控系统位于各车站（车辆段），服务对象是车站值班员、车辆段调度员等，监控对象为车站范围内的环境、灾害、乘客、供电级主要机电设备的运行情况，行使权限内的控制功能。在紧急情况下通过综合后备盘对管辖范围内的监控对象进行控制。

各设备的就地控制器能独立完成所管辖范围内设备的监控功能，直接采集车站设备运行状态信息，并通过总线传送至车站控制室，同时接收车站控制室的指令。

任 务 实 施

1. 课堂讨论

一般 5~8 人一组进行如下认知性学习和讨论。

（1）交流与讨论一：综合监控系统通用功能与各子系统功能的关系。

（2）交流与讨论二：综合监控子系统中央级功能和车站级功能的关系。

（3）交流与讨论三：综合监控子系统中互联与集成子系统功能的关系。

（4）交流与讨论四：综合监控系统的功能和重要性。

2. 小组工作

（1）一般 4~7 人一组每组下载 5 篇有关文献进行学习和讨论。

（2）分工合作制作 5 分钟课件（PPT）：包括综合监控系统基本功能，中央级功能和车站级功能的关系，互联与集成子系统功能。

（3）下次课，每个小组代表轮流讲解本组讨论的内容。

（4）教师点评各组课件（PPT）。

复习思考题

一、填空题

（1）随着技术发展，城市轨道交通综合监控系统的应用范围由最初的_____到现在的几乎涵盖了地铁系统中的所有需要监测的设备_____种，由一个_____系统发展到现在的综合监控系统。不同的线路采用的综合监控系统的范围、技术又有_____。

（2）北京地铁＿＿＿＿＿＿＿＿＿＿＿号线作为国内首条综合监控系统，已投入运营。

（3）城市轨道交通的建设由于科学发展和技术进步的推动正在走向＿＿＿＿＿＿化、＿＿＿＿＿＿化和高智能化。

（4）集中式综合监控中心具有了初步的城市轨道交通网的雏形，一般是在单线路控制中心的基础上，加设一级＿＿＿＿＿＿系统。

（5）城市轨道交通路网综合监控系统采用分＿＿＿＿＿＿管理、＿＿＿＿＿＿控制的模式，实现点、线、网的结合。点，即为＿＿＿＿＿＿，从城市轨道交通网络上看为一点，是构成线路的基本单元。线，即为相对独立的线路，从城市轨道交通网络上看为＿＿＿＿＿＿，由点组成，是构成城市轨道交通网络的骨架。网，即为城市轨道交通网络，由全部＿＿＿＿＿＿组成。

（6）综合监控系统功能包括＿＿＿＿＿＿级功能、＿＿＿＿＿＿级功能和＿＿＿＿＿＿系统功能三部分。

（7）综合监控系统中央级电力监控功能实现＿＿＿＿＿＿并发控制。

（8）综合监控系统中央级的环境与设备监控功能监视和记录各车站站厅、站台和管理设备用房的＿＿＿＿＿＿、＿＿＿＿＿＿等环境参数。

（9）车站级综合监控系统功能包括＿＿＿＿＿＿综合监控系统功能和车辆基地综合监控系统功能。车站综合监控系统功能包括车站级综合功能、＿＿＿＿＿＿监控功能、＿＿＿＿＿＿监控功能、＿＿＿＿＿＿功能和＿＿＿＿＿＿功能。

（10）广播系统能监视＿＿＿＿＿＿状态和信息。

（11）视频监控系统功能包括能显示＿＿＿＿＿＿范围内的 CCTV 视频图像。

（12）中央级综合监控系统在实际应用中有 4 种不同的工况，包括＿＿＿＿＿＿工况、＿＿＿＿＿＿工况、阻塞工况、＿＿＿＿＿＿工况。在不同的工况情况下，功能侧重不同。

二、简答题

（1）在中央级功能、车站级功能和互联系统功能三部分功能中共有的基本功能包括哪些？

（2）综合监控系统中央级的综合功能有哪些？

（3）门禁系统互联功能有哪些？

（4）综合监控系统系统工作模式有哪几种？

（5）请描述什么是城市轨道交通综合监控系统？

（6）分析城市轨道交通综合监控系统的发展趋势。

三、案例分析

（1）请调研某具体地铁车站，回答：车站有哪些综合监控子系统？看到了哪些按钮？有什么功能呢？

（2）某地铁线路综合监控系统相关的系统包括：站台门系统（PSD）、列车自动监控系统（ATS）、电力监控系统（SCADA）、环境与设备监控系统（BAS）、火灾自动报警系统（FAS）、广播系统（PA）、视频监控系统（CCTV）、时钟系统（CLK）、乘客信息系统（PIS）、不间断电源（UPS）、通信专业集中告警设备（ALM）、门禁系统（ACS）等。请同学们讨论分析这些监控子系统都有哪些功能呢？

任务二 学习综合监控系统技术基础

情境导入

某地铁运营公司的岗前培训班任务之一是学习技术设备有关内容。关于 ISCS，培训师这样说：本公司管理的 10 号线 ISCS 集成了电力监控系统（SCADA）、环境与设备监控系统（BAS）、站台门系统（PSD）、门禁系统（ACS），能够实现对以上设备系统运行的监视与控制。ISCS 互联了城市轨道交通指挥中心（TCC）、列车自动监控系统（ATS）、广播系统（PA）、视频监控系统（CCTV）、时钟系统（CLK）、自动售检票系统（AFC）、乘客信息系统（PIS）、通信设备集中告警系统，获取及显示各系统相应信息……

[想一想] 这么多系统的功能，需要哪些基础技术和设备才能实现呢？

知识储备

一、综合监控系统中的传感器

随着科学技术的迅猛发展，监测技术在城市轨道交通行业得到了广泛应用，逐步形成了综合监控系统。综合监控系统就是将彼此孤立的各类设备控制系统通过网络和集成软件有机地连接在一起，建成一个信息共享平台，实现不同工况下各系统的联动、信息高度共享和系统的自主决策。实现信息共享的前提是能够获取信息，传感器是获取信息的工具，传感器技术、通信技术和计算机技术一并称为信息技术的三大支柱。

1. 传感器的概念

传感器在不同领域有时也称为换能器、变换器或探测器，传感器能够感知和检测某一形态的信息，并将之转换为另一形态的信息。《传感器通用术语》（GB/T 7665—2005）中规定：传感器是能感受被测量并按照一定的规律转换成可用输出信号的器件或装置。它通常由敏感元件和转换元件构成。换句话说，它能将各种被测量检出并转换成便于运输、处理、记录、显示和控制的可用信号，一般通常是电信号。

传感器技术在综合监控系统中的作用相当于人的五官，是综合监控系统中的重要部件。其地位示意如图1-2-1所示。

2. 传感器的分类

传感器的应用很广、种类很多、原理多样，监测的对象涉及多种参数。传感器的分类常常按照工作原理、输入信息和应用目的来分类。

（1）按照工作原理分类。

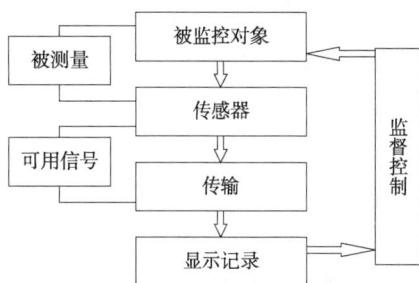

图1-2-1 传感器在综合监控系统中的地位

由于工作原理不同，传感器主要包括物理型传感器、化学型传感器和生物型传感器三种。

物理型传感器又可以分为两种：物性型传感器和结构型传感器。物性型传感器是利用材料本身所具有的内在特性以及效应将被测量直接转换为电信号的传感器，比如热电偶制成的温度传感器。结构型传感器是以结构变化为基础的传感器，比如石油、天然气、地震勘探中的磁电式传感器。

化学型传感器是利用敏感材料与物质间的电化学反应原理，把无机和有机化学成分、浓度等转换成电信号的传感器，如离子传感器、气体传感器、湿度传感器等。

生物型传感器是利用材料的生物效应构成的传感器，如血压计等。

（2）按照输入信息分类。

按照输入信息对传感器命名通常能够方便传感器的使用。测量什么量就称作什么传感器，按照输入信息分类的传感器有很多，常见的有位移传感器、速度传感器、温度传感器、压力传感器、磁传感器等。

（3）按照应用目的分类。

传感器按照应用的目的分，有计测用传感器、监视用传感器、检查用传感器、诊断用传感器、控制用传感器和分析用传感器等。

（4）按照应用主体分类。

还有的传感器以应用主体分类，如汽车用传感器、飞机用传感器、列车用传感器等。

总的来说，传感器的分类见表1-2-1。

传 感 器 的 分 类   表1-2-1

按照工作原理分类	按照输入信息分类	按照应用目的分类	按照应用主体分类
物理型传感器	位移传感器	计测用传感器	汽车用传感器
化学型传感器	速度传感器	监视用传感器	飞机用传感器
生物型传感器	温度传感器	检查用传感器	列车用传感器
……	压力传感器	诊断用传感器	……
	磁传感器	控制用传感器	
	……	分析用传感器	
		……	

3. 传感器的特性

不同的传感器具有不同的内部参数，其特性表现出不同的特点，对测量结果的影响也各不相同。

通常人们关注传感器如下几个方面的特性：线性度、灵敏度、分辨率和分辨力、迟滞程度、重复性、精度、动态特性等。其中最常见的有传感器灵敏度和精度。

（1）传感器灵敏度。传感器灵敏度指传感器在稳态下的输出变化与输入变化的比值。人们一般希望传感器的灵敏度高。

（2）传感器精度。传感器的精度是指测量结果的可靠程度，它以给定的准确度表示重复某个读数的能力，误差越小，则传感器的精度越高。

4. 城市轨道交通综合监控系统中的传感器

城市轨道交通综合监控系统中应用的传感器种类越来越多，常用的包括温度传感器、湿度传感器、烟雾传感器、电压电流测控检测传感器等。这里仅列出几种常用的简单介绍。

（1）测量温度的感温探测器。

物质在燃烧过程中，环境温度会升高，感温探测器中的热敏元件发生物理变化，从而将温度信号转变为电信号而报警。

（2）测量湿度的湿敏电阻式传感器。

湿敏电阻式传感器中的湿敏电阻是一种电阻值随着环境相对湿度变化而变化的敏感元件，它主要由绝缘基板、湿敏层和电极等组成。湿敏层吸收了环境中的水分子后引起电阻值的变化，再经过测量电路转换成电压的形式输出。

（3）离子感烟传感器。

离子感烟传感器是应用放射性同位素的 α 射线放射源组成的火灾报警专用传感器。它具有极高的灵敏度，只要空气中飘浮着因起火产生的烟雾粉尘，报警器就能立即报警。离子传感器由两个电离室组成，外电离室有孔与外界相通，内电离室是封闭的，只要烟雾进入外电离室，内外电离室的离子电流产生差异，传感器就输出与烟雾量成正比的传感信号。

（4）光电感烟探测器。

光电感烟探测器抛弃了放射源，全部由电子元件和光电元件组成，光电感烟探测器内安装有红外发射管和接收管，发射管发出一束红外线，无烟雾时，红外线不能射到接收管上，当有烟雾时，红外线遇到烟雾粒子发生散射现象，散射的红外光线被接收管接收到并转化为电信号，再将电信号通过处理后输出报警信号。

二、通信与网络技术

1. 通信传输方式

在通信中，数据通常在两个站（比如终端或者计算机）之间进行传送，按照数据流的方向进行划分，通信传输方式有三种：单工、半双工和全双工通信。

（1）单工通信。单工通信是指信息只能单方向传输的工作方式。发送端和接收端的功能是固定的，发送端只能发送信息，不能够接收到信息，接收端只能接收到信息，不能够发送信息，信息流是单方向的，如图1-2-2所示。

（2）半双工通信。有时候使用同一根传输线既接收又发送，虽然数据可以在两个方向上传送，但此时通信系统每一端的发送器和接收器通过收发开关转接到通信线上，进行方向的切换，通信双方不能同时收发数据，这样的传送方式就是半双工，如图1-2-3所示。实际使用中，打印机就是这样的单向传送设备，一般采用半双工或者单工的通信传输方式。

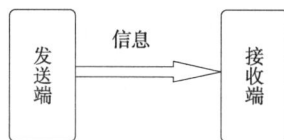

图1-2-2 单工通信方式

（3）全双工通信。当数据的接收和发送分流，分别由两根不同的传输线传送时，通信双方能够同时进行发送和接收操作，这样的工作方式就是全双工通信，如图1-2-4所示。

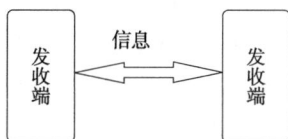

图1-2-3 半双工通信方式　　图1-2-4 全双工通信方式

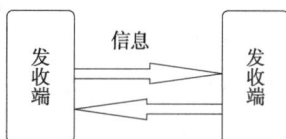

2. 通信接口

计算机与计算机或计算机与终端之间的数据传送可以采用串行通信、并行通信、计算机网络等方式。应用于现场的既能在现场设备之间、现场设备和控制设备之间实现双向、串行、多节点的通信，通常称作现场总线。

（1）串行接口。计算机常见的一种标准接口就是串行接口，串行接口的数据和控制信息是一位接着一位串行地传送下去，这种接口传送距离较长，一般用于长距离的通信，现在计算机一般至少有两个串行接口。

串行接口的特点是成本低、应用广。常用的串行接口有RS-232-C、RS-485以及RS-422。

RS-232-C是美国电子工业协会制定的一种串行物理接口标准。RS是英文推荐标准的缩写，232是标志号，C表示修改次数。RS-232-C标准规定设备间使用带D型25脚连接器的电缆通信，设有25条信号线，包括一个主通道和一个辅助通道，在多数情况下主要使用主通道，对于一般双工通信，仅仅需要几条信号线就能实现，比如一条发送线、一条接收线以及一条地线。RS-232-C一般用于20m以内的通信距离。D型25脚连接器用途分配表见表1-2-2。

D型25脚连接器用途分配　　表1-2-2

引脚编号	用　途	引脚编号	用　途	引脚编号	用　途	引脚编号	用　途
1	机地（屏蔽地线）	8	载波检测	15	传送时钟	22	振铃指示
2	传送数据	9	备用	16	二次接收数据	23	数据速率
3	接收数据	10	备用	17	接收时钟	24	外部发送时钟
4	请求发送	11	未定义	18	未定义	25	未定义
5	允许发送	12	二次载波检测	19	二次请求发送		
6	数据准备好	13	二次允许发送	20	数据终端准备好		
7	信号地	14	二次传送数据	21	信号质量检测		

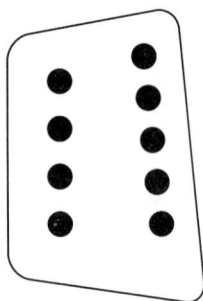

图 1-2-5　接口 D 型 9 脚连接器

25 脚连接器已经很少使用，一般多使用 9 脚 D 型，如图 1-2-5 所示。

RS-485 采用半双工通信方式工作，收发不能同时进行，通常只需要一对双绞线工作，在通信距离为几十米到上千米时，多采用 RS-485 串行标准。RS-485 的特点是非常方便于多点互联，可以节省许多信号线。

RS-422 和 RS-485 电路原理基本相同，RS-422 通过两对双绞线可以全双工通信方式工作，收发互不影响，RS-422 和 RS-485 在 19kb/s 速率下都能传输 1200m。

工业环境中许多重要的设备仍然采用 RS-232 接口界面设计，然而，RS-232 是一个点对点的界面，限制设备和计算机之间的传输距离只能为 15m。为了克服传输距离的限制，人们使用 RS-232 到 RS-422/485 转换器，将 RS-232 设备连接到工业 RS-422/485 网络，传输距离可以超过 1200m。

（2）并行接口。计算机中的并行接口（即 LPI 口），主要作为打印机端口。所谓并行是指 8 位数据同时通过并行线进行传送，这样数据传送速度大大提高。并行传送线路长度受干扰时容易出错，所以，传送的长度受到限制。

（3）现场总线。现场总线是一种应用在生产现场，在现场设备之间、现场设备和控制装置之间实现双向、串行、多节点的数字通信技术。它是用于过程自动化或制造自动化中实现智能化现场设备与高层设备之间互联、全数字、串行、双向通信的系统。其通过现场总线可以实现跨网络的分布式控制。

现场总线控制系统既是一个开放通信网络，又是一个分布控制系统。它作为与智能设备的联系纽带，把挂接在总线上、作为网络节点的智能设备连接为网络系统，并进一步构成自动化系统，实现基本控制、补偿计算、参数修改、报警、显示、监控、优化，以及控管一体化的综合自动化功能。

现场总线至今仍无统一的标准。世界上存在着约 40 种现场总线，如法国的 FIP、英国的 ERA、德国西门子的 PROFIBUS、德国 Rober Bosch 的 CAN、美国的 Lonworks、美国的基金会现场总线等。

3. 计算机网络的概念及其分类

计算机网络是指将地理位置不同的具有独立功能的多台计算机及其外围设备，通过通信线路连接起来，在网络操作系统、网络管理软件以及网络通信协议的管理和协调下，实现资源共享和信息传递的计算机系统。简单地说，计算机网络就是通过电缆、电话线或无线通信将两台以上的计算机互联起来的集合。

组成计算机网络可以带来很多好处，例如提高工作效率、节省资源、减少数据冗余等。网络最重要的三个功能是：数据通信、资源共享和分布处理。

（1）按照地理范围我们可以把网络划分为局域网（LAN）、城域网（MAN）、广域网（WAN）和互联网（Internet）四种。

局域网（LAN），是在局部地区范围内的网络，它所覆盖的范围较小。局域网一般在计算机数量配置上少则两台多则几百台。网络所涉及的地理距离在几米到十千米内。局域网一般设置在一个建筑物或者一个单位内，不存在寻址问题，不包括网络层的应用。其特点是连接范围窄、用户数量少、配置容易、连接速率高。电气和电子工程师协会（IEEE）的802标准委员会定义了多种主要的局域网：以太网、令牌环网、光纤分布式接口网络、异步传输模式网、无线局域网等。

城域网（MAN）一般来说是在一个城市，但不在同一地理区域范围的计算机互联。这种网络的连接距离范围在10~100km，与局域网相比，连接的计算机数量更多，在地理范围上可以说是局域网的延伸。在一个大型城市或都市地区，一个城域网往往连接着多个局域网，如政务的LAN、医院的LAN、电信的LAN、企业的LAN等。

广域网（WAN），也称远程网。其所覆盖的范围比城域网更广，一般为不同城市之间局域网或者城域网的网络连接，地理范围可几百千米到几千千米。因为距离远，信息衰减比较严重，一般租用专线，通过接口信息处理协议和线路连接起来，构成网状结构解决循环问题。一般广域网用户的终端连接速率较低。

互联网（Internet），又称因特网，从地理范围和网络规模来看是最大的一种网络，就是通常所说的"Web""www"和"万维网"。它是全球计算机的互联，整个网络的计算机数量不定，每时每刻都在变化。当用户连接到互联网上时，其计算机算是互联网的一部分，当用户切断互联网的连接时，该计算机就不属于互联网了。计算机网络比较见表1-2-3。

计算机网络比较　　　　表1-2-3

网络分类	跨越距离范围	地理分布范围	传输速率
局域网（LAN）	10m	房间	4Mb/s~2Gb/s
	100m	建筑物	
	几千米	校园	
城域网（MAN）	10~100km	城市	50Kb/s~100Mb/s
广域网（WAN）	几百至几千千米	城市、国家	9.6Kb/s~45Mb/s
互联网（Internet）	全球范围	全球	9.6Kb/s~2Gb/s

（2）按照网络的通信传输技术划分，计算机网络有：广播式网络（如总线形网、环形网、微波卫星网等）、点—点式网络（如星形、树形、网形网络等）。

（3）按照传输速率划分，计算机网络有：低速网络，传输速率为几十bit/s到10Kb/s；中速网络，传输速率为几十Kb/s到几十Mb/s；高速网络，传输速率为100Mb/s以上。

（4）按照传输媒介划分为有线计算机网络、无线计算机网络。有线计算机网的传输介质可以是双绞线、同轴电缆和光纤等；无线计算机网的传输介质可以是无线电波、微波、红外线、激光等。

4. 网络硬件和软件

（1）网络服务器。网络服务器的作用包括：运行网络操作系统，存储、管理网络中的共享资源，为各工作站的应用程序服务，对各工作站的活动进行监视及控制等。

网络服务器按其硬件结构可分为两大类：单处理器网络服务器和多处理器网络服务器。多处理器网络服务器是当今网络服务器的发展趋势。

网络服务器按照设计思想可以分为两大类：专用网络服务器和通用网络服务器。其中，通用网络服务器又可分为并发和非并发两种。并发服务器是指通用计算机在作为网络服务器的同时又作为网络工作站使用。

网络服务器按照应用可分为三大类：文件服务器、应用程序服务器和通信服务器。网络服务器的性能要求所有网络对服务器提出的要求是一致的，即大容量、高速度、高可靠性。

影响网络服务器响应速度的主要因素是：共享硬盘的存取速度，硬盘控制卡的传输速率，网络服务器的内存访问速度，服务器（CPU）的处理能力以及服务器中安装的网络接口板（NIC）的速度等。实际上，提高网络服务器响应速度最关键的是要提高其硬盘的访问速度，其次应考虑选用处理速度快的CPU及内存。

多处理器服务器有两种概念：第一种是包含有两个或两个以上功能相同的CPU构成的对称型多处理器；第二种是针对网络服务器的I/O处理能力而设计的多处理器结构。

（2）网络适配器又称网络接口适配器，在很多情况下，它是一个单独的网络接口卡，即网卡。网卡是实现网络通信及网络服务的关键设备，是单机与网络间架设的桥梁。因为它们只传输信号而不分析高层数据，属于开放式系统互联通信参考模型（简称OSI模型）的物理层。

网卡的作用包括：①实现主机与网络通信介质之间的连接；②将网络上传送过来的信息帧按照在网络上的信号编码要求和帧的格式接收进来，经过拆包，将其变成客户机或服务器可以识别的数据，然后送给主机进行处理；③将主机需要向外发送的数据按照网络传送的要求组装（打包）成帧格式，然后采用网络编码信号向网络上发送出去。

网卡的类型按总线类型分有工业标准结构（ISA）网卡、扩展的工业标准结构（EISA）网卡、微通道结构（MCA）网卡、外围部件互联（PCI）网卡，及其他总线网卡。

网卡按传输介质划分，又可分为连双绞线的RJ-45接口网卡、连细缆的基本网络卡（BNC）、连粗缆的连接单元接口网卡（即AUI接口网卡）、连双绞线细缆共用的互联网通道接口（即IPC接口）（RJ-45＋BNC）网卡、连双绞线细缆粗缆共用的总线接口（即TPO接口）（RJ-45＋BNC＋AUI）网卡等多种网卡产品。网卡的通信接口类型的选择与所确定的网络结构方案及所采用的通信电缆有关。

（3）网络工作站。网络工作站是网络上由服务器进行管理和提供服务的计算机。它是一种以个人计算机和分布式网络计算为基础，主要面向专业应用领域，具备强大的数据运算与图形、图像处理能力，为满足工程设计、动画制作、科学研究、软件开发、金融管理、信息服务、模拟仿真等专业领域而设计开发的高性能计算机。很多时候工作站是相对服务器而言，所以也是客户机的一种。

（4）计算机网络传输介质。计算机网络传输介质按传输方式可以分为有线传输介质和无线传输介质两类。

①有线传输介质。有线传输介质通常按介质种类分为三种：同轴缆、双绞线、光纤。

同轴缆由四层介质组成。最内层的中心导体层是铜，导体层的外层是绝缘层，再向外一层是起屏蔽作用的导体网，最外一层是表面的保护皮。同轴缆所受的干扰较小，传输的速率较快可达到10Mb/s，但布线要求技术较高，成本较贵。

网络连接中最常用的同轴缆有细同轴缆和粗同轴缆两种。细同轴缆主要用于10Base2网络中，阻抗为50Ω，直径为0.18in（4.57mm），速率为10Mb/s，使用刺刀螺母连接器（BNC）接头，最大传输距离约为200m。粗同轴缆主要用于10Base5网络中，阻抗为50Ω，直径为0.4in（10.16mm），速率为10Mb/s，使用连接单元接口（AUI），最大传输距离约为500m。

双绞线可分为非屏蔽双绞线（UTP）和屏蔽双绞线（STP）两种。非屏蔽双绞线内无金属膜保护四对双绞线，因此，对电磁干扰的敏感性较大，电气特性较差，常用于10BaseT星形网络中，由集线器（Hub）到工作站的最大连接距离为100m，传输速率为10～100Mb/s。UTP的接头是RJ-45接头。UTP按用途不同分为五类。不同类别的UTP都能传送话音信号，所不同的是它们的数据传送速率不同：一类和二类线处理数据传送速率可达4Mb/s；三类线的数据传送速率可达16Mb/s，是话音和数据通信最普通的电缆；四类线的数据传送速率可达20Mb/s；五类线的数据传送速率可达100Mb/s。

屏蔽双绞线（STP）内有一层金属膜作为保护层，可以减少信号传送时所产生的电磁干扰，价格相对比UTP贵。STP适用于令牌环网络中。

光纤（Optical Fiber）由外壳、加固纤维材料、塑料屏蔽、光纤和包层组成。由于光纤所负载的信号是由玻璃线传导的光脉冲，所以不受外部电流的干扰。每组玻璃导线束只传送单方向的信号。因此，在独立的外壳中有两组导线束，每一外壳都有一组有强度的加固纤维，并且在玻璃导线束周围有一层塑料加固层。特殊的接插件形成到光纤的光学纯净连接，并且提供了激光传送和光学接收。

光纤可分为单模光纤和多模光纤两种。单模光纤：只用一种"颜色"（频率）的光传输信号，光束以直线方式前进，没有折射，光纤芯直径小于10μm，通常采用激光作为光源。多模光纤：同时传输着几种"颜色"（频率）的光，光束以波浪式向前传输，光纤芯大多在50～100μm。通常采用发光二极管作为光源。

单模光纤的传输带宽比多模光纤要宽。由于光纤在传输过程中不受干扰，光信号在传输很远的距离后不会降低强度，而且光缆的通信带宽很宽，因此，光缆可以携带数据长距离高速传输。虽然光缆比较昂贵，但今后互联网络链路的高速率传输要靠光纤来实现。

②无线传输介质。无线传输的介质有：无线电波、红外线、微波、卫星和激光。

在局域网中，通常只使用无线电波和红外线作为传输介质。无线传输介质通常用于广域互联网的广域链路的连接。无线传输的优点在于安装、移动以及变更都较容易，不会受到环境的限制。但信号在传输过程中容易受到干扰和被窃取，且初期的安装费用较高。

（5）网间连接设备。网间连接设备用于扩展网络的规模，将几个网络（LAN-LAN，WAN-WAN，LAN-WAN）连接起来。一般常见的网间连接硬件设备有中继器、路由器、交换机等，如图1-2-6所示。

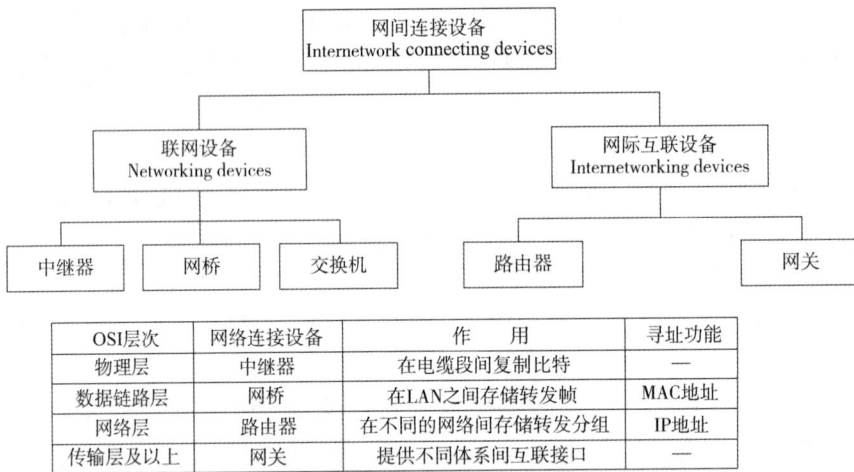

图 1-2-6　常用网间连接硬件设备

①中继器。中继器只工作在 OSI 模型的物理层，是局域网中最简单、所以也是成本最低的网络连接设备。中继器实际上是一个信号再生器，其主要作用是检测由某个端口接收的输入信号，将其恢复为原始的波形和振幅，然后以最小的延迟将这些经过重整（重定时和恢复）的信号重新发送到接收端口之外的其他各个端口。

换言之，中继器的作用是放大电信号，提供电流以驱动长距离电缆。它工作在 OSI 模型的最低层（物理层），因此，只能用来连接具有相同物理层协议的 LAN。对数据链路层以上的协议来讲，用中继器互联起来的若干段电缆与单根电缆之间并没有差别（除了有一定延时）。值得注意的是：中继器不具备错误检查和纠正功能，因此，错误的数据经中继器后仍被复制到另一电缆段。一般，用中继器连接的各网段属于同一个网络。

中继器可以分为普通中继器和集线器。普通中继器用于总线型拓扑扩展网段长度，其功能是对弱信号进行再生和转发，但不具备检错和纠错功能。

集线器用于星形拓扑，实际上是一种多端口的普通中继器。除了对接收到的信号进行整形放大，以扩大网络的传输距离，还把所有节点集中在以它为中心的节点上。

②路由器。路由器被设计用于连接不同的 LAN 或 LAN-WAN。它的基本作用是将数据包转发给由一个或若干个网络互联的特定的网络。它是通过使用称为"网络协议"或"路由协议"（通常工作在协议栈的第三层）的一些程序来实现这一功能的。路由器其实就是根据主机所在网络的网络 ID（Identify），在不同网络的主机之间传递信息的元件。

因为使用了网络标志号，路由器在 TCP/IP 协议组的网际层上工作。一般地，主机并不配置路由协议，因为这会占用主机的内存和处理资源。

路由器由于涉及协议栈的更高层，转发的是 IP 数据包。路由器还提供安全防火墙功能，以防止未经授权者访问公司网站，它还可过滤由较高层协议栈寻址的目标，以防止数据包被不正确地发送到某个 WAN。由于功能扩展，路由器要求更复杂的软件决定和控制数据包路由的协议以及更广泛的过滤数据库。

（6）网络软件。计算机网络软件包括网络操作系统、网络协议和应用软件三部分。

网络操作系统是向网络计算机提供服务的特殊的操作系统，它在计算机系统下工作，为计算机操作系统增加了网络操作所需要的能力。网络协议是网络设备之间进行互相通信的语言和规范，应用服务软件用于应用和获取网络上的共享资源。

5. 网络标准

（1）网络标准化组织。在国际标准领域最有影响的组织有电气与电子工程师学会（IEEE）和国际标准化组织（ISO）。

电气和电子工程师协会（IEEE）是一个国际性的电子技术与信息科学工程师的协会，是全球最大的非营利性专业技术学会之一。IEEE致力于电气、电子、计算机工程和与科学有关领域的开发和研究，在太空、计算机、电信、生物医学、电力，及消费性电子产品等领域制定了众多行业标准，已发展成为具有较大影响力的国际学术组织。

国际标准化组织（International Standards Organization）成立于1947年2月23日，它是各国国家标准机构代表的国际标准建立机构，总部设于瑞士日内瓦。我国在1978年9月1日以中国标准化协会的名义参加ISO，并在1982年9月当选理事国。

（2）参考模型。

①开放系统互联参考模型。ISO为了更好地使网络应用更为普及，就推出了开放系统互联（Open System Interconnection，简称OSI）参考模型。其含义就是推荐所有公司使用这个规范来控制网络。根据分而治之的原则，ISO将整个通信功能划分为7个层次。这7个层次包括：物理层、数据链路层、网络层、传输层、会话层、表示层和应用层，如图1-2-7所示。

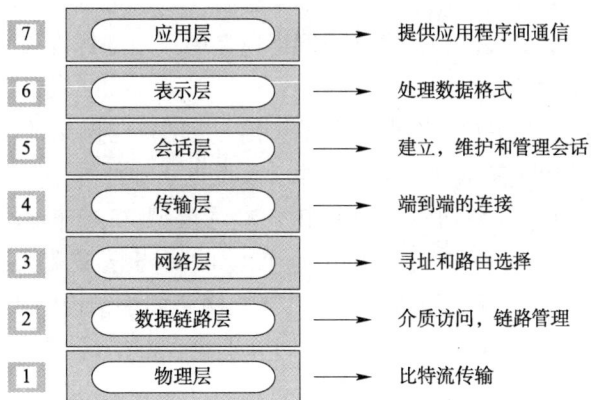

图1-2-7 OSI参考模型以及各层功能

a）物理层。物理层是OSI参考模型的最底层，它利用传输介质为数据链路层提供物理连接。它主要关心的是通过物理链路从一个节点向另一个节点传送比特流，物理链路可能是铜线、卫星、微波或其他的通信媒介。它关心的问题有：多少伏电压代表1？多少伏电压代表0？时钟速率是多少？采用全双工还是半双工传输？总的来说物理层关心的是链路的机械、电气、功能和规程特性。

b）数据链路层。数据链路层是为网络层提供服务的，解决两个相邻节点之间的通信问题，传送的协议数据单元称为数据帧。

数据帧中包含实地址（又称物理地址）、控制码、数据及校验码等信息。该层的主要作用是通过校验、确认和反馈重发等手段，将不可靠的物理链路转换成对网络层来说无差错的数据链路。此外，数据链路层还要协调收发双方的数据传输速率，即进行流量控制，以防止接收方因来不及处理发送方传来的高速数据而导致缓冲区溢出及线路阻塞。

c）网络层。网络层是为传输层提供服务的，传送的协议数据单元称为数据包或分组。该层的主要作用是解决如何使数据包通过各节点传送的问题，即通过路径选择算法（路由）将数据包送到目的地。另外，为避免通信子网中出现过多的数据包而造成网络阻塞，需要对流入的数据包数量进行控制（拥塞控制）。当数据包要跨越多个通信子网才能到达目的地时，还要解决网际互联的问题。

d）传输层。传输层的作用是为上层协议提供端到端的可靠和透明的数据传输服务，包括处理差错控制和流量控制等问题。该层向高层屏蔽了下层数据通信的细节，使高层用户看到的只是在两个传输实体间的一条主机到主机的、可由用户控制和设定的、可靠的数据通路。传输层传送的协议数据单元称为段或报文。

e）会话层。会话层主要功能是管理和协调不同主机上各种进程之间的通信（对话），即负责建立、管理和终止应用程序之间的会话。会话层得名的原因是它很类似于两个实体间的会话概念。例如，一个交互的用户会话以登录到计算机开始，以注销结束。

f）表示层。表示层处理流经节点的数据编码的表示方式问题，以保证一个系统应用层发出的信息可被另一系统的应用层读出。如果必要，该层可提供一种标准表示形式，用于将计算机内部的多种数据表示格式转换成网络通信中采用的标准表示形式。数据压缩和加密也是表示层可提供的转换功能之一。

g）应用层。应用层是OSI参考模型的最高层，是用户与网络的接口。该层通过应用程序来完成网络用户的应用需求，如文件传输、收发电子邮件等。

②传输控制协议/网络互联协议（TCP/IP）参考模型。ISO模型至今仍是理论模型，与此对应，由技术人员开发的基于TCP/IP的TCP/IP参考模型在实际中得到广泛应用。TCP/IP是一组用于实现网络互联的通信协议。互联网络体系结构以TCP/IP为核心。基于TCP/IP的参考模型将协议分成4个层次，它们分别是：网络访问层、网际互联层、传输层（主机到主机）和应用层。

a）应用层。应用层对应于OSI参考模型的高层，为用户提供所需要的各种服务，例如：文件传送（FTP）、远程登录（Telnet）、域名解析（DNS）、简单邮件传输（SMTP）等。

b）传输层。传输层对应于OSI参考模型的传输层，为应用层实体提供端到端的通信功能，保证了数据包的顺序传送及数据的完整性。该层定义了2个主要的协议：传输控制协议（TCP）和用户数据报协议（UDP）。TCP协议提供的是一种可靠的、通过"三次握手"来连接的数据传输服务；而UDP协议提供的则是不保证可靠的（并不是不可靠）、无连接的数据传输服务。

c）网际互联层。网际互联层对应于 OSI 参考模型的网络层，主要解决主机到主机的通信问题。它所包含的协议涉及数据包在整个网络上的逻辑传输。其注重重新赋予主机一个 IP 地址来完成对主机的寻址，它还负责数据包在多种网络中的路由。该层有 3 个主要协议：网际协议（IP）、互联网组管理协议（IGMP）和互联网控制报文协议（ICMP）。IP 协议是网际互联层最重要的协议，它提供的是一个可靠的、无连接的数据传递服务。

d）网络接入层（即主机-网络层）。网络接入层与 OSI 参考模型中的物理层和数据链路层相对应。它负责监视数据在主机和网络之间的交换。事实上，TCP/IP 本身并未定义该层的协议，而由参与互联的各网络使用自己的物理层和数据链路层达成协议，然后与TCP/IP 的网络接入层进行连接。地址解析协议（ARP）工作在此层，即 OSI 参考模型的数据链路层。

③模型比较。OSI 参考模型与 TCP/IP 参考模型的对照如图 1-2-8 所示。

OSI 参考模型		TCP/IP 参考模型
应用层		应用层
表示层		
会话层		
传输层		传输层
网络层		网际互联层
数据链路层		主机-网络层
物理层		

图 1-2-8　两个模型的对照

两个模型的共同点：OSI 参考模型和 TCP/IP 参考模型都采用了层次结构的概念；都能够提供面向连接和无连接两种通信服务机制。

两个模型的不同点：前者是 7 层模型，后者是 4 层结构；对可靠性要求不同（后者更高）；OSI 模型是在协议开发前设计的，具有通用性，CP/IP 是先有协议集然后建立模型，不适用于非 TCP/IP 网络；实际市场应用不同（OSI 模型只是理论上的模型，并没有成熟的产品，而 TCP/IP 已经成为"实际上的国际标准"）。

三、可编程逻辑控制器技术

1. 可编程逻辑控制器基本概念

可编程逻辑控制器（Programmable Logic Controller，简称 PLC）是一种数字运算操作的电子系统，专为工业环境应用而设计。它采用可编程序的存储器，在其内部存储执行逻辑运算、顺序控制、定时、计数与算术运算等操作的指令，并通过数字式、模拟式的输入和输出，控制各种类型的机械或生产过程。PLC 是一种存储程序控制器，支配控制系统工作的程序存放在存储器中，利用程序来实现控制逻辑，完成控制任务。PLC 一般由 3 部分组成：输入部分、输出部分、控制部分。

（1）输入部分。可以接收来自操作台的操作命令，或者来自被控对象的各种状态信息，如按钮、开关、传感器等发出的命令或状态信息。

（2）输出部分。用来接收程序执行结果的状态，以操作各种被控对象。

（3）控制部分。采用微处理器和存储器，执行按照被控对象的实际要求编制并存入程序存储器的程序，从而完成控制任务。

2. 可编程逻辑控制器分类

1969年，美国出现第一台PLC，至今PLC发展到很多种。PLC可以按照结构形式、控制规模和实现的功能进行大致分类。

（1）按照结构形式分类。此种分类可分为整体式PLC和组合式PLC。整体式PLC的CPU、存储器、输入输出模块安装在同一机箱内。这种结构的特点是：结构简单，体积小，价格低，输入输出路数固定，实现的功能和控制规模固定，灵活性较低。

组合式PLC是总线结构。其总线做成总线板，上面有若干个总线槽，每个总线槽上可安装一个PLC模块，不同的模块实现不同的功能。PLC的CPU、存储器和电源等做成一个模块，该模块在总线板的安装位置一般来说是固定的，而且该模块也是构成组合式PLC所必需的。其他的模块可根据PLC的控制规模和实现的功能选取，安装在总线板的其他任一总线槽上。组合式PLC安装完成后，需进行组态，使得PLC对安装在各总线槽上的模块进行识别。组合式PLC的总线板又称为基板。组合式PLC的特点是：系统构成灵活性较高，可构成具有不同控制规模和功能，价格高。

（2）按照控制规模分类。PLC控制规模的多少多用输入输出的总路数表示，又称I/O点数。根据I/O点数的多少大致有大型、中型、小型三类，见表1-2-4。

PLC 规 模 分 类　　　　　　表1-2-4

分　类	点 数 情 况	采 用 结 构
小型	I/O点数较少，不大于256点	多采用整体结构
中型	I/O点数较多，点数范围：256~2048点	多采用组合式结构
大型	I/O点数非常多，多于2048点	多采用组合式结构

（3）按照实现的功能分类。PLC也可以按照所实现的功能大致分为低档机、中档机和高档机三类，见表1-2-5。

PLC 按照实现的功能分类　　　　　　表1-2-5

分类	所实现的功能	说　明
低档机	逻辑运算、计时、计数、移位、自诊断、监控、算术运算、传送和数据比较、通信远程和模拟量处理	多为小型PLC，采用整体式结构
中档机	低档机功能＋数据转换、子程序、中断处理和回路控制	可为大、中、小型PLC，有小型整体式结构和大中型组合式结构
高档机	中档机功能＋带符号的算术运算、矩阵运算、具有函数、表格、阴极射线管显示器、显示、打印等功能	多采用组合结构

3. 可编程逻辑控制器基本功能

可编程逻辑控制器基本功能有：逻辑控制功能、定时控制功能、计数控制功能、步进控制功能、数据处理功能、回路控制功能、通信联网功能、监控功能、停电记忆功能、故障诊断功能等。

四、分散控制系统和 SCADA

1. 分散控制系统

分散控制系统（DCS）是一种具有分散控制、信息集中管理特点的分布式控制系统，是利用计算机技术对生产过程进行集中监测、操作、管理和分散控制的新型控制技术。

分散控制系统按照系统垂直结构分为：分散过程控制级、集中操作监控级和综合信息管理级。分散过程控制级直接面向生产过程，完成生产过程的数据采集、调节控制和顺序控制等功能。一般由单片机、PLC 等组成。集中操作监控级进行集中操作、显示、报警和优化控制，这一级面向操作员和控制系统工程师。主要设备包括计算机系统和各类外部装置。综合信息管理级进行生产管理和经营管理，由管理计算机、办公自动化系统等服务系统组成。

分散控制系统各级之间需要靠通信网络系统来支持。

集散计算机
监控系统构成

2. SCADA

电力监控系统是以计算机为基础的 DCS 与电力自动化监控系统。它应用领域很广，可以应用于电力、冶金、石油、化工、燃气、铁路等领域的数据采集与监视控制以及过程控制等诸多领域。

在电力系统中，SCADA 应用最为广泛，技术发展也最为成熟。它在远动系统中占重要地位，可以对现场的运行设备进行监视和控制，以实现数据采集、设备控制、测量、参数调节，以及各类信号报警等各项功能，即我们所知的"四遥"功能。RTU（远程终端单元），FTU（馈线终端单元）是它的重要组成部分。在现今的变电站综合自动化建设中起了相当重要的作用。

─────────◦ 任 务 实 施 ◦─────────

1. 课堂讨论
一般 5~8 人一组进行如下认知性学习和讨论。
（1）交流与讨论一：综合监控系统发展的基础是什么？
（2）交流与讨论二：传感器可应用在哪些行业？地铁里用哪种类型的传感器？
（3）交流与讨论三：通信网络技术的发展与综合监控系统发展的关系。
（4）交流与讨论四：综合监控系统发展成熟了吗？
2. 小组工作
（1）请同学们 5~7 人一组，调研实际线路的传感器应用，填表 1-2-6。

调 研 表   表 1-2-6

城市轨道交通线路名称	实际使用的传感器	型　号	功　能

（2）同学们通过调研会发现，不同的线路应用的传感器大不相同，为什么呢？

（3）小组讨论：探究城市轨道交通的新技术——AGV 技术和 FAO 技术，并请完成表 1-2-7填写。

探 究 表   表 1-2-7

新技术名称	AGV	FAO
英文全称		
定义		
是否无人驾驶		
动力来源		
导引方式		
应用范围		
分析其对 ISCS 的需求		

复习思考题

一、填空题

（1）实现信息共享的前提是能够获取信息，传感器是获取信息的工具，_____技术和_____技术和_____技术一并称为信息技术的三大支柱。传感器有时也称为_____器、变换器或_____器，传感器能够感知和监测某一形态的信息，并将之转换为另一形态的信息。《传感器通用术语》（GB/T 7665—2005）中规定：传感器是能感受被测量并按照一定的规律转换成可用输出信号的器件或装置，通常由_____元件和_____元件构成。

（2）按照输入信息对传感器命名通常能够方便传感器的使用。测量什么量就称作什么传感器，按照输入信息分类的传感器有很多，常见的有：_____传感器、_____传感器、_____传感器、_____传感器、磁传感器等。不同的传感器具有不同的内部参数，其特性表现出不同的特点，对测量结果的影响也各不相同。通常人们关注传感器表现出如下几个方面的特性：线性度、_____、分辨率和分辨力、_____、重复性、_____、动态特性等。其中最常见的有传感器_____度和_____度。

（3）在通信中，数据通常在_____之间进行传送，按照数据流的方向进行划分，通信传输方式有三种：单工、_____和_____。单工通信是指信息只能单方向传输的工作方式。发送端和接收端的功能是固定的，发送端只能_____信息，不能够_____信息，接收端只能_____信息，不能够_____信息，信息流是单方向的。当数据的接收和发送分流，分别由两根不同的传输线传送时，通信双方能够同时进行_____和_____操作，这样的工作方式就是_____通信。

（4）在国际标准领域最有影响的组织有_____和_____。电气和电子工程师协会（IEEE）是一个国际性的电子技术与信息科学工程师的协会，是全球最大的_____学会之一，其会员人数超过40万人，遍布_____多个国家。国际标准化组织成立于_____年2月23日，它是各国国家标准机构代表的国际标准建立机构，总部设于_____，成员包括_____个会员国。

（5）PLC是一种_____控制器，支配控制系统工作的程序存放在存储器中，利用程序来实现_____，完成控制任务。PLC一般由三部分组成：_____部分、_____部分、控制部分。PLC控制规模的多少多用输入输出的总路数，又称_____数。根据I/O点数的多少大致有三类_____、_____、_____。PLC也可以按照所实现的功能大致归为_____机、_____机和_____机三类。

二、简答题

（1）串行接口是什么样的？你生活中见过吗？请举例说明。

（2）OSI参考模型是什么样的？TCP/IP模型是什么样的？

（3）PLC有哪几种分类？

（4）可编程逻辑控制器的基本功能有哪些？

（5）传感器如何分类？

（6）通信传输方式如何分类？

三、案例分析

阅读以下材料，分析在综合监控系统技术发展的过程中如何避免或解决以下容易出现的问题？如何避免城市轨道交通综合监控系统施工中存在的风险？

材料（一）：2003年9月27日《国务院办公厅关于加强城市快速轨道交通建设管理的通知》（国办发〔2003〕81号）中强调指出：要不断提高城市轨道交通项目设备的国产化比例，包括对国产化率达不到70%的项目不予审批；进口的整车设备要照章纳税；原则上不使用限定必须购买外国设备的资金。

国产化率是按价格计算，因此，降低进口设备的价格至为关键。为此，综合监控系统设计应该采用简约的结构，合理的配置，不可采用豪华的设备配置。根据多个综合监控系统工程中的经验，系统结构设计、硬件选型带给综合监控系统国产化率的影响约占15%。

按平均比率计算综合监控系统软件在项目中一般占25%~35%，综合监控系统软件对设备国产化率的影响极大。综合监控系统国产化的实施策略包括：简约的结构设计与合理的设备配置；降低必不可少的进口设备总价；尽量采用国产化软件平台；尽可能选用国产化硬件；选用独立的国内系统集成商；在综合监控的建设中摒弃奢华，选择实用。

材料（二）：综合监控系统国产化发展中容易出现的问题。

问题1：在招标中与国产化率要求背道而驰，明确要求必须选用国外软件平台。

问题2：用一个自动化监控软件甚至一般的组态软件来支撑地铁综合监控系统平台。

问题3：城市轨道交通综合监控系统在施工过程中存在如下风险。

（1）软件风险。

（2）工期压力风险。在我国地铁建设热潮中，市民对地铁开通的渴望十分强烈，而地铁建设过程往往开始时因为经验不足难于按计划进行，每到工程的中后期，开通日期的严格要求给工程建设者带来极大的压力。此时最易跳过应有的进程，给项目实施带来风险。

（3）系统集成商能力风险。

科学合理的工程步骤必须坚持，否则，可能会对工期造成延误。为此，应预先考虑到地铁工程的规律，实施计划尽可能留有充分余地。

材料（三）：综合监控系统施工过程中要关注的问题。

问题1：设计联络阶段时间应科学安排，尤其是与接口相关的设计联络。

（1）时间过早则接口专业人员还未准备好，相应的资料不能提供，影响实际效果；

（2）时间过迟则会影响综合监控系统本身施工进度。

最后一次设计联络应在各专业设计成熟后召开，但又要严格按计划进行，各专业接口设计应尽早完成。设计联络阶段不应拖延进度影响工期。

问题2：综合监控的关键设备（如：服务器、前端处理器、操作站、网络设备等）与软件的兼容性和稳定性等重要性能的考核必须在项目前期得到测试保障。现场调试期间才发现兼容性和稳定性等问题将会带来极大的项目风险并影响工期。

问题3：加强系统与重要设备的测试。

成熟的标准通信协议的工程测试、接口协议测试、试验室模拟测试等必须在现场测试前完成。否则，系统现场调试和工期都将有巨大的风险。

问题4：硬件设备采购和发货时间不宜过早。

存放过程会带来管理问题，电子设备因长期不加电存放也会受损。

现场条件应尽量达到关键电子设备的存放和运行环境要求后再安装和上电，要尽可能消除设备周转过程的质量风险。

问题5：实践经验证明，总联调计划至关重要，在最后阶段的大联调中，科学的安排管理是排除项目风险的好办法。

问题6：运营部门、维护部门也应尽早介入项目，尤其是现场调试阶段和大联调阶段。

一方面综合监控系统会在现场调试期间直接按照实际需求做出必要的修改与变更，加快进度。另一方面，运营人员和维护人员在调试阶段解决很多具体问题的过程得到的收获远远大于培训，对系统投运后的维护工作十分有利。

任务三 了解综合监控系统设备组成

情境导入

某日早高峰遇大风天气，地铁高架线路 OCC 中心值班主任来到调度台，嘱咐几位调度员"注意大风天气"。控制中心的各专业调度员通过综合控制系统监视全线的环境、灾害、乘客、供电，及主要机电设备的运行情况，各种信息通过调度员工作站和大屏幕以图形、图像、表格和文本的形式显示出来。

[想一想] 监控人员是通过什么样的设备做到不在现场却能够监视现场的环境和工作状态的呢？

知识储备

综合监控系统设备包括系统硬件和软件两部分，缺一不可。一般地，硬件构成包括中央级 ISCS 硬件设备和车站级 ISCS 硬件设备。软件由数据接口层、数据处理层、人机接口层等三部分构成。综合监控网络系统构成有三部分，包括主干层、局域层、现场层等，例如南京地铁 ISCS 由控制中央级综合监控系统、车站级综合监控系统、网络管理系统、传输主干网等构成。

一、综合监控系统硬件

综合监控系统的硬件主要包括：工控机、服务器、磁带机和磁盘阵列、前端处理器、综合后备盘、不间断电源、大屏幕投影系统、其他网络设备等。

1. 工控机

工控机即工业控制计算机。它是一种加固的增强型个人计算机，可以作为一个工业控制器在工业环境中可靠运行。工控机是专门为现场设计的计算机，由计算机基本系统和过程 I/O 系统组成。

城市轨道交通综合监控系统工控机的特点是：一般采用高强度钢材制作，具有较好的抗冲击和抗电磁干扰的性能；一般采用"无源底板加主板"的结构，当主板发生故障时，简单地将其拔起更换即可，方便系统升级；装有风扇、耐振动，适应复杂的现场环境；具有自诊断功能；设有定时器，因故障死机时，无须人的干预可自动复位；开放性和兼容性好，可直接运行计算机的各种应用软件；可配置实时操作系统，便于多任务的调度和运行。

不同的工控机外观各具特点。一般地，前面板上各状态灯字母含义如下。PWR：电源指示灯，正常时亮绿灯，当冗余电源有一个出故障时会变为红灯。FAN：风扇运转指示灯。TEMP：温度指示灯，机箱内超过60℃时，会亮红灯报警。HDD：硬盘指示灯。需要注意，接入双屏显示器时，应将显示器接入双屏卡的显示器接口，不要接入工控机自带的显示器接口。

操作员工作站配置的板卡包括：小型计算机系统接口（SCSI）卡、双屏显示卡、网络适配卡、视频卡、声卡和通用串行总线（USB）接口。

如果有专用驱动，应在开机后安装驱动程序。所有板卡都会占用一些系统资源，因此，在插入板卡之前都应设置合适的 I/O 地址以及中断等，确保不与其他硬件冲突。另外，板卡在系统中的优先级不同，例如 SCSI 卡的优先级最高，如果它需要的资源得不到保证，系统硬盘就可能无法正常工作，从而导致系统无法正常工作。因此，一旦板卡在底板上的安装位置以及顺序已经设置好，一般不得随意调整。通常的安装顺序为：SCSI 卡、视频卡、双屏显示卡、声卡、USB 线、网络适配卡。

2. 服务器和前端处理器

服务器是综合监控系统的中枢，主要包括车站实时服务器、中央级实时服务器和中央级历史服务器。

车站实时服务器主要运行本站的实时数据库，负责数据采集、分析、计算、存储等。由于车站数据量比较少，可采用性能较低的服务器，例如 HPrx2600。

中央级实时服务器和中央级历史服务器涉及全线路数据的运算，数据量大，一般采用级别较高的服务器，如南京地铁 ISCS 服务器见表 1-3-1。

南京地铁 ISCS 服务器的软硬件平台 表 1-3-1

线　　　路	系 统 平 台	硬 件 平 台	应用软件平台
1 号原南延线	Sun Solaris 10	Sun Fire V490 服务器	DSC-9000u
2 号线	Sun Solaris 10	Sun Fire X4240 服务器	RT21-ISCS
10 号线、S1 线、S8 线、4 号线、S7 号线	Sun Solaris 10	Sun sparc T4-1 服务器	SCADACOM 5.0

前端处理器简称 FEP，又称互联开关、通信控制器。

FEP 负责与相连系统周期数据的巡检和协议转换，定期查询各子系统的数据，完成协议转换，将各种不同格式的实时数据转换成主控系统的内容数据对象格式，提交给服务器，同时 FEP 向需要数据的操作站和历史服务器等提供实时数据。

3. 磁带机和磁盘阵列

磁带机由磁带驱动器和磁带构成，用于备份。磁盘阵列简称盘阵，是一种企业级存储系统，把多个磁盘组合成一个阵列，通过技术手段整合作为一个单一的存储设备使用。

4. 综合后备盘

某车站综合后备盘（IBP 盘）如图 1-3-1 所示。各监控系统分区包括：信号系统（SIG）、站台门系统（PSD）、自动售检票系统（AFC）、电梯与自动扶梯系统、牵引供电系统（750V，GDZ）、车站紧急通风系统、隧道紧急通风系统、IBP 盘综合区。

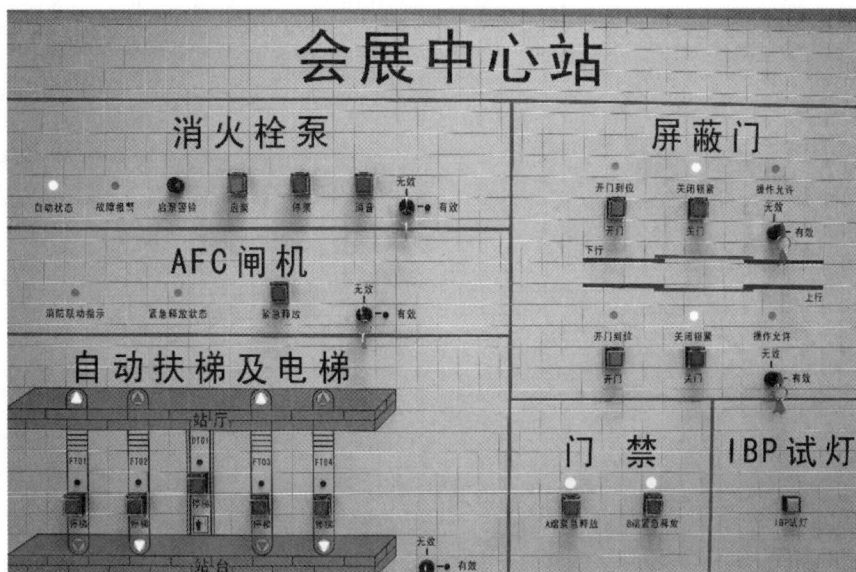

IBP盘

图 1-3-1　某车站综合后备盘

（1）信号系统（SIG）。

（2）站台门系统（PSD）如图 1-3-2 所示。

（3）自动售检票系统（AFC）如图 1-3-3 所示。

如图 1-3-3 所示，某 IBP 盘上设置了乘客报警的指示灯、自动售检票系统模式控制按钮和紧急疏散情况下的闸机紧急开放按钮。

（4）电梯与自动扶梯系统如图 1-3-4 所示。

如图 1-3-4 所示，某 IBP 盘上设置了电梯和扶梯状态的指示灯，红灯表示故障，绿灯表示正常运行，灰色表示停梯。

（5）牵引供电系统（750V，GDZ）如图 1-3-5 所示。

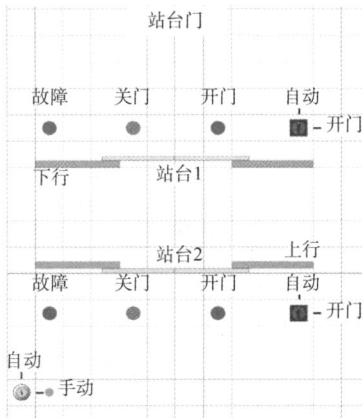

图 1-3-2　某 IBP 盘上的站台门部分

乘客服务中心报警　　　　　　　　　　自动售检票

● 服务中心　　　　　　　　　■ □ AFC模式控制

● AFC票务室　　　　　　　　　■ □ 闸机紧急模式

自动
◯ 手动

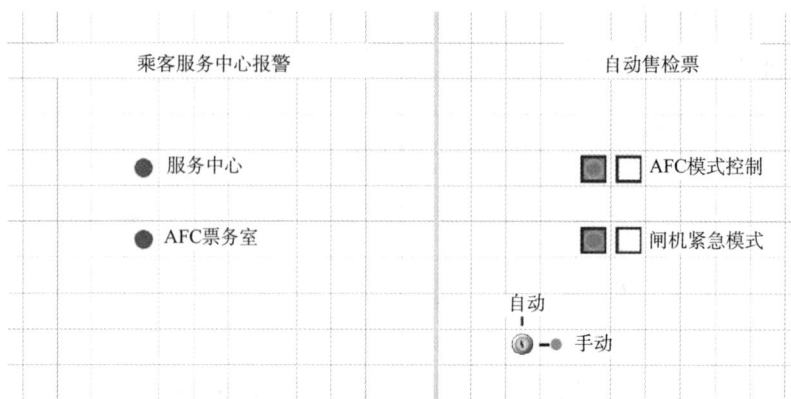

图 1-3-3　某 IBP 盘上的自动售检票部分

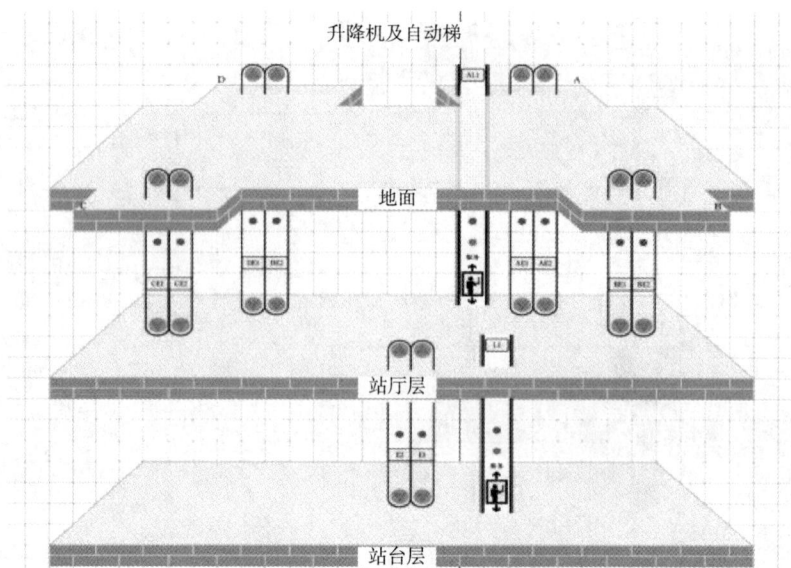

升降机及自动梯

地面

站厅层

站台层

图 1-3-4　某 IBP 盘上的电/扶梯系统

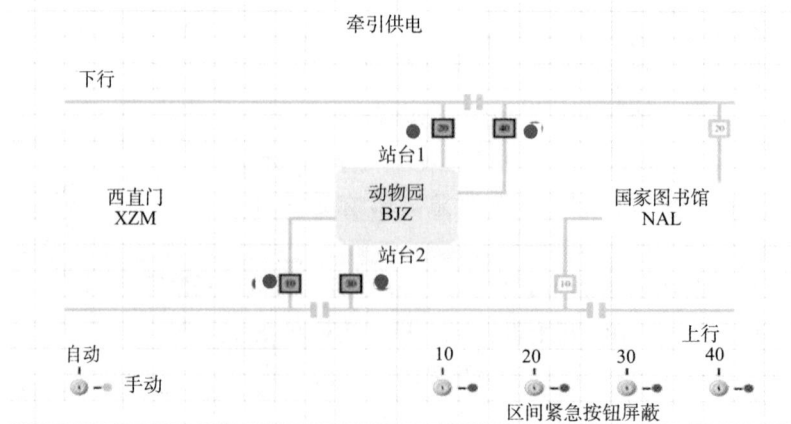

牵引供电

下行

站台1

西直门
XZM

动物园
BJZ

国家图书馆
NAL

站台2

自动
◯ 手动

上行

10　　20　　30　　40

区间紧急按钮屏蔽

图 1-3-5　某 IBP 盘上的牵引供电部分

（6）车站紧急通风系统如图 1-3-6 所示。

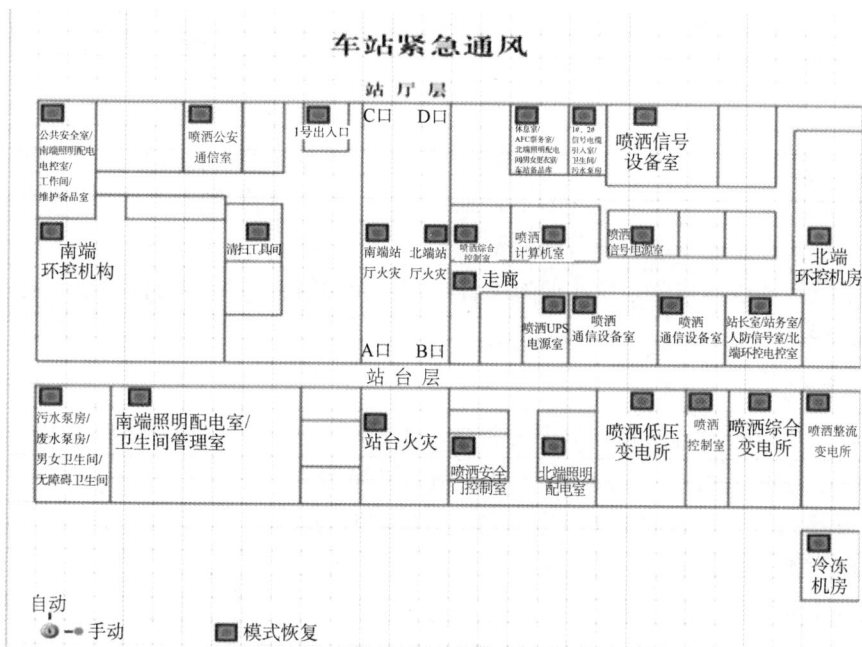

图 1-3-6　某 IBP 盘上的车站紧急通风系统

（7）隧道紧急通风系统如图 1-3-7 所示。

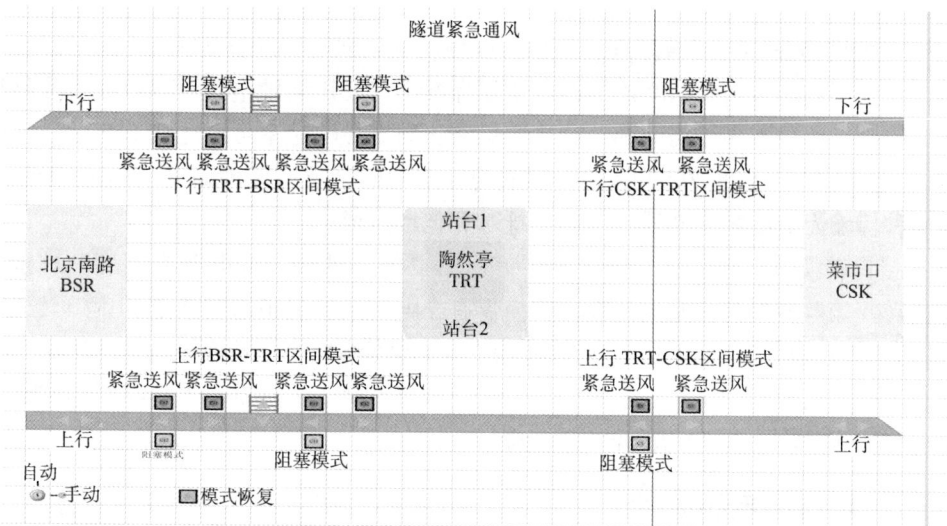

图 1-3-7　某 IBP 盘上的隧道紧急通风系统

5. 不间断电源

使用不间断电源（UPS）能够对电网和用电设备进行隔离，避免负载对电网产生干扰，又避免电网中的干扰影响负载。正常情况下，市电直接经过 UPS 整流、逆变后供给负载设备，同时对 UPS 中的电池组进行充电，市电故障情况下，由电池组释放电能，经 UPS 逆变后继续对设备供电，从而能够为综合监控系统提供一段供电后备时间。

6. 大屏幕投影系统

大屏幕投影系统简称 OPS，主要由大屏幕投影墙、主从多屏处理器和显示墙应用管理系统构成。大屏幕能够实现对整条线路的全部车站（包括车辆段停车场）和区间隧道的监控显示，实现对全线各监控子系统的实时监控。在使用大屏幕过程中，除了能实现单屏显示外，通过拼接控制技术能实现多屏显示。

世界上流行的拼接控制系统主要有 3 种类型：硬件拼接系统、软件拼接系统、软件与硬件结合的拼接系统。

7. 网络设备

城市轨道交通综合监控系统常用的网络设备包括交换机、光电转换器、光纤熔接盒、局域网络、以太网、光纤、双绞线、网线、接口转换器等。

（1）交换机就是在通信系统中完成信息交换功能的设备，包括服务器、工作站、集线器、路由器、网络打印机等网络设备。

（2）光电转换器是将光信号转换为电信号的一种设备，它可以将外部的光纤信号转换后通过电接口（RJ-45）输出到计算机或者相应的网络设备上。

（3）光纤熔接盒是将 4 芯的铠装光缆通过熔接后变成 4 根光纤尾纤，接入到光纤转换器中，4 芯光纤构成网络 A 和网络 B。每个网络用 2 根光纤，1 根接收数据、1 根发送数据。

（4）局域网络在小的区域范围内是各种计算机和数据通信设备互联在一起的计算机通信网络。以太网是局域网中最常用的通信协议标准。它使用同轴电缆、双绞线、光纤等作为传输介质，采用载波多路访问和冲突检测机制，数据传输速率可以达到 10M/s 以上。

（5）光纤是根据光在玻璃或者塑料制成的纤维中的全反射原理而制成的光传导工具。光纤是一种传输光能的波导介质，一般由纤芯和包层组成。

（6）接口转换器：在信息传递过程中有时需要把一种接口标准转换成另一种接口标准，这就需要接口转换器。常见的接口转换器有光电转换器、串口转换器和串口转光纤转换器等。光电转换器能够把电信号转换为光信号，也可将光信号转换为电信号。串口转换器常常在延长通信距离时用到，常见的串口转换器有 RS-232/RS-485/RS-422 转换器、RS-232/RS-485 转换器、RS-232/RS-422 转换器。

二、综合监控系统软件

很多地铁监控系统软件的操作系统采用了 Unix 操作系统，例如广州地铁 3 号线、4 号线综合监控系统。广州地铁 5 号线综合监控系统集成了 FAS、BAS、SCADA、ACS，同时对 FG、PSD 做了中央及车站级的界面集成，与 AFC、SIG、CLK、ATS、CCTV、PA、PIS 等系统进行了互联，对操作系统没有限制，但也采用了 Uuix。也有少数综合监控系统采用 Windows 操作系统。

1. 综合监控系统人机界面

综合监控系统软件为用户提供统一的、友好的人机交互界面（HMI），来实现对现场设备的监控，保证地铁线路的稳定运营。综合监控系统人机交互界面主要由以下部分构成：人机交互主框架、系统对话框、设备对话框、事件及报警管理、帮助功能、各子系统系统功能。

综合监控系统人机界面主要内容：登录画面、车站布局图、PA 操作界面、CCTV 操作功能、CCTV 操作界面 PIS 功能、站台门（PSD）功能、FAS 功能、联动功能、通用画面等。

（1）界面设计的一般原则与标准。

在中央控制室、车站控制室及车辆段、停车场控制室内，各操作员的工作站上采用一套统一和使用友好的图形用户界面，让各操作员可借此更方便、有效率地操作及监控各系统。

HMI 根据人机工程学原理，采用字母、数字、字符、彩色图表进行静态及动态显示，显示是连贯、一致和清晰的。HMI 更具有包含了各类丰富工程图形的图形库，此图形库还可按用户的具体要求进行增加和优化。人机界面采用统一的图形用户界面，用层次化、生动丰富的画面，如动态画面、多层次画面等，将系统和各子系统接线图、总貌图、流程图、趋势图等显示出来。人机界面的启动包含以下内容：启动、登录、注销、退出。

①人机界面色彩显示原则。人机界面的显示颜色保持一致性，如红色代表报警、亮灰色代表停止/未选中、绿色代表正常/选中，背景则采用中亮度的暗灰色，控制面板、按钮的背景颜色为淡灰色，字体颜色为黑色等。在事件发生时人机界面通过画面色彩的闪烁、声光报警等多种手段把发生的事件迅速通知操作员，并提出相应的可选择性的处理建议和提示。

②人机界面菜单设置原则。根据 ISCS 层次结构、组织体系，系统的菜单结构保持逻辑性和简单性。在紧急情况下必须使用的功能，其菜单项始终保持在屏幕固定区域，以便在任何时候都可以直接进入。

③人机界面图形显示原则。所有 ISCS 的各个操作员操作站均采用统一、标准的图形用户界面，并具有一致的显示界面和操作风格。图形画面支持信息的分层展现，通过图形的分层和动态缩放技术，将监视画面的总貌和细节设计为不同的图层。人机界面提供基于窗口的、友好的图形编辑器，用于建立图形显示界面。

④人机界面文字显示原则。在操作员操作站上出现的任何文字，包括信息、提示、帮助、对象标志等都采用汉字表示，采用统一的国标字体。对多步操作的每一步，人机界面都将通过文字信息来提供操作结果的反馈，同时还通过文字提示下一步动作的建议。

⑤报警的表示及处理。当报警出现时在报警栏显示报警内容，报警是可视和发声的。人机界面提供不同级别的报警信号的报警模式。人机界面支持报警、事件的分层展现，通过报警的过滤，在多级报警出现时，系统能优先、明确、有主次地处理关键的报警信息。

⑥人机界面安全性设置。操作员操作站采用主备配置时主备操作站具有相同的功能，但同一时刻只能一台操作站发出指令。在进入、退出系统操作以及关键的控制操作，人机界面均进行必要的权限检查和确认提示，以确保操作的安全性。操作人员不同的权限将对应不同的功能界面，无权访问或无必要访问的功能和数据通过预先定义予以过滤。

报警确认需要具有相应操作权限的用户才能执行，报警确认的范围是中心、车站、变电所、维护工作站各自确认，即在中心操作站确认的报警，若相同的报警车站未及时处理仍然会显示报警。报警消音需要具有相应操作权限的用户才能执行，报警消音的范围是单个操作站。

⑦人机界面操作方式。操作员与系统的交互对话通过操作鼠标以及键盘来完成。对于以图形显示的任何对象，都可以通过点选设备调出相应的设备窗口，窗口中的内容包括该设备相关的动态和静态信息，如描述、标志、状态，以及保存在数据库中的数据信息。完成一个操作项时，操作步骤不超过3次点击。这一过程以操作鼠标为主，而常用的命令及关键的操作，可设置等效快捷键来提供另一种快速选取途径。系统鼠标可以在双屏（多屏）自由漫游。鼠标的左键单击用于执行选择、确认、点击等操作。鼠标的右键单击用于显示扩展菜单，执行更多的操作选项，与Windows中的鼠标使用习惯保持一致。

（2）监控界面的显示内容。

为便于操作，在任何一个在线监控界面上至少有如下信息内容的区域。

①当前时间区：年月日时分秒。

②登录人员信息区：登录名称、操作权限。

③系统信息区：系统在线/离线、系统通告信息。

④最新紧急报警信息区：三条最新的报警、总报警数量、未确认报警数量。

报警信息是综合监控系统界面重要的组成部分，其中只有极少数的重要报警被划为紧急报警。紧急报警为第1级报警，显示红色报警，包括火灾报警、供电系统关键设备（例如10kV、750V、400V开关）发生事故跳闸。在紧急情况下，ISCS将自动推出目标图，用以显示报警的详细情况，或者显示所关注的区域图。事故报警一般为第2级报警，有时称橙色报警，是需要操作员立即干预的重要报警。如关键系统或设备发生故障，影响到列车或者地铁线的正常运行。第3级报警为普通报警，即黄色报警，需要操作员在给定的时间内干预的普通报警，如非关键设备故障，又如预告报警。第4级报警为非关键报警，即蓝色报警，是不需要人工干预的报警。此类报警有必要引起操作员注意。第5级报警为备用报警，即棕色报警，此为预留的报警级别。还有第0级灰色告警，是指综合监控系统设备故障告警，发生故障时，系统发出告警信息，以提示维护人员及时处理，一般维护调度员仅具有对0级报警的确认功能，其他操作员仅监视0级报警信息。

⑤选站线：车站选择。根据用户权限允许/禁止可选的车站。

⑥菜单条及按钮区：用于不同画面的切换或启动功能，包括子系统选择、功能选择、工具选择等，可以采用按钮或菜单的方式。中心操作站画面上应具有全线选站导航栏/菜单、子系统选择导航栏/菜单、常用工具和操作导航栏/菜单、帮助导航栏/菜单等。车站操作站画面上具有邻站选站导航栏/菜单、子系统选择导航栏/菜单、常用工具和操作导航栏/菜单、帮助导航栏/菜单等。

⑦主显示画面和操作区：位于屏幕中央，这个区域包括动态系统图、列表、趋势、图表、对话窗口等。根据选择的系统和子系统，这个区域呈现不同的视图。

⑧弹出窗口：临时弹出窗口，可关闭，包括操作窗口、信息编辑窗口、紧急报警窗口等。

某综合监控系统人机界面如图1-3-8所示。

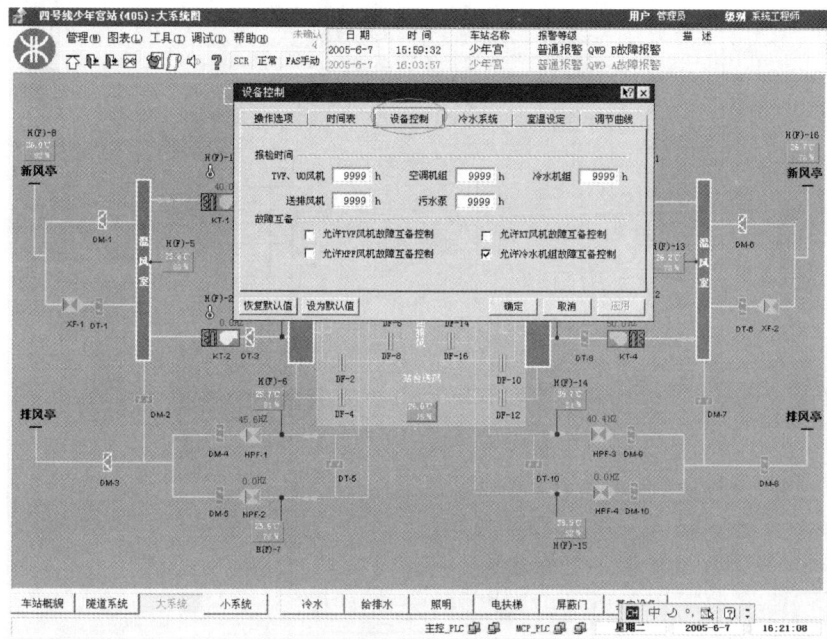

图1-3-8 某综合监控系统人机界面

2. 综合监控软件系统结构

软件系统结构分监控操作和控制两部分，完成对大多数设备或ISCS子系统的监控任务。监控操作分为两层：运营控制中心（OCC）和车站控制室（Station Control Room，简称SCR）。图1-3-9是综合监控系统的车站级软件系统结构。

OCC综合监控系统软件由监控工作站、大屏幕、服务器及其他计算机外围设备构成，其监控操作范围是全线所有的区间及车站机电监控子系统或设备。SCR监控软件由监控工作站、综合后备盘及其他计算机外围设备构成，其监控操作范围是某车站及相关区间所有综合监控子系统或设备。

如图1-3-9所示，典型车站综合监控系统的主要控制设备包括主控PLC、就地PLC、车站监控主站、通信控制器、车控室综合后备盘（MCP盘）等。

三、综合监控系统性能

综合监控系统的一般性能指标包括：实时响应性、可靠性、可扩展性。综合监控系统对实时响应的时间要求有遥控时间在2s之内，返信时间在2s之内。更确切地讲，要求系统下行数据传输时间在2s之内，上行数据传输时间在2s之内。为保证综合监控系统的可靠性，提出：平均无故障时间（MTBF）大于8000h，平均恢复前时间（MTTR）小于1h。为实现以上性能可以采用对子系统深度集成的接入方式。

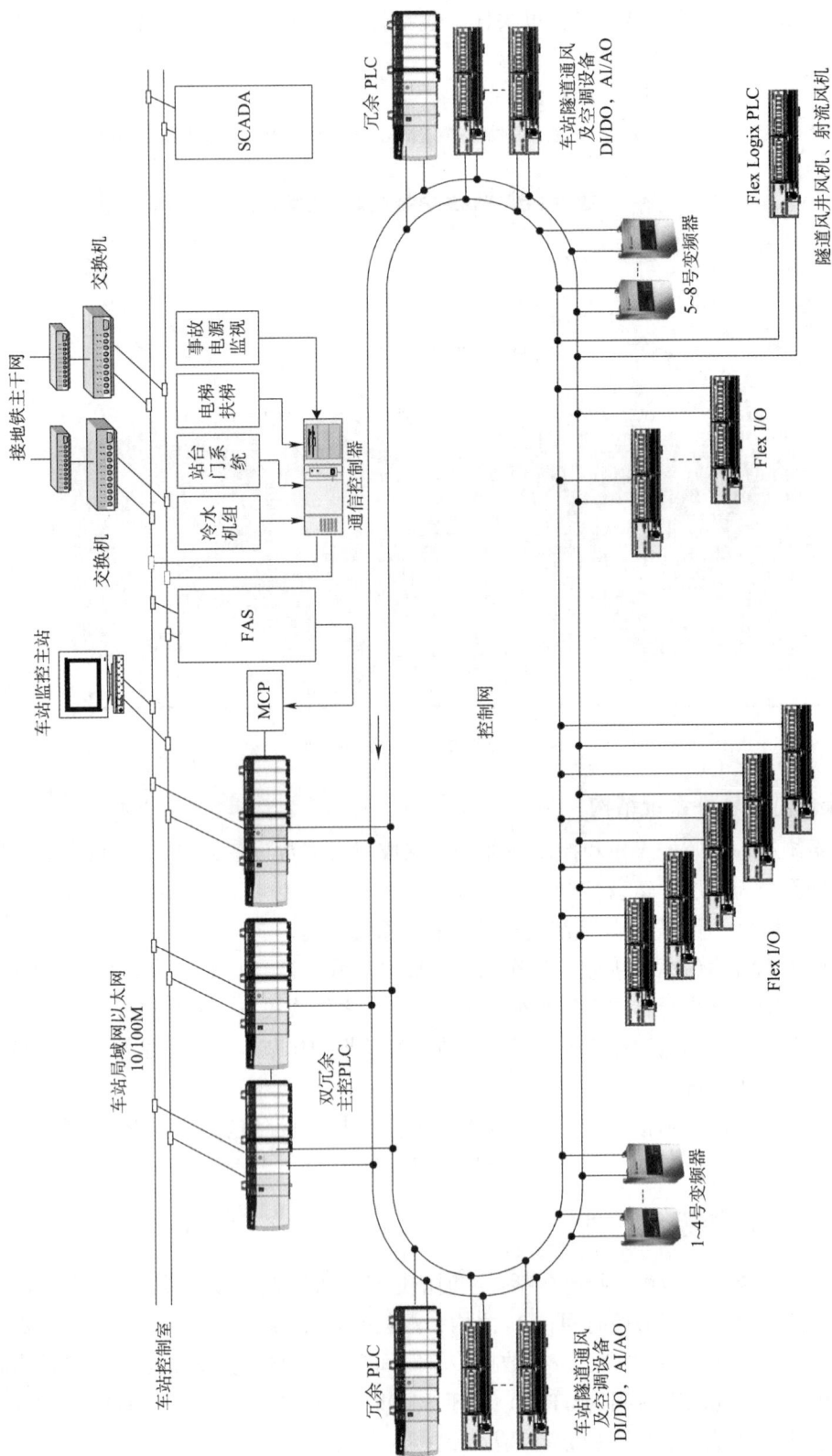

图 1-3-9 综合监控系统车站级软件系统结构

综合监控系统性能具体如下。

（1）控制命令在综合监控系统中的响应时间应小于2s。

（2）设备状态变化信息在综合监控系统中的响应时间应小于2s。

（3）单站实时数据画面在操作员工作站屏幕上整幅调出响应时间应小于1s。

（4）冗余设备切换时间应符合下列规定：

①冗余服务器切换时间不应大于2s；

②网络切换时间不应大于0.5s；

③通信处理机切换时间不应大于1s。

（5）综合监控系统宜进行可靠性、可用性、可维护性、安全性管理。

（6）系统的平均无故障时间不应小于8000h。

（7）系统可用性指标应大于99.98%。

（8）服务器中央处理器平均负荷率应小于或等于30%。

（9）工作站中央处理器平均负荷率应小于或等于30%。

（10）通信处理机中央处理器平均负荷率应小于或等于20%。

四、综合监控系统对子系统的接入方式

综合监控系统对子系统的无缝接入在实践中产生了两类方式：一类是对子系统集成，另一类是对子系统互联。

（1）对子系统集成，是指开放系统将被集成子系统完全融入系统之中，被集成子系统成为综合监控系统的一部分，被集成子系统的全部功能都由综合监控系统实现，除了管理意义外，被集成子系统构成了综合监控系统主体。综合监控系统与子系统集成关系如图1-3-10所示。

（2）对子系统互联，是指被互联子系统是一个独立运行的系统，具有自身的完整结构，综合监控系统通过外部接口与互联子系统进行必要的信息交互以支持信息共享平台的构建。互联子系统独立运行实现自己的功能，也向综合监控系统提供交互数据，支持综合监控系统实现互联功能。

五、综合监控系统集成方案

1. 综合监控系统的功能构架

根据业务系统的类型和功能定位，综合监控系统的子系统大致分为建筑物安全防范类系统、保障行车安全类系统、票务管理及服务类系统和信息服务类系统4类。

建筑物安全防范类系统包括火灾自动报警系统、环境与设备监控系统、电力监控系统、门禁系统、视频监控系统等。

保障行车安全类系统包括车辆系统、信号系统、站台门系统、防淹门系统等。

票务管理及服务类系统包括自动售检票系统、视频监控系统等。

信息服务类系统包括乘客信息系统（车站信息系统、车载信息系统）、广播系统、通信时钟系统等。

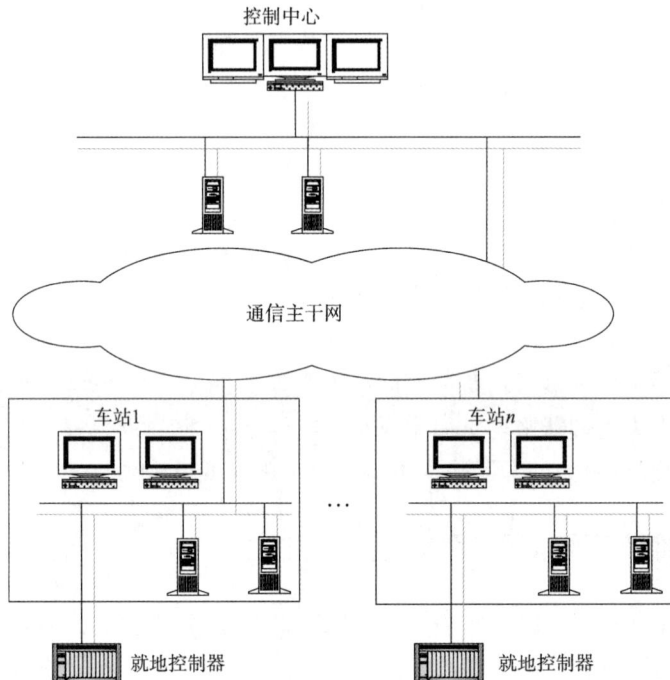

图 1-3-10　综合监控系统与子系统集成关系

要将这4大类系统有机地结合起来，通过建立一个综合自动化管理平台，实现各系统间的资源共享和联动响应，完善运营管理模式及机构，这就涉及综合监控系统的功能定位和系统集成规模及深度。

2. 综合监控系统的集成规模

从上述4大类监控系统的功能定位来说，综合监控系统的集成规模主要有全集成方案、分类集成方案和准集成方案3种。

全集成方案是以保障行车安全类系统为主，将建筑物安全防范类系统、票务管理及服务类系统、信息服务类系统全集成。具体实施方式是以信号系统为平台，以ATS系统为集成主体，集成车辆、供电等所有系统。构建大型的综合自动化监控体系，是城市轨道交通建设自动化管理的最理想方案。

分类集成方案和准集成方案可以认为是各类系统集成的准理想模式。

3. 系统集成方案按照集成思路分类

从国内外城市轨道交通系统的集成方案来看，综合监控系统的集成主要存在着两种流派：一种是以行车调度指挥为核心，同时提供环境监控、电力监控和乘客服务等功能的集成监控系统；另一种主要采用以环控调度、电力调度为核心兼顾部分与行车调度有关子系统的集成互联模式。

（1）以行车调度指挥为核心的集成方式。以行车调度指挥为核心的集成方式最显著的特征是集成信号系统的列车自动监控子系统（ATS），同时集成与行车指挥有关的 CCTV、PA、PIS、SCADA、FAS、BAS。互联的系统有 ATC、AFC、CLK 等。这种方案在国外已有成功实施的先例，如：新加坡东北线。

这种集成方式的优点有：实现了对城市轨道交通中环境、供电、设备、乘客、列车的全面监控；真正做到为运营指挥部门服务，提高了城市轨道交通公司运营指挥的自动化水平；系统的集成度进一步提高，可以进一步实现信息共享和灾害情况下的快速联动；是城市轨道交通综合监控系统的发展方向。

这种集成方式的缺点：集成 ATS 后，综合监控系统直接负责行车指挥调度，因此，要求系统的功能和可靠性更高。

（2）以环控调度、电力调度为核心的集成方式。国内大都属于以环控调度、电力调度为核心的集成方式，集成的系统一般包括：FAS、BAS、SCADA、PSD、FG 等。互联的系统包括 PA、CCTV、PIS、AFC、ATC、CLK 等。图 1-3-11 是杭州地铁某线以环控调度、电力调度为核心的集成方案示意图。

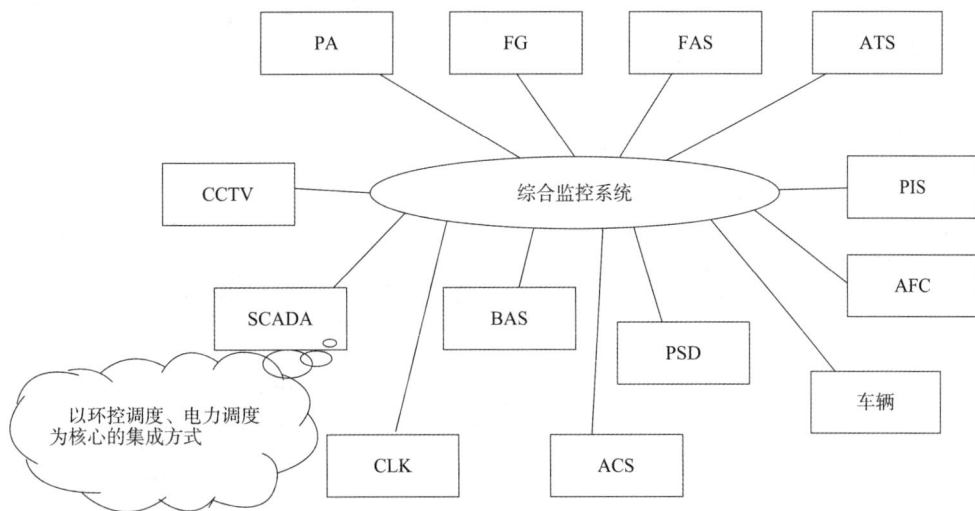

图 1-3-11 杭州地铁某线集成方案示意

这种集成方式的优点有：保证了行车调度系统独立运行，不会因为集成平台出现问题而受影响；通信系统的 CCTV、PA、专用电话等独立传输，不影响数据通道的带宽，降低了综合监控系统实施风险；ATS 与 ISCS 分开，便于 ISCS 的工程实施；该方案与当前我国城市轨道交通管理水平相适应，全能操作员或跨专业操作员有待培养，适度集成、分专业设置调度员较易现实；对提高运营管理水平、提高救灾效率有较大帮助。

这种集成方式的缺点有：集成度还不够高，只能对列车位置及状态等进行监视，不具备对运行计划、进路设置等的监控功能，不能真正做到以行车调度指挥为核心。

4. 系统集成方案按照集成深度分析

按照系统集成深度，综合监控系统一般有 3 种方案：信息集成（网络集成）方案、适度集成方案和深度集成方案。

信息集成（网络集成）方案又称中央汇总方案，即保留各系统的分立局面，利用各系统提供的开放式数据接口，增加相应数据收集、存储、分发和处理系统，实现信息共享和各系统间快速联动。

适度集成方案是对各子系统从车站级以上（车站级和中央级）开始集成，即只集成车站级和中央级控制管理部分硬件设备及软件功能，广州地铁 3 号和 4 号线采用的就是这种集成方式。

深度集成方案是在适度集成方案的基础上，对各子系统进行集成深度拓展，将各子系统中央级、车站级和现场控制设备全由综合监控系统来实现，简化或省略传输环节和系统间接口，广州地铁 5 号线和正在建设的成都、重庆、北京、杭州、深圳等地的有关地铁线路采用的就是这种集成模式。图 1-3-12 是适度集成和深度集成方案的比较示意图。

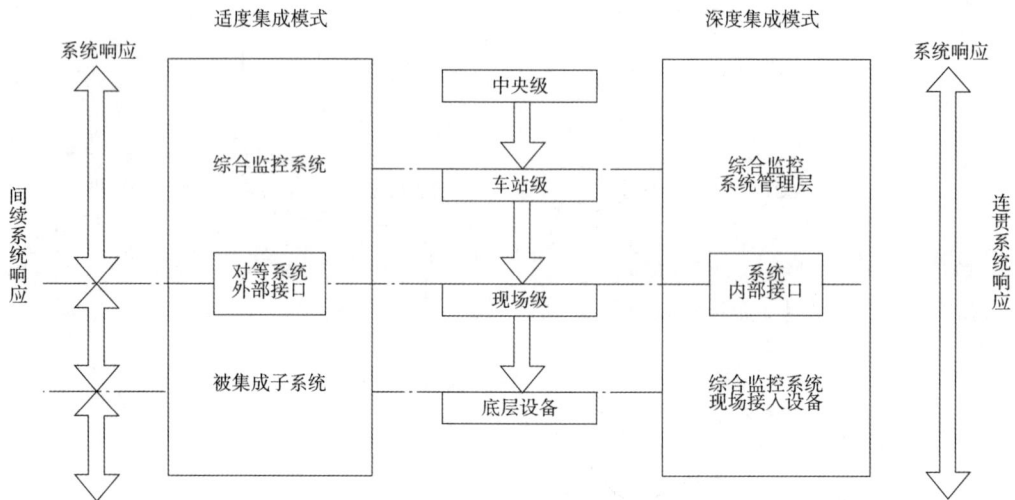

图 1-3-12　适度集成和深度集成方案的比较示意图

◦ 任 务 实 施 ◦

1. 课堂讨论

一般 5~8 人一组进行如下认知性学习和讨论。

（1）交流与讨论一：描述工控机的基本组成和作用。

（2）交流与讨论二：大屏幕系统的应用有哪些？

（3）交流与讨论三：叙述综合监控系统的主要设备工作原理。

2. 认识综合监控系统设备硬件

要求同学们在实训中心，认识综合监控系统的各部分设备，完成表 1-3-2 填空。

综合监控系统设备认识表　　　　　　　　　表 1-3-2

设备图形 (拍照贴在这里,若学校没有实训设备, 可以网络查询)	设备名称	作　用
	工控机	
	服务器	
	磁带机和磁盘阵列	
	前端处理器	
	综合后备盘	
	不间断电源	
	大屏幕投影系统	
	其他网络设备	

3. 认识综合监控系统软件界面

要求同学们在老师的指导下,初步认识综合监控系统的不同软件界面信息,不仅限于以下 3 图。

（1）图 1-3-13 是_____市_____号线的_____地铁车站的_____图,图上可以远程控制的开关有_____个,牵引供电方式采用的是_____供电。

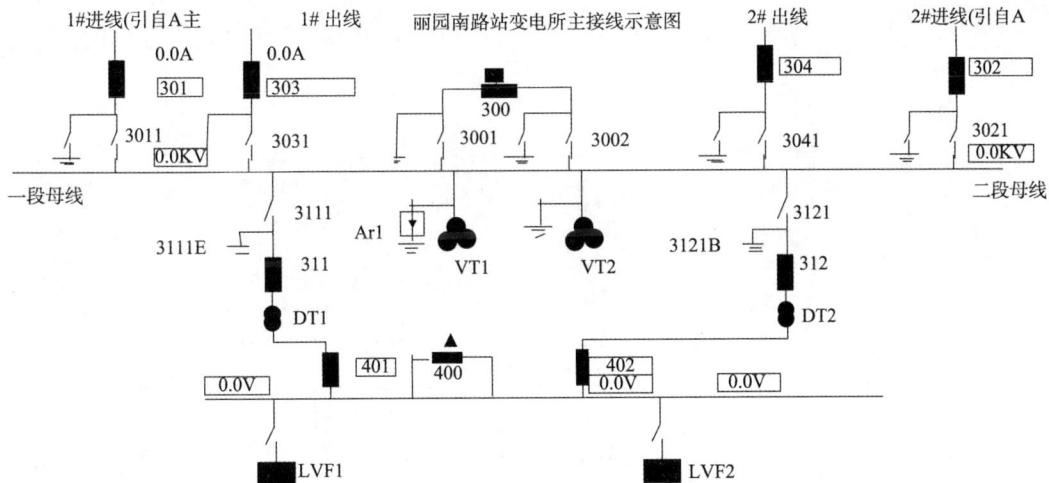

PSCADA界面功能与操作

图 1-3-13　综合监控软件界面 1

（2）图 1-3-14 是_____市_____号线的_____地铁车站的_____图,图上可以看出这条线路共有地铁车站_____座,地铁综合监控系统集成了_____个子系统,包括_____、_____、_____、_____、_____、_____、_____

等。其中环境监控子系统包括_____个界面。

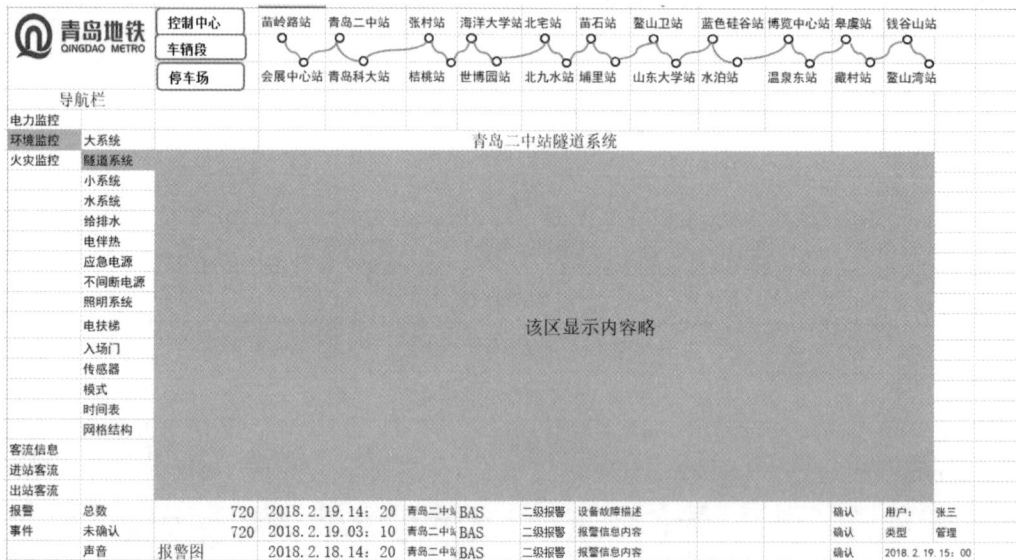

图 1-3-14　综合监控软件界面2

（3）图 1-3-15 是_____市地铁的_____图，图上可以看出牵引变电站的进线电压为_____V，输出电压有_____种，分别是_____V 和_____V。

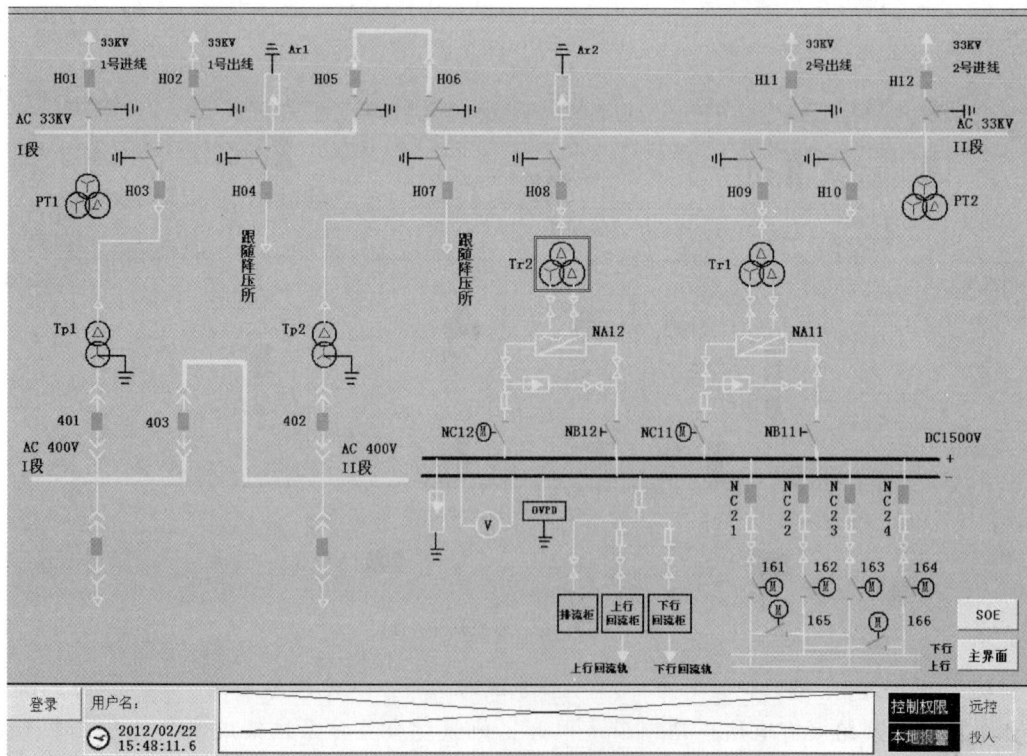

图 1-3-15　地铁综合监控软件某界面

———————— 项 目 小 结 ————————

本项目主要包括城市轨道综合监控系统功能、技术基础和设备组成三个方面的学习和对正在发展的城市轨道交通综合监控系统的认知。

综合监控系统基本功能包括中央级功能、车站级功能和互联系统功能三部分。综合监控系统技术基础主要包括传感器技术、地铁通信与网络技术、可编程逻辑控制器技术、分散控制系统技术等。

综合监控系统设备包括系统硬件和软件两部分，硬件构成包括中央级 ISCS 硬件设备和车站级 ISCS 硬件设备。软件由数据接口层、数据处理层、人机接口层三部分。综合监控网络系统构成有三部分，包括主干层、局域层、现场层。综合监控系统的硬件主要包括：工控机、服务器、磁带机和磁盘阵列、前端处理器、综合后备盘、不间断电源、大屏幕投影系统、其他网络设备等。

复习思考题

一、填空题

（1）综合监控系统设备包括系统_____件和_____件两部分，缺一不可。一般地，硬件构成包括_____级 ISCS 硬件设备和_____级 ISCS 硬件设备。软件由_____层、_____层、_____层等三部分构成。综合监控网络系统构成有三部分，包括主干层、局域层、_____层等。南京地铁 ISCS 由控制中央级综合监控系统、_____级综合监控系统、网络管理系统、传输主干网构成。

（2）综合监控系统的硬件主要包括：_____、服务器、磁带机和磁盘阵列、前端处理器、综合后备盘、不间断电源、大屏幕投影系统、其他网络设备等。工控机是专门为现场设计的计算机，由_____系统和_____系统组成。

（3）不同的工控机外观各具特点。一般前面板上各状态灯含义如下。PWR：_____指示灯，正常时亮_____灯，当冗余电源有一个出故障时变为_____灯。FAN：_____指示灯。TEMP：_____指示灯，机箱内超过 60℃时，_____灯会报警。HDD：_____指示灯。

（4）在城市轨道交通中，服务器是综合监控系统的中枢，主要包括_____服务器、中央级实时服务器和中央级_____服务器。

（5）一般，IBP 盘划分为 8 个监控系统分区，包括：信号系统（SIG）、站台门系统（PSD）、自动售检票系统（AFC）、_____、牵引供电系统（750V，GDZ）、车站紧急通风系统、_____、_____。

（6）大屏幕投影系统中，世界上流行的拼接控制系统主要有三种类型：硬件拼接系统、_____、_____。

（7）综合监控系统软件为用户提供统一的、友好的_____HMI，来实现对现场设备的监控，保证地铁线路的稳定运营。综合监控系统人机交互界面主要由以下部分构成：_____主框架、系统对话框、_____对话框、事件及报警管理、帮助功能、各子系统系统功能。综合监控系统人机界面主要内容：_____画面、车站布局图；PA操作界面——_____广播；PA操作界面——按_____表广播、CCTV操作功能；CCTV操作界面——_____控制；PIS功能——车站信息；PIS功能——车载信息、站台门（PSD）功能、FAS功能、联动功能；通用画面——_____一览表等。

（8）报警信息是综合监控系统界面重要的组成部分，其中只有极少数的重要报警被划为紧急报警。紧急报警为第1级报警，显示_____色报警，包括火灾报警、供电系统关键设备（例如10kV、750V、400V开关）发生事故跳闸。在紧急情况下，ISCS将自动_____，用以显示报警的详细情况，或者显示所关注的区域图。事故报警一般为第2级报警，有时称_____色报警，是需要操作员_____的重要报警。如关键系统或设备发生故障，影响到列车或者地铁线的正常运行。第3级报警为普通报警，即_____色报警，需要操作员在_____干预的普通报警，如非关键设备故障，又如预告报警。第4级报警为非关键报警，即_____色报警，是不需要人工干预的报警。此类报警有必要引起操作员注意。第5级报警为备用报警，即_____色报警。此为预留的报警级别。还有第0级灰色告警，是指综合监控系统设备故障告警，发生故障时，系统发出告警信息，以提示维护人员及时处理，一般_____仅具有对0级报警的确认功能，其他操作员仅监视0级报警信息。

（9）综合监控系统的一般性能指标包括：_____、_____、_____。综合监控系统对实时响应的时间要求有遥控时间在_____秒之内，返信时间在_____秒之内。为保证综合监控系统的可靠性，提出：平均无故障时间（MTBF）大于_____小时，平均恢复前时间（MTTR）小于_____小时。

（10）综合监控系统对子系统的无缝接入在实践中产生了两类方式：一类是对子系统_____，另一类是对子系统_____。对子系统集成，是指开放系统将被集成子系统完全融入系统之中，被集成子系统成为综合监控系统的一部分，被集成子系统的全部功能都由_____实现，除了管理意义外，被集成子系统构成了综合监控系统主体。

（11）根据业务系统的类型和功能定位，综合监控系统的子系统大致分为建筑物安全防范类系统、_____、票务管理及服务类系统和_____四类。建筑物安全防范类系统包括火灾自动报警系统、_____、_____、门禁系统、CCTV等。保障行车安全类系统包括_____、_____、站台门系统、防淹门系统等。票务管理及服务类系统包括自动售检票系统、_____等。信息服务类系统包括_____（车站信息系统、车载信息系统）、广播系统、通信时钟系统等。从上述四大类监控系统的功能定位来说，综合监控系统的集成规模主要有_____、_____和_____三种。

二、简答题

（1）综合监控系统硬件组成有哪些？
（2）综合监控系统软件的人机界面有哪些内容？
（3）综合监控系统对子系统的接入方式有哪几种？试分析它们的异同。
（4）城市轨道交通综合监控系统集成方案有哪些？
（5）根据业务系统的类型和功能定位，综合监控系统的子系统分为哪几类？
（6）事故报警信息分为哪些级别？分别怎么处理？

三、案例分析

请仔细阅读以下案例，基于以下基本概况和实际调研，分析昌平线综合监控系统设备的特点有哪些？分析它们的接入方式和它们的集成方案。

昌平线的综合监控系统概况如下。

采用主备、冗余、分层、分布式 C/S 结构，采用 TCP/IP 协议，并采用行之有效的故障隔离和抗干扰措施。

系统采用分层分布式结构，三级网络：中央级、车站级、现场级。

中央级：综合监控系统面向全线。

车站级：综合监控系统面向车站。

现场级：子系统主要进行现场数据采集和就地控制。

1. 中央级 ISCS 结构

以太网交换机 2 套：赫斯曼 MACH4002-48G-L3E。

核心层服务器 2 套：SUN 实时 Server SPARC Enterprise M5000、2 套 SUN 历史 Server SPARC Enterprise M5000。

前端处理器（FEP）2 套：MOXA、DA-682-Linux。

磁盘阵列 1 套 SUNStorageTek6540。

操作工作站：SUNltra 24WorkStation 总调/行车调度（行调）/环控调度（环调）/电力调度（电调）/维修调度（维调）共计 8 套。

2. 车站级 ISCS 结构

以太网交换机 2 套：赫斯曼 MS4128-L3E。

核心层服务器 2 套：SUN 实时 SPARC Enterprise T5240。

前端处理器（FEP）2 套：MOXA DA-682-Linux。

操作工作站 2 套：SUNltra 24WorkStation。

车站级 ISCS 共有 3 面设备柜，分别为：ISCS 柜、交换机柜、负荷柜。

3. 现场级 ISCS 结构

昌平线 ISCS 共有 12 个子系统，每个子系统主要进行现场数据采集、监视和控制。子专业中 BAS、SCADA 两个专业直接接入车站交换机，除此之外其他接入车站级的 FEP。

昌平线 ISCS 12 个子系统包括站台门系统、列车监控系统、电力监控系统、环境与设备监控系统、火灾自动报警系统、广播系统、视频监控系统、时钟系统、乘客信息系统、不间断电源系统、通信专业告警系统、门禁系统。

详细资料可扫描二维码阅读

综合监控系统

项目二 熟悉设备相关的综合监控子系统

教学引导

本项目主要针对城市轨道交通中对环境以及系统中设备进行监督和控制的综合监控子系统进行学习，主要包括 5 个子系统：火灾自动报警系统（FAS）监视和操作、站台门（PSD）监控子系统运用、电力监控系统（SCADA）、环境与设备监控系统（BAS）子系统运用、列车自动监控子系统。具体有：参观认识火灾自动报警系统等 5 个子系统的终端设备、了解各子系统构成、了解各子系统的工作过程和操作要领、理解监控子系统与综合监控系统的关系、能够在正常情况下进行有效监视、遇到突发事件能够利用各监控子系统进行应急处理。

学习目标

（1）树立安全质量意识，提升监督业务素质，训练团队组织协调、语言表达和沟通能力。

（2）掌握各监控子系统常规监视内容和出现故障的基本操作。

（3）学会各监控子系统监督发现的突发状况的处理及预防。

（4）通过制订学习工作单归纳总结知识点。

（5）学会利用各监控子系统判断其监督的环境设备常见故障现象和发生原因。

（6）了解各子系统的基本工作过程，能够进行监控子系统设备的巡查和维修。

任务一　学习火灾自动报警系统监视与操作

情境导入

　　某月某日，综控室监控值班站长发现上行站台一处垃圾箱冒出浓烟，车站火警启动。值班站长指派人员进入现场尝试灭火，未果。值班站长试图采取措施，控制火情蔓延，但火势见长，已蔓延出隔离区域，无法控制。值班站长向控制中心进行事故通报，并请求警察、消防、救护支援。控制中心宣布发生重大事故，召集相关人员。值班站长担任临时事故处理主任，安排车站人员到岗位。车站事故处理主任与换乘的铁路车站联系，共同启动紧急情况下乘客疏散方案。铁路站做好乘客的限入，开放出口。事故处理主任安排人员迅速对乘客进行疏散。控制中心对非事故区进行列车调度，车站不接入列车。消防人员到来后，车站协助消防人员进行灭火，协助警察维护现场秩序，协助救护人员救助受伤人员。灭火完成后，对现场进行事故调查取证，封锁起火区域。调查完成后，对设备设施进行维修，达到运行要求后恢复正常运营的目的。

知识储备

一、火灾自动报警系统概述

　　地铁系统是遵照国家对火灾"预防为主，防消结合"的方针，设置火灾自动报警系统（FAS）。FAS子系统一般情况下独立成系统，并与BAS等设备存在接口关系。一般情况下全线FAS子系统按照同一时间内发生一次火灾考虑。

　　FAS采取一体化网络、两级管理、三级控制的运营模式。一体化网络是指全线各站的火灾报警控制器和中央级的火灾报警控制器为主干网上的独立节点，其独立节点更包括车站的图形显示控制中心（GCC），OCC的图文工作站、备用中心的工作站，保证网络的中央级相互热备，主备中心的无缝转换，在网络再生功能上有着无可比拟的优点。

　　车站级FAS管辖范围包括：车站及相邻半个区间的消防设备。车辆段内的车辆停放和各类检修车库的停车部位、燃油车库、可燃物品仓库、重要用房等设有火灾自动报警系统。车站及区间内的防排烟系统（除火灾专用的排烟风机外）和送排风系统共用的暖通空调系统设备、车站及区间的废水泵由BAS进行监控，火灾时，FAS向BAS发送救灾模式指令，BAS执行。FAS具有控制优先权。

　　车站及区间的排烟风机、补风机、消防泵除了由火灾自动报警系统设自动控制外，还需在车站控制室的IBP盘上设置手动控制装置，进行手动紧急控制。

　　工作方式：主备用中心设备、各车站的FAS为全天24h不间断工作，并且所安装位置为24h有人值班的控制室，实时保持对全线的不间断监视和控制工作，并把日常的历史纪录

（包括火警、故障、联动等信息）归档管理打印。各种防灾救灾的应急预案、措施都存放在主备中心，当网络中任意车站、中心有异常情况都有相应措施，指挥全网络的防灾救灾。

二、火灾自动报警系统组成

FAS 主要由中央级设备、车站级设备、现场各类探测器、输入输出模块、手动火灾报警按钮、消防专用电话系统、全线设备维修系统，以及全线报警信息传输网络等组成。

1. 全线主干网

FAS 全线主干网络为对等网络。控制中心、备用中心、各车站、车辆段的火灾报警控制器均作为 FAS 全线主干网络的节点。网络构成如图 2-1-1 所示。

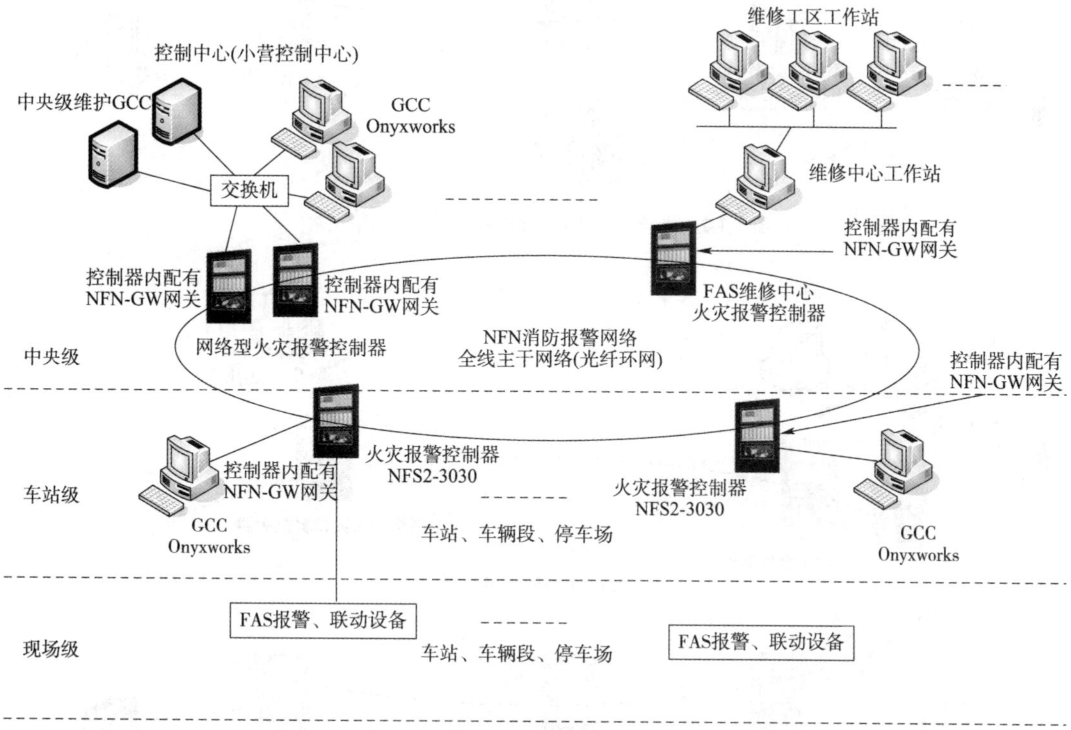

图 2-1-1　某线网络构成示意图

某线如图 2-1-1 所示的 FAS 利用通信提供的单模光纤组建 FAS 全线专用网络，车站级的 FAS 信息通过光纤网络传输至 OCC 和备用中心，任意车站均能监视和控制其他车站的信息。

全线主干网的节点能在任意时刻与相关节点组成自愈环网。光纤网络发生一个开路点时，不影响整个网络的正常通信，如图 2-1-2 所示。当发生 2 个或 2 个以上开路点时，与中央级火灾报警控制器保持连接的网段能保持正常工作，如图 2-1-3 所示。脱离与中央级火灾报警控制器连接的网段，可以自动形成子网络，同时在子网络中至少有一个节点设备能够通过简单的键盘操作，成为能够监控子网络的临时中央级，如图 2-1-4 所示。网络故障时，网络故障信息上报控制中心。

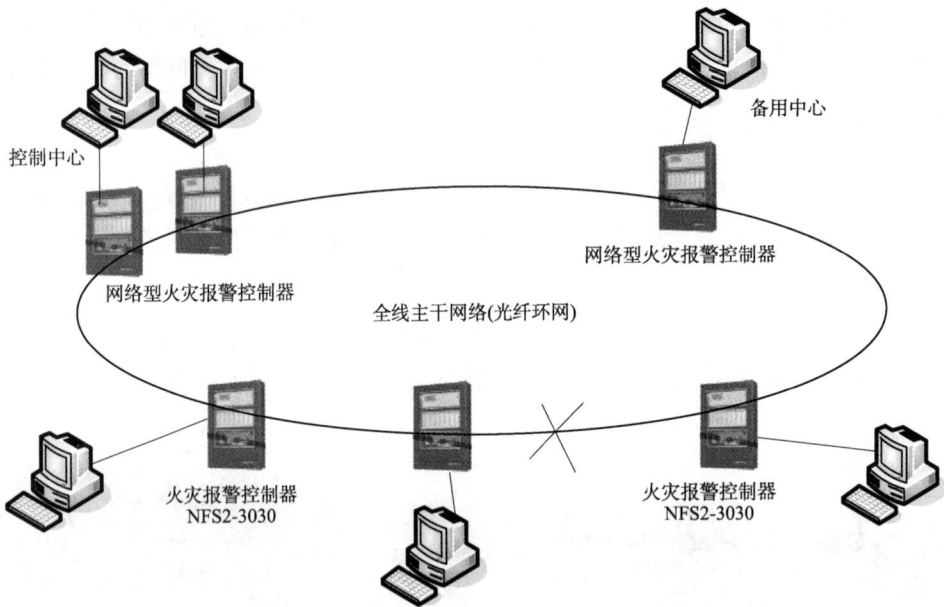

图 2-1-2　光纤网络发生一个开路点时网络通信正常

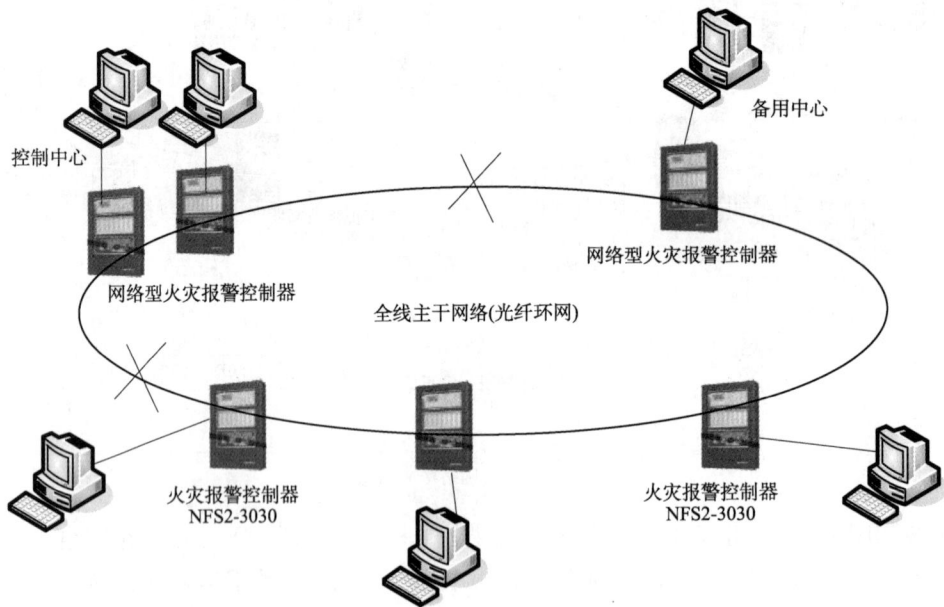

图 2-1-3　光纤网络发生 2 个开路点时网络通信正常

　　当控制中心和备用中心均在线时，全网络正常通信，每一个节点上的所有信息都可以被控制中心和备用中心接收，控制中心和备用中心具有冗余中心管理功能，都可以对全网节点进行监控。当控制中心发生故障时，备用中心仍旧在线，自动接管控制中心功能，而由于主备中心功能显示和控制的信息完全一样，都是全网所有节点和外围设备的监控，当发生主控中心离线时很容易就可以把备用中心功能转成控制中心功能，实现对全网的完全监控。

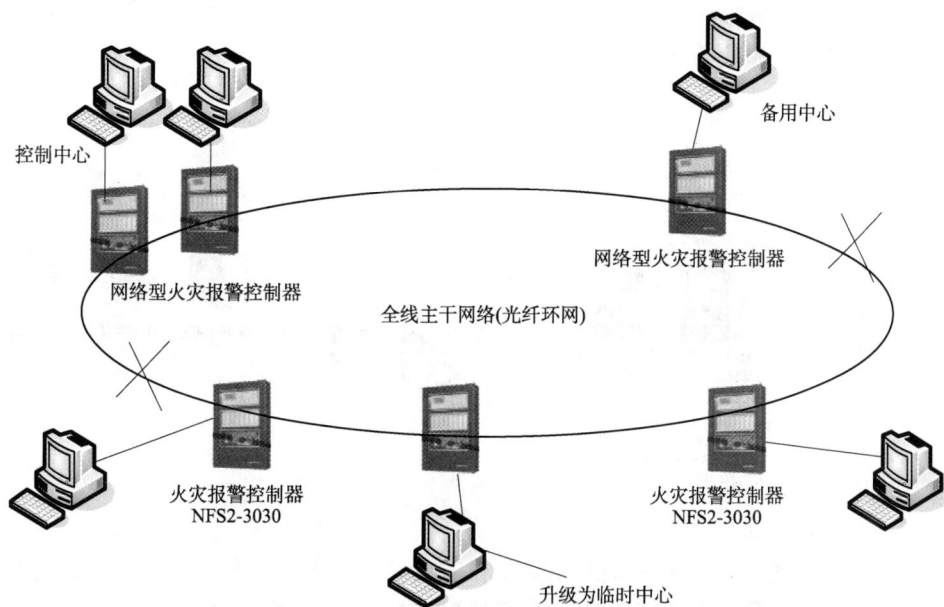

图 2-1-4 脱离中心和备用中心时自组成网

当全网与中心脱离但与备用中心相连时，备用中心和各车站级控制主机及 GCC 等自动重组成一个子网络，同时备用中心上的 GCC 自动接管控制中心，从而实现对全网的监控，指挥联动各种防灾措施，完成主备份中心转换功能。

当控制中心和备用中心都脱离主干网时，各个断开的网段会自动重组成相对独立的子网，控制中心授权，具备权限的操作员通过输入密码，可以使某处的车站级 GCC 升级为子网络的管理中心，保障子网络的局部中心控制系统维持运行，从而最大限度地保障了 FAS 网络系统在发生网络重大意外事故的状况下，仍旧能够保持最大程度的集中通信与控制能力。

2. FAS 中央级组成

中央级火灾报警控制器（网络型）、中心调度 GCC、打印机等必要设备构成中央级局域网络，完成机房、调度大厅与其他系统的信息共享。

一般地，OCC 机房内，配置 2 套互为备用的火灾报警控制器（网络型）、配置 1 套供某线 FAS 中央级与各换乘线路 FAS 中央级以及 TCC 系统的接口设备（包括硬件和软件）、OCC 网管室内配置 2 套互为冗余热备份的工业控制型 PC 操作工作站，作为系统的维护工作站，并配置 1 台打印机。

一般地，OCC 调度大厅内，配置 2 台互为冗余热备份的工业控制型 PC 操作工作站，作为中心调度 GCC，并配置 1 台打印机。FAS 控制中心系统结构如图 2-1-5 所示。

3. 维修管理系统

（1）维修中心。一般情况下，在车辆段综合维修中心设置 1 套火灾报警控制器（网络型）、1 台维修中心工作站（工业级 PC 机）、1 台打印机和 1 套在线式 UPS 电源等，构成

FAS 全线维修中心设备维护管理系统。该系统可实现全线 FAS 的在线监视及查询功能，能够在线监视全线设备的故障等状态，为运营维护提供便利。

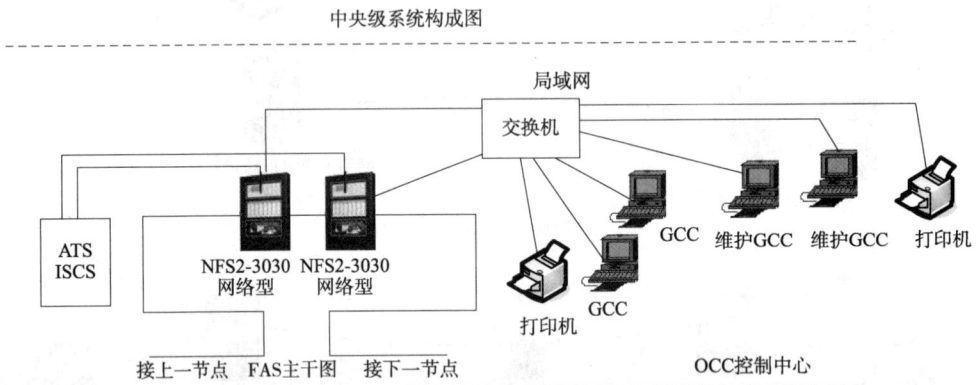

图 2-1-5　FAS 控制中心系统结构

（2）机电维修工区。一般地铁线路除了设置有总体的维修管理工作站外，还将全线分为若干个维修工区，维修管理工作站可实现对全线 FAS 设备进行监视及管理。

某地铁线维修管理系统结构示意如图 2-1-6 所示。

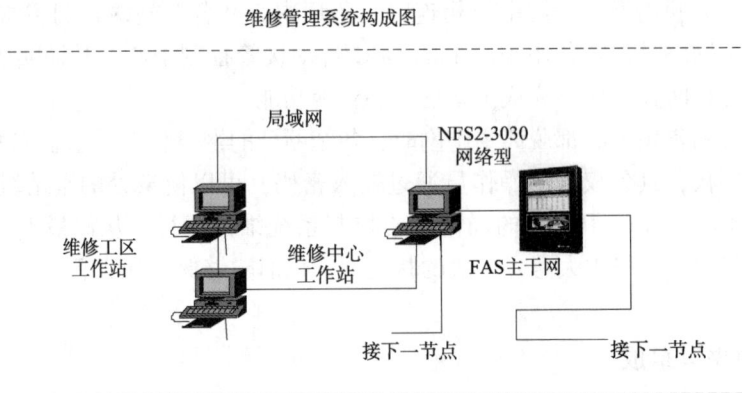

图 2-1-6　某地铁线维修管理系统结构示意

从功能上划分，机电项目部维修管理工作站管理全线任何智能设备的状态，包括网络、控制器、探测器、模块等的信息，和中央级维护工作站功能一致。维修管理工作站除了能够快速读取和监管全线设备的状态参数、污染上报数据、补偿值、故障类型、维修记录外，还可以实现故障设备的远程屏蔽和恢复，方便统一管理。各个维修工区是按照几个相邻站单独设置一台维修工区，由该工区的工作站统一管理这几个站的数据。

4. FAS 车站级设备组成

（1）车站。FAS 车站级，由设在车站控制室的火灾报警控制器（联动型）通过环型总线方式与现场的火灾探测器、手动火灾报警按钮、警铃、输入输出模块等设备组成火灾自动报警监控网络，负责监视车站和与车站相邻各半个区间的火灾设备的运行状态、接收火灾报警信息。

消防电话网络由设在车站控制室的消防电话主机通过与电话插孔、消防电话分机组成。各站的车站控制室内，各配置 1 套火灾报警控制器（联动型）、1 套车站级 GCC、1 套消防电话主机等设备。各车站的车站控制室内设置 IBP 盘，车辆段消防控制室内设置消防联动控制盘。IBP 盘与消防联动控制盘完成与紧急情况下有关的消防设备手动控制的功能。其中，车站 IBP 盘设置由 ISCS 完成，车辆段消防联动控制盘设置由 FAS 完成。FAS 车站级系统构成图如图 2-1-7 所示。

车站级系统构成示意图

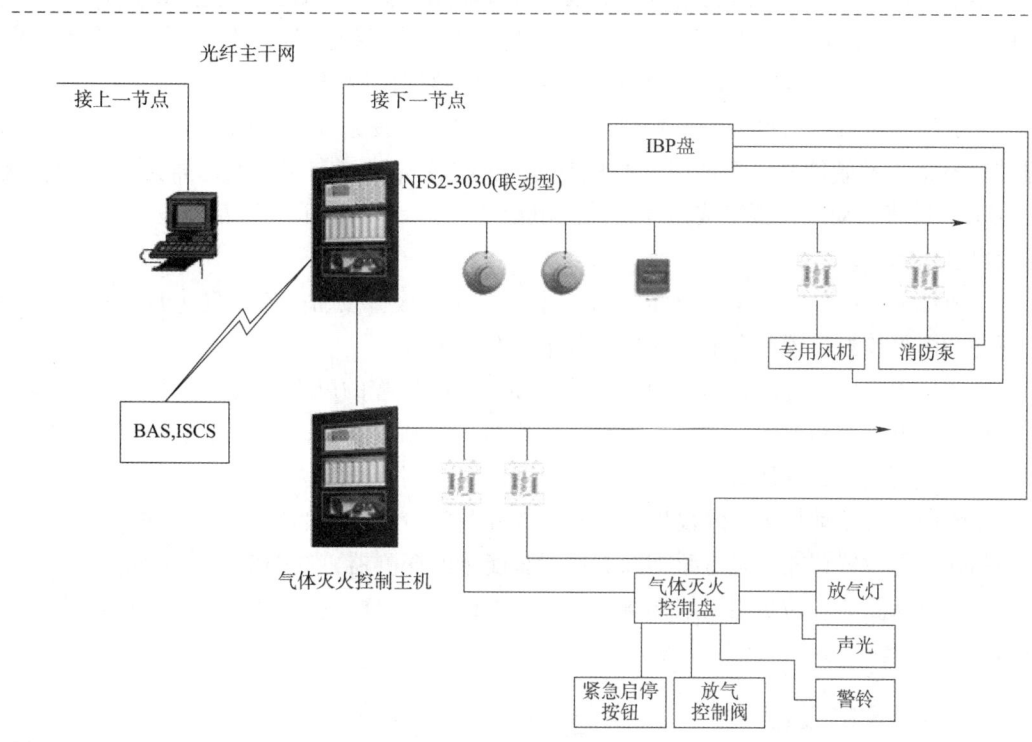

图 2-1-7 FAS 车站级系统构成

（2）车辆段。车辆段由消防控制与运转待班调度结合设置消防值班室，车辆段火灾自动报警控制器设置在车辆段运用库的消防值班室内，在车辆段综合楼、停车列检库、信号楼等大型建筑单体内设置区域火灾报警控制器，与现场的火灾探测器、手动火灾报警按钮、电话插孔、输入输出模块等设备组成车辆段 FAS 监控网络，负责监视车辆段内的 FAS 设备运行状态、接收火灾报警信息。

一般车辆段消防值班室内，配置 1 套火灾报警控制器（联动型）、2 台车站级 GCC、2 套消防电话主机、2 套在线式 UPS 电源、2 套联动盘、6 套区域火灾报警控制器与相关系统接口等设备，区域控制器与主控制器之间采用光纤进行连接。区域火灾报警控制器负责所管辖建筑单体火灾信息的监视和控制，并与车辆段火灾报警控制器联网。

车辆段火灾自动报警控制器作为全线 FAS 网络的一个节点，纳入全线系统，由控制中心统一管理；车辆段各区域报警控制器通过光纤组成火灾自动报警控制网络，负责监视车辆段的 FAS 运行状态、接收火灾报警信息。

5. 就地控制级设备

在全线的 FAS 保护范围内的车站和区间配置有各类就地级设备，包括各类探测器、警铃、各类输入输出模块、消防电话分机、手动火灾报警按钮（带电话插孔）、消火栓按钮等。

车站的站厅、站台、附属用房等地区设置智能光电感烟探测器、智能感温探测器，站台板下设置电缆通道，变电所电缆夹层设置缆式线型感温探测器。站厅层两端附属用房、公共走廊设置警铃，区间内设备用房设置智能光电感烟探测器。

一般地，设有自动报警的场所均设有手动火灾报警按钮（带消防电话插孔）；出入口超过 60m 的设有智能光电感烟探测器和手动火灾报警按钮（带消防电话插孔）；出入口超过 30m 的设有手动火灾报警按钮（带消防电话插孔）；车站内消火栓箱内设有消火栓按钮并带启泵指示灯。

一般地下区间外侧墙每隔 50m 设置一个手动火灾报警按钮（带消防电话插孔）；地下区间每个消火栓处设置一个消火栓按钮并带启泵指示灯。

模块采用集中与分散相结合的方式设在接受 FAS 监控的风机、风阀、水泵、非消防电源等设备附近，控制设备启、停和采集运行状态、故障等信号。模块箱主要设置在环控电控室、照明配电室、空调机房、消防泵房、变电所、钢瓶间等位置。

车辆段火灾自动报警系统设置在车辆停放和各类检修车库的停车部位、燃油车库。可燃物品仓库等设置智能型光电感烟探测器、智能感温探测器、红外对射感烟探测器、防爆型可燃气体探测器、防爆型火焰探测器、消防电话、消火栓按钮、手动火灾报警按钮（带电话插孔）、输入输出模块等设备。

三、FAS 的功能

1. 中央级 FAS 功能

中央级 FAS 是全线 FAS 的调度、管理中心，对全线报警系统信息及消防设施有监视、控制及管理权，对车站级的防救灾工作有指挥权。其通过全线防灾直通电话、CCTV、列车无线电话等通信设备，组织指挥全线防救灾工作，并与消防报警电话 119 连接，负责地铁消防工程防救灾工作与外界的联络。

中央级 FAS 可以和综合监控系统通信联络，综合监控系统可接收 FAS 控制中心的报警信息命令、停止正常工况命令。对参与救灾的机电设备进行联动控制 FAS 具有优先权。

中央级 FAS 通过车站级 FAS 接收报警设备信息，向火灾区间相关车站下达模式控制指令，相关车站执行救灾模式。

当列车区间发生火灾时，FAS 无须通过中央级 FAS 而使火灾车站和相邻车站从正常运行工况直接转换到火灾运行工况，同时，通过报告中央级 BAS，BAS 通过人工模式下发联动相应 BAS 区间的共用设备。

当列车在区间发生火灾事故时，中央级 FAS 可以接收列车无线电话报警，对车站级 FAS 发布、实施灾害工况指令，将相应救灾设施转为按预定的灾害模式运行。

当车站发生火灾时，若本站水源故障，中央级 FAS 启动备用车站消防水系统。

中央级 FAS 具有热备的功能，互相独立，当主机失效时，备机无间断无扰动替代主机工作，并保持系统记录不间断。FAS 具有同用户最直接的人机界面，每天 24h 有人值守，是整个 FAS 的指挥控制中心，其权限最高，负责全线的统一指挥管理。

（1）管理功能。

①全线火灾模式表管理。中央级 FAS 可根据地铁火灾地点的不同，对火灾模式表进行下发。所有的操作过程记入事件日志。

②系统运行参数管理。中央级 FAS 可以通过参数设置来确定系统运行与监控方案，如：探测器的隔离、探测器灵敏度的调整等设置。参数设置修改完毕后，通过网络下载到各车站的报警控制器中。

③监督火灾模式运行工况。中央级 FAS 可监视火灾联动模式设备的运行工况，监视各消防设备的运行、报警及故障信息。

④确定系统运行工况。在区间发生火灾情况下，中央级 FAS 按照发生火灾的不同地点启动火灾联动模式，由于区间发生火灾涉及相邻多个站，由中央级 FAS 操作人员手动下发火灾联动模式。

⑤在车站火灾情况下，中央级 FAS 具备监视功能，由车站下发火灾模式，当火灾发生蔓延时，中央级 FAS 指挥协调相关车站及系统进行救灾。

⑥设备状态信息的处理。中央级 FAS 能够接收各车站报送的设备运行状态、设备故障报警信息、系统参数监测数据，并能完成数据处理、历史资料存档的管理。

⑦对外联络功能。与市防洪指挥部门、地震监测中心、消防火警部门通信，接收自然灾害预报信息，负责地铁防救灾工作对外界的联络。

⑧指挥管理功能。通过全线防灾调度电话、CCTV、列车无线电话等通信设备，组织、指挥、管理全线防救灾工作。

⑨系统对时功能。接收主时钟信息，并统一全线系统的时间。

（2）监视功能。

①分区域设备状态显示。中央级 FAS 可选择不同的区域按钮，显示相应区域平面图，如分别显示站台、换乘厅、车站公共区、设备管理用房等区域画面。

②车站系统图分系统显示。中央级 FAS 可选择不同的系统按钮，显示各系统图，如分别显示 FAS 图、动力照明系统图。

③控制方式显示。在中央级和车站级 FAS 工作站，每个监控界面都能显示系统或设备的当前控制权，以体现控制优先级。

④系统显示。在全线线路概貌图中用不同的颜色反映各车站及区间不同的火灾工况；某个车站或某区间运行在火灾工况下，在中央级 FAS 工作站显示界面上可通过画面颜色和

报警提示显示火灾工况。

（3）控制功能。

①单点控制。中央级FAS工作站的监控功能界面具有设备的远程控制功能，可对单个设备（区间设备）进行单设备控制。

②模式控制。中央级FAS具有模式控制功能，可向车站报警控制器发送控制命令，报警控制器将进行优先级和冲突判断，根据判断结果运行控制命令对设备进行控制。

2. 车站级FAS功能

车站级FAS可实现管辖范围内设备的自动监视与控制、重要设备的手动控制。车站级FAS能够实现管辖范围内实时火灾的报警功能，监视管辖范围内的火情，自动化管理火灾自动报警系统及防救灾设备，控制防救灾设施，显示运行状态，将所有信息上传至中央级FAS。

接收中央级指令或独立组织、管理、指挥管辖范围内防救灾工作。可接收中央级FAS指令，但同时具有独立组织、管理、指挥站点管辖区内防灾救灾工作的能力。作为车站级FAS的监控管理中心，车站级FAS在脱离全线主干网和中央级FAS的情况下，能够成为独立的区域监控指挥中心。车站级FAS是全线FAS的一个组成部分，通常情况下与全线级FAS联网工作，并完全具备离网独立工作的功能，所有本站联动和报警设备均能在车站级FAS综合控制室实现，从而避免了完全依赖于中央级FAS所带来的风险。

（1）监视功能。

设备动态图形显示功能：操作员通过平面图、系统图等人机界面可以直观地看到设备当前的工作状态，还可看到设备的运行效果，通过鼠标的单击可以弹出设备属性框，看到具体的设备属性信息和完成基本操作。

故障报警功能：实时、可靠的报警系统可以使用户快速区分和辨别故障，减少系统的故障时间。

数据查询：操作员在报警控制器上通过报警查询、事件查询功能可以方便地完成历史数据查询、打印等工作。

GCC以及控制器均可监视车站管辖范围内灾情，采集火灾信息，显示火灾报警点、防救灾设施运行状态及所在位置画面。GCC通过闪烁的颜色反映管辖区域内火灾探测器和报警设备的正常（绿色常亮）、报警（红色闪烁）、故障（黄色闪烁）。

车站级FAS还可以监视消防泵的启、停、故障状态信号，水泵吸水管的压力报警值，水泵扬水管的压力报警值，消防泵自巡检信号；监视车辆段内水喷淋系统水流指示器，信号阀，报警压力开关的报警信号，监视喷淋泵、稳压泵的启或停、故障状态信号，水泵吸水管的压力报警值，水泵扬水管的压力报警值，消防泵自巡检信号，消防水箱超低或超高，溢流水位报警值；监视本系统供电电源的运行状态；监视车站所有专用消防设备的工作状态；监视火灾自动报警控制器接收气体自动灭火区域的火灾及各种状态信息。

（2）报警功能。

火灾报警控制器面板上专设个专用钥匙开关，作为系统自动和手动运行模式的选择开关。火灾报警控制器面板上一般还有一个专用可编程火灾确认按钮，作为人工确认火灾报警信息的操作按钮，该按钮的动作信息能够传递到本站的综合监控系统和 BAS。

人工确认模式：当可编程系统运行模式转换开关处于"手动"位时，系统处于人工确认模式。当系统内任何一个探测器报警或系统内任何一个手动火灾报警按钮（带电话插孔）报警后，系统已经有了联动触发条件，立即自动生成相应的火灾联动程序，此时由于处于手动模式，系统不会输出联动信号。由值班人员到报警现场确认火灾情况。

如果现场实际无火灾情况，值班人员可以复位报警点设备或通过输入密码后屏蔽报警点设备。

如果现场确实发生火灾，值班人员需通过可编程火灾确认按钮对火灾报警信息进行人工确认，确认后，火灾报警控制器立即执行火灾联动程序，并将经人工确认后的火灾报警信息传至 ISCS 和 BAS。

自动确认模式：当可编程系统运行模式转换开关处于"自动"位时，系统处于自动确认（无人值守）模式。《火灾自动报警系统设计规范》（GB 50116—2013）规定：需要火灾自动报警系统联动控制的消防设备，其联动触发信号应采用两个独立的报警触发装置报警信号的"与"逻辑组合。在同一个报警区域内，任意两个火灾探测器同时报警或一个手动火灾报警按钮与任一个火灾探测器同时报警后，系统自动确认火警报警，火灾报警控制器立即执行火警联动程序：向本站的 ISCS 和 BAS 发送相关救灾模式指令、启动相关消防联动设备、切除非消防电源。

（3）控制功能。

车站的被控对象是车站的专用消防设备。车站级 FAS 的监控功能界面具有设备的远程控制功能，可对单个设备控制，即单点控制。

专用消防设备控制功能。对于专用消防设备如消防专用风机、车站及区间大型轴流风机、消防泵等，除可自动控制外，紧急情况下能够在车站控制室内的 IBP 盘上的按钮直接手动控制。

消防泵控制功能。当火灾现场确认需要用消防水后，人工按下消防栓按钮，向 FAS 发出要求启动消防泵的信号，FAS 经过确认后启动消防泵，点亮启泵指示灯，告知消防泵已经启动。从 IBP 盘到消防泵控制柜设有手动硬线控制方式，当有火灾发生时，可在车站控制室 IBP 盘直接手动操作启动消防泵进行灭火，并显示泵的工作状态。消防人员看到启泵指示灯点亮后，方可使用消火栓。

区间消防水管电动蝶阀。火灾时，根据事先编制好的程序，向区间消防水管电动蝶阀发出控制指令，使相关区间的消防水管电动蝶阀关闭，并具有电动蝶阀的电动开启复位控制功能。

共用设备控制功能。正常运行和火灾时执行防救灾的车站机电设备，火灾时由车站级 FAS 发送控制指令给 BAS，BAS 按预订模式优先执行控制。

非消防电源控制功能。非消防电源设一级切除，发生火灾时，由 FAS 在变电所 400V 低压柜以及照明配电室内切除非消防电源，并接通相关区域附属用房内应急照明电源装置。

防火卷帘门控制功能。火灾时，FAS 接到报警信息后，根据事先编制好的程序，向卷帘门控制器发出降下指令，使卷帘门自动降下，并接收其反馈信号，及时将信息上传至控制中心。

电动挡烟垂帘控制功能。火灾时，根据事先编好的程序，向电动挡烟垂帘发出降下指令，使电动挡烟垂帘自动降下。

气体自动灭火系统控制功能。FAS 接收气体灭火防护区的烟感、温感以及气体自动灭火系统的放气、设备故障、手自动位状态等信号。一般情况下当任一探测器发出报警信号，值班人员应立即赶至现场进行人工确认，确认后，由值班人员在现场决定是否启动气体自动灭火系统。另外，在车站控制室的 IBP 盘上设有紧急放气和止喷按钮。在报警、喷射阶段，车站控制室应有相应的声、光报警信号，并能手动切除声响信号。

自动售检票系统控制功能。火灾时，FAS 接收到报警信息后，发救灾命令给 AFC 紧急按钮控制盒（IBP 盘内），AFC 自动打开自动检票闸机；车站综控室也可手动打开自动检票闸机。打开闸机闸门后切除 AFC 供电电源。

电/扶梯系统控制功能。当发生火灾时，FAS 接收到确认的报警信息后，发指令给 BAS，BAS 将火灾报警信号下发给自动扶梯和垂直电梯，切除非疏散用扶梯和垂直电梯的电源。

防烟、排烟控制功能。当发生火灾时，FAS 向本站的 ISCS 和 BAS 发送经过确认的火灾信息，防烟、排烟系统与暖通空调系统共用设备，由 BAS 进行监控；火灾情况下专用的消防设备，由 FAS 进行监控。火灾时，FAS 具有优先控制权。

广播系统、CCTV 控制功能。发生火灾时，广播转换为火灾应急广播，CCTV 切换至火灾模式。

（4）显示功能。

每个监控画面都集工艺系统状态、设备状态、报警、控制等多种功能于一身，综合显示和操作能力。

分区域设备状态。车站平面图是分区域显示，选择不同的区域按钮，显示相应区域平面图，如分别显示站台、换乘厅、车站公共区、附属用房的、防火分区，及防烟分区画面。车站系统图是分系统显示，选择不同的系统按钮，显示各系统图，如分别显示事故电源系统图、消防通风系统图、消防给排水系统图、电/扶梯系统。

车站FAS界面识读与操作运行

控制方式显示。在车站级 ISCS 工作站每个监控界面都能显示系统或设备的当前控制权，以体现控制优先级。

时钟同步功能。接收车站级主时钟或中央级时钟校核指令，使各设备系统时间与主时钟保持一致。

3. 就地控制级 FAS 功能

就地控制级 FAS 设备主要是指设置在地铁车站、车辆段的智能型光电感烟探测器、智

能感温探测器、远红外对射光束探测器、防爆型可燃气体探测器、防爆型火焰探测器、极早期报警探测器（含底座）、消火栓报警开关、手动报警按钮（带电话插孔）、监控模块等设备。

就地控制级 FAS 设备功能就是能够直接完成烟雾探测，现场灭火、阻隔火源蔓延、控制烟雾等功能。

------- ◇ 拓 展 知 识 ◇ -------

FAS 与 ISCS 的接口

一般情况下，FAS 与 ISCS 有三个以下接口，其内容如下：在车站，FAS 与 ISCS 的接口位置在各车站综合设备室综合监控系统通信接口处、车站控制室 FAS 控制盘串行通信接口处，以及相关专用消防设备控制箱接线端子排外线侧；在车辆段，FAS 与 ISCS 专业的接口位置在车辆段综合设备室综合监控系统通信接口处、车辆段消防值班室 FAS 控制盘串行通信接口处，以及相关专用消防设备控制箱接线端子排外线侧。车站和车辆段 FAS 与 ISCS 的接口示意图如图 2-1-8 所示。

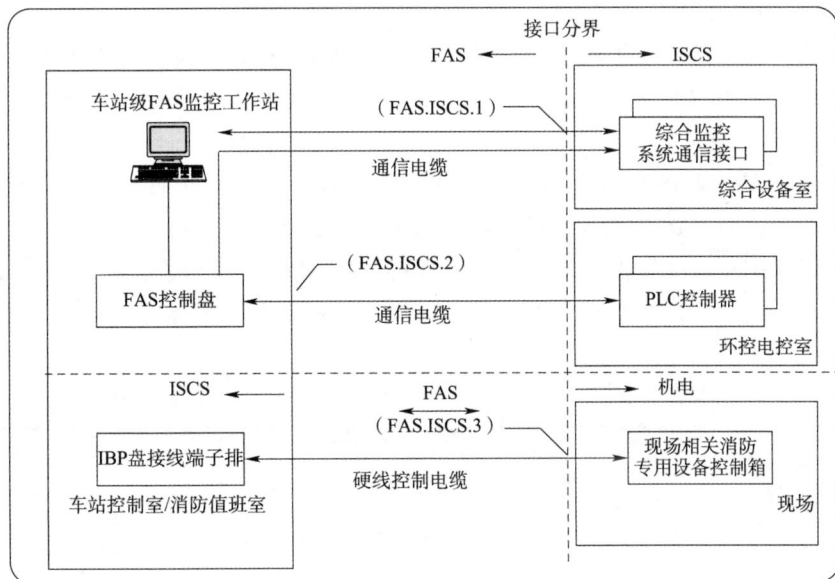

图 2-1-8　FAS 与 ISCS 在车站、车辆段的接口示意图

1. 物理接口

如图 2-1-8 所示，FAS 与 ISCS 接口分别对应如下：FAS 监控工作站和综合监控系统通信接口在各车站综合设备室为 FAS. ISCS. 1；FAS 控制盘到环控电控室的 PLC 控制器采用的是 FAS. ISCS. 2；IBP 盘到现场相关专用设备控制箱采用 FAS. ISCS. 3。

其中 FAS. ISCS. 1 位置在各车站、车辆段综合设备室综合监控系

综合监控系统与监控子系统之间的接口关系

统通信接口处。ISCS 专业负责提供综合设备室综合监控通信接口的接线端子，明确端子编号，并在通信接口箱内预留相应的走线空间并配合 FAS 进行调试。

FAS. ISCS. 2 位置在各车站控制室、车辆段消防值班室 FAS 控制盘串行通信接口处，FAS 的网关为城市轨道交通企业专门研发的 LPI-MODBUS 网关，与 ISCS 进行对接通信，传送火灾模式信号。

FAS. ISCS. 3 位置在各车站控制室、车辆段消防值班室 IBP 盘接线端子外侧。FAS 提供并敷设自 IBP 盘按钮至设备现场控制箱的控制电缆。通过硬拉线实现直接启动/停止 ISCS 消防专用设备。

2. 功能接口

（1）FAS. ISCS. 1 功能。

FAS 功能：由 FAS 向 ISCS 上传本站点 FAS 相关信息；进行火灾的探测、确认及报警，并向 ISCS 通过通信接口发送相应火灾模式指令，联动 ISCS 按既定原则执行火灾运行模式。

ISCS 功能：在 ISCS 人机界面上实现对本站点 FAS 相关信息的监视；接收 FAS 发送来的火灾模式信息，按既定原则执行火灾运行模式，实现关联设备的运行。

（2）FAS. ISCS. 2 功能。

FAS 功能：进行火灾的探测、确认及报警，并向 ISCS 发送相应火灾模式指令，联动 ISCS 按既定原则执行火灾运行模式；接收 ISCS 反馈的模式信号执行状态信息。该功能通过 LPI-MODBUS 可实现双向通信。

ISCS 功能：接收 FAS 发送来的火灾模式信息，按既定原则执行火灾运行模式，实现关联设备的运行；向 FAS 反馈模式执行状态信息；进行故障报警及处理。

（3）FAS. ISCS. 3 功能：通过 IBP 盘上的紧急按钮，对消防专用的设备实现紧急手动控制。发出手动紧急控制指令，接收被控设备动作反馈信号，并显示设备运行状态。

任务实施

1. 小组工作

以班级为单位 4~7 人一组进行认知性学习和讨论。分成 4~7 人一组完成复习思考题。

课堂练习：

（1）描述火灾自动报警系统的基本组成；

（2）描述火灾自动报警系统的功能；

（3）说出火灾自动报警系统发生火灾时的反应过程；

（4）讨论火灾自动报警系统的重要性。

FAS使用注意事项

2. 列车在区间着火救援桌面演练

（1）图 2-1-9 中这个火灾自动报警监控器安装在车站的什么位置？日常工作中哪个岗位人员监视它呢？

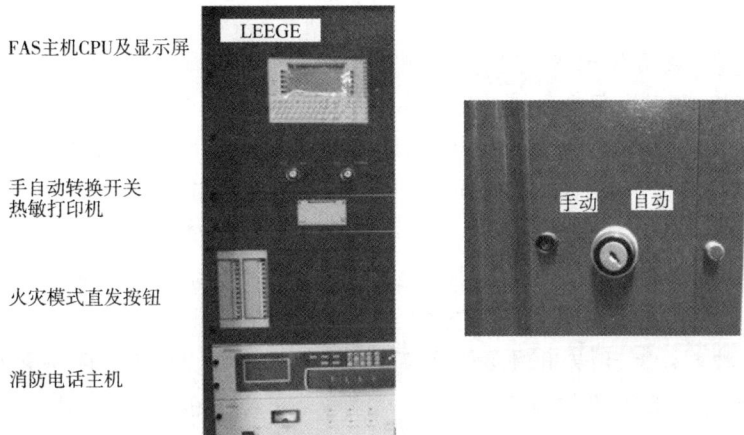

图 2-1-9 火灾自动报警监控器及钥匙开关

（2）每组同学仔细阅读复习思考题中的案例分析，设计列车在区间着火后的岗位角色演练对话，并进行桌面演练，每组完成一个演练报告。

复习思考题

一、填空题

（1）FAS采取一体化网络、＿＿＿＿＿＿级管理、＿＿＿＿＿＿级控制的运营模式。一体化网络是指全线各站的＿＿＿＿＿＿控制器和中央级的火灾报警控制器和主干网上的独立节点。其独立节点包括车站的＿＿＿＿＿＿，OCC的图文工作站、备用中心的＿＿＿＿＿＿站，保证网络的中央级相互热备，主备中心的无缝转换。

（2）FAS车站级管辖范围包括：车站及相邻半个区间的＿＿＿＿＿＿设备。车辆段内的车辆停放和各类检修车库的停车部位、燃油车库、可燃物品仓库、重要用房等设＿＿＿＿＿＿系统。车站及区间内的防排烟系统（除火灾专用的排烟风机外）和送排风系统共用的暖通空调系统设备、车站及区间的废水泵由＿＿＿＿＿＿进行监控，火灾时，FAS向＿＿＿＿＿＿发送救灾模式指令，＿＿＿＿＿＿执行。＿＿＿＿＿＿具有控制优先权。车站及区间的排烟风机、补风机、消防泵除了由＿＿＿＿＿＿系统设自动控制外，还需在车站控制室的＿＿＿＿＿＿上设置手动控制装置，进行手动紧急控制。

（3）中央级FAS是全线FAS的调度、管理中心，对全线＿＿＿＿＿＿信息及＿＿＿＿＿＿有监视、控制及管理权，对车站级FAS的防救灾工作有＿＿＿＿＿＿权。通过全线防灾直通电话、CCTV、列车无线电话等＿＿＿＿＿＿工具，组织指挥全线防救灾工作，并与消防局＿＿＿＿＿＿火灾通信，负责地铁消防工程防救灾工作对外界的联络。中央级FAS和综合监控系统通信联络，综合监控系统可接收FAS控制中心的报警信息命令，停止＿＿＿＿＿＿命令，并对参与救灾的机电设备进行联动控制。_____具有优先权。

（4）中央级FAS具有热备的功能，互相独立，当主机失效时，_____无间断无扰动替代主机工作，并保持系统记录不间断。FAS具有同用户最直接的人机界面，每天_____小时有人值守，是整个FAS的指挥控制中心，其权限最高，负责全线的统一指挥管理。

（5）车站的被控对象是车站的_____设备。车站级FAS的监控功能界面具有设备的_____控制功能，可对单个设备控制，此即_____点控制。专用消防设备控制：对于专用消防设备如消防专用风机、车站及区间大型轴流风机、消防泵等，除可自动控制外，_____情况下能够在车站控制室内的_____上的按钮直接手动控制。消防泵控制功能：当火灾现场确认需要用消防水后，人工按下_____按钮，向FAS发出要求启动消防泵的信号，FAS经过确认后启动消防泵，点亮启泵指示灯，告知_____已经启动。从IBP盘到消防泵控制柜设有手动硬线控制方式，当有火灾发生时，可在车站控制室IBP盘直接_____操作启动消防泵进行灭火，并显示泵的工作状态。消防人员看到启泵指示灯_____后，方可使用消防栓。

（6）就地控制级FAS设备主要是指设置在地铁车站、车辆段的_____探测器、_____探测器、远红外对射光束探测器、_____探测器、防爆型火焰探测器、极早期报警探测器（含底座）、消火栓报警开关、手动报警按钮（带电话插孔）、监控模块等设备。就地控制级FAS设备功能就是能够直接完成_____，现场灭火、阻隔火源蔓延、控制烟雾等功能。

（7）一般情况下全线FAS子系统按照同一时间内发生_____次火灾考虑。

（8）全线主干网的节点能在任意时刻与相关节点组成_____网。

（9）中央级火灾报警控制器、_____、打印机等必要设备构成中央级局域网络，完成机房、调度大厅与其他系统的信息共享。

二、简答题

（1）火灾自动报警系统的基本组成有哪些？
（2）火灾自动报警系统的管理功能有哪些？
（3）火灾自动报警系统的监视功能有哪些？
（4）火灾自动报警系统的车站功能有哪些？
（5）请描述火灾自动报警系统发生火灾时的反应过程。
（6）请调研你所在城市地铁的火灾自动报警系统。
（7）FAS与ISCS的接口是怎么样的？

三、案例分析

阅读"城市轨道交通综合监控系统控制模式与案例"，请分析不同的ISCS控制模式分别适用于什么情况？列车在区间发生火灾时应该如何处理？分析列车在区间阻塞时应该有哪些注意事项以保证乘客安全？

城市轨道交通综合监控系统控制模式与案例

ISCS 控制模式包括：时间表控制、事件驱动控制、人工手动控制等。

控制模式的使用如图 2-1-10 所示。列车尾部与头部着火时火灾模式如图 2-1-11 和图 2-1-12 所示。

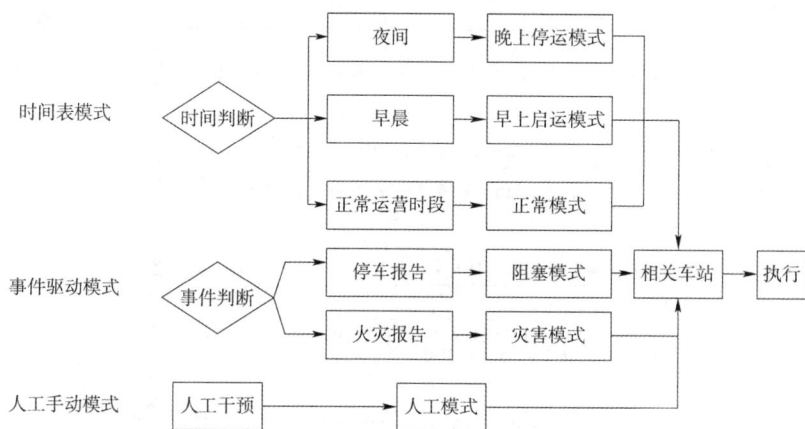

图 2-1-10　控制模式的使用

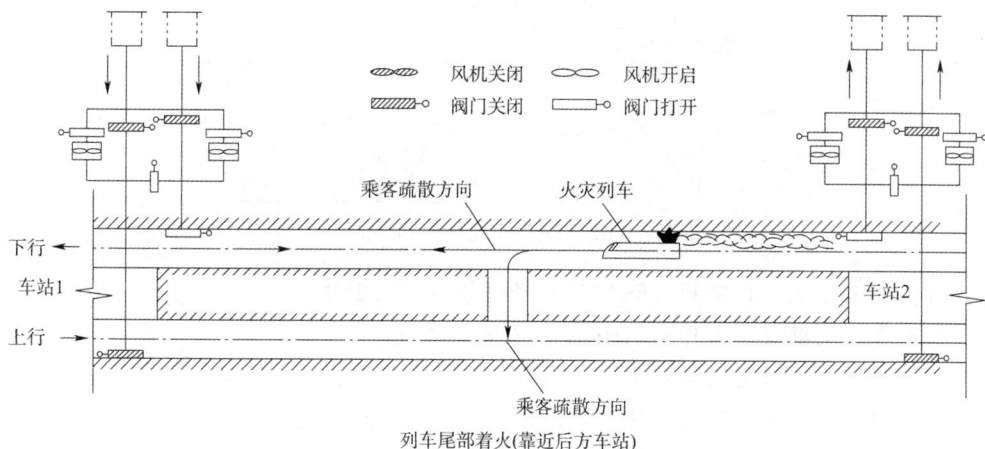

图 2-1-11　列车尾部着火时火灾模式

火灾救援案例——区间隧道列车火灾模式

区间隧道列车火灾事故处理流程如图 2-1-13 所示。

一列或多列列车在隧道中阻塞时的处理作业简述如下。（以杭州某线路为例）以下流程能够体现联动功能对调度指挥的帮助，以下是联动操作流程。

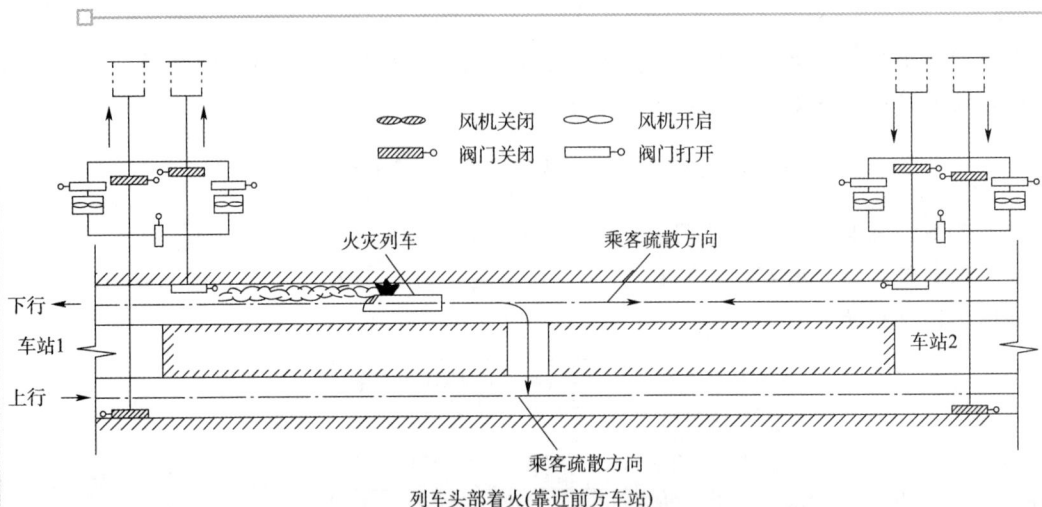

列车头部着火(靠近前方车站)

图 2-1-12　列车头部着火时火灾模式

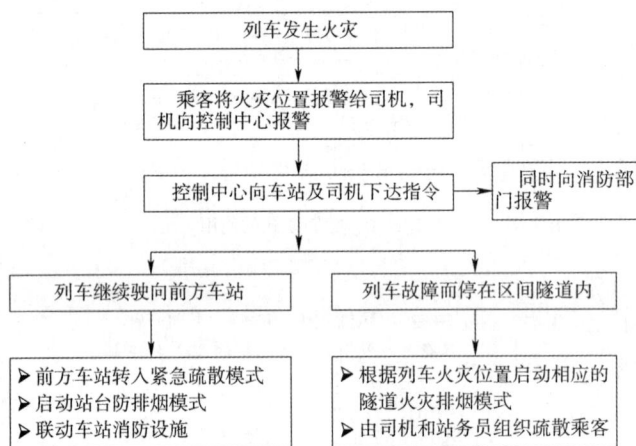

图 2-1-13　隧道列车火灾事故处理流程

（1）启动方式：监测到 ATS 阻塞报警信号后自动触发。

（2）在中央操作员工作站 HMI 弹出报警窗口。

（3）建议操作员通过信号系统联动后方车站将列车扣留在车站。

（4）建议操作员启动相关的环控设备进入列车阻塞模式。

（5）自动触发 CCTV 切换到相关站台图像。

（6）建议在操作员确认后，通过 PA 对受到影响的车站发出相关广播信息。

（7）建议在操作员确认后，通过 PIS 对受到影响的车站发出相关显示信息。

（8）建议操作员通知相关的列车司机和车站操作人员。

（9）对于区间阻塞时间过长的情况，建议前一列车牵引阻塞列车驶入前方车站后，疏散车上人员或采用就地疏散。

（10）列车在区间阻塞采用就地疏散时，要求阻塞区间的三轨断电。

任务二　了解站台门监控子系统的运用

情境导入

在城市轨道交通运营安全或城市轨道交通客运服务课程上，任课老师经常讲到下边的案例：某地铁线有一乘客被夹在车门和站台门之间，列车开动后，掉下站台，导致身亡。

[**想一想**] 这种情况能不能进行监控呢？

知识储备

一、站台门监控子系统概述

ISCS 提供每个车站的站台门系统图，如图 2-2-1 所示。

图 2-2-1　站台门监控系统

双击某设备图标，该设备窗口信息页开启，窗口将显示所有点的普通信息。例如，当双击滑动门图标时，如图 2-2-2 为某一滑动门的信息状态监视图。

二、站台门控制系统

1. 系统组成

站台门控制系统主要由中央控制盘（PSC）、就地控制盘（PSL 或 LCP）、就地控制盘

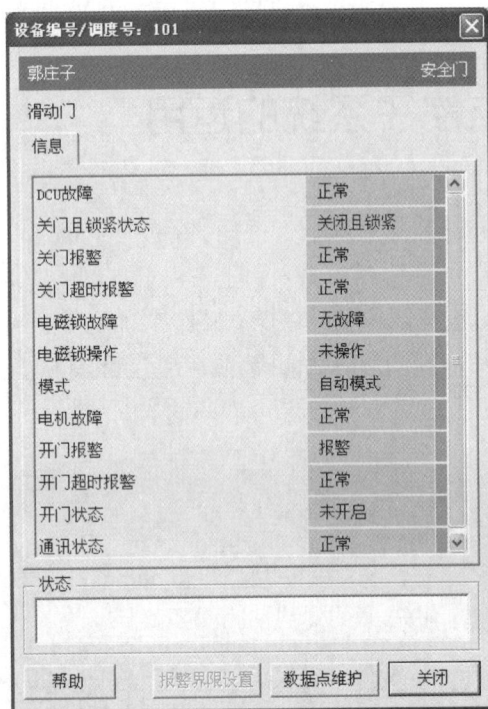

图 2-2-2　某一滑动门监控信息

（LCB）、门控单元（DCU）、远端报警盘（PSA）、通信介质及通信接口等设备组成。

站台门控制系统是一个对站台门进行实时监控管理的计算机网络系统，所以应具有高速性、实时性和可靠性。站台门控制系统以站台两侧站台门为控制对象，构成一个完整的控制系统，应确保任一侧站台门的故障不应影响另一侧站台门的正常运行；单侧某一樘门的故障不影响其他门的正常运行。

2. 中央控制盘

中央控制盘是站台门控制系统的核心，设置在站台门设备室内。中央控制盘是由信号系统，即 ATC 系统实现双扇滑动门自动开、关门的重要控制及接口设备。

中央控制盘由单元控制器、220V 或 50V 的变压器和外围接口构成。每个中央控制盘包含 2 个单元控制器，单元控制器分别控制相应的站台门。单元控制器采用冗余的双微处理器设计，分别作为控制和热备用，具有存放数据和软件的存储单元，配备手提电脑接口，在单元控制器控制板内采用导向继电器，对信号系统或中央控制盘发出的门控关键信号进行逻辑控制。中央控制盘是整个控制系统的核心单元，控制整个系统的工作过程，实现系统内部信息的收发、采集、汇总和分析，实现与系统内部中央控制盘、PSA、DCU 各单元之间和系统外部机电设备控制系统、信号系统之间的信息交换。其通过控制器局域网总线监视所有 DCU 的工作运行状况。单元控制器执行来自信号系统或就地控制盘的指令，控制 DCU 实现相应操作，并向信号系统反馈站台门的状态信息、就地控制盘的操作和状态信息。单元控制器发出 2 种允许信号，分别传递给单、双数门，任何一个信号发生故障，仍有一半的门可自动操作。通过单元控制器内设置的编程或者调试接口可下载、在线或离线调整参数和软件组态，并对各 DCU 重新编程。发生站台门供电系统故障（包括电源、驱动不间断电源、控制不间断电源等故障）时，向 PSA 发送各种报警信号。

中央控制盘至少应具有以下功能：与信号系统和机电监控系统的通信功能；接收各樘滑动门的状态信息；将滑动门的状态信息传送至各显示点；接收各控制点的控制信息；对每樘滑动门分别进行开、关控制；对每樘滑动门分组进行开、关控制；对一侧滑动门进行开、关控制；对供电系统重要参数进行监测和显示，对电源及滑动门的故障进行记录。

3. 就地控制盘

就地控制盘（Local Control Panel，简称 LCP）如图 2-2-3 所示，地铁如采用有司机自动列车运行（ATO）子系统运营模式，就地控制盘设置在车站站台两端的门本体结构端墙外；若地下铁道系统采用无司机 ATO 子系统运营模式，则设置在站台乘客区内。当无法实现由 ATC 系统控制双扇滑动门自动开、关门时要实行降级运行，由列车司机或车站站务员（当地铁采用无司机 ATO 子系统时）手动操作就地控制盘的按钮，从而实现双扇滑动门开、关门。

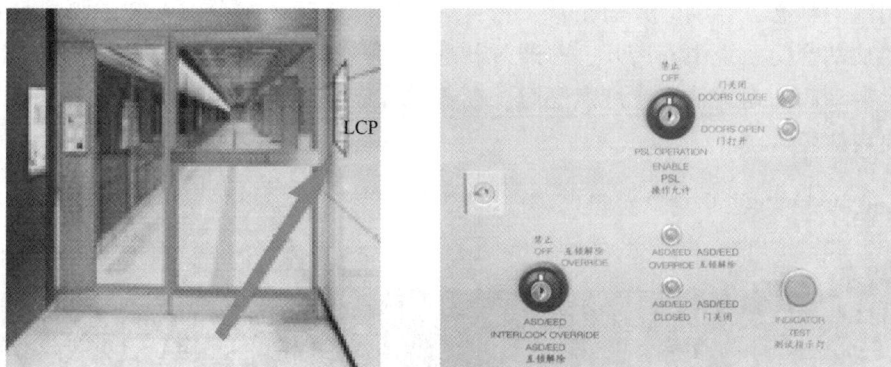

图 2-2-3　就地控制盘

设置就地控制盘应考虑列车双向运行的要求，每侧站台均设一套就地控制盘，通过硬线接口与中央控制盘连接。就地控制盘安装在列车出站端，列车正常停车时与驾驶室的位置相对应。就地控制盘盘面上包括就地控制盘操作允许禁止双位开关、开门按钮指示灯、关门按钮指示灯、滑动门（SD）/应急门（EED）互锁解除钥匙开关、SD/EED全关闭状态指示灯，及指示灯检测按钮。当信号系统对站台门的控制发生故障或中央控制器故障时，由该就地控制盘对 DCU 进行控制。通过就地控制盘允许、禁止开关动作实现对门系统的控制（允许时，信号系统的指令失效；禁止时，就地控制盘的指令失效）。通过开门、关门指示灯显示开门、关门状态（开门指示灯在门开启过程中点亮，所有门完全开启后熄灭；关门指示灯在门关闭过程中点亮，所有门关闭锁紧后熄灭）。SD/EED 全关闭指示灯显示关门信号状态（关门信号存在时，灯点亮；关门信号消失时，灯熄灭）。通过 SD/EED 互锁解除钥匙开关实现 SD、EED 互锁的解除（当出现门故障时，实施就地控制盘控制，通过 SD/EED 互锁解除钥匙开关强制发送 SD/EED 互锁解除信号给单元控制器，单元控制器再传送到信号系统）。通过指示灯测试按钮测试指示灯是否正常工作。

4. 就地控制盒

就地控制盒（LCB）如图 2-2-4 和图 2-2-5 所示，设于每樘站台门的上方，具有自动、手动、隔离选择功能，当处于"隔离"状态时，该樘站台门与整个控制网络脱离。当处于"手动"状态时，该樘站台门与整个控制网络脱离，可控制该樘站台门的开、关。

5. 门控单元

门控单元（DCU）是滑动门电气控制装置，每个滑动门均应配置一个 DCU，并安装在门体上部顶箱内。DCU 内有一个 16 位控制微机，还有存放数据和软件的存储单元、自动/旁路/测试转换开关控制输入接口、手动开门、关门按钮控制输入接口、门状态指示灯接口、两路冗余现场总线接口、连接中央控制器的硬线接口，及连接手提电脑的接口。DCU 执行单元控制器和就地控制盘发出的控制命令。DCU 对手动解锁装置进行监控；采集并发送门状态信息及各种故障信息；通过 DCU 内设置的编程/调试接口在线或离线调整参数和软件组态，进行重新编程和设置参数；通过自动、旁路、手动测试三位开关的位置控制门的状态；自动时，门正常工作；旁路时，该门从站台门系统中隔离开；测试时，该门从站台门系统中隔离开，并通过就地控制按钮控制开关门；通过开关门状态指示灯显示滑动门的运动情况，灯点亮时，门正常开启；灯熄灭时，门关闭锁紧；灯闪烁时，门出现故障。

图 2-2-4　就地控制盒位置

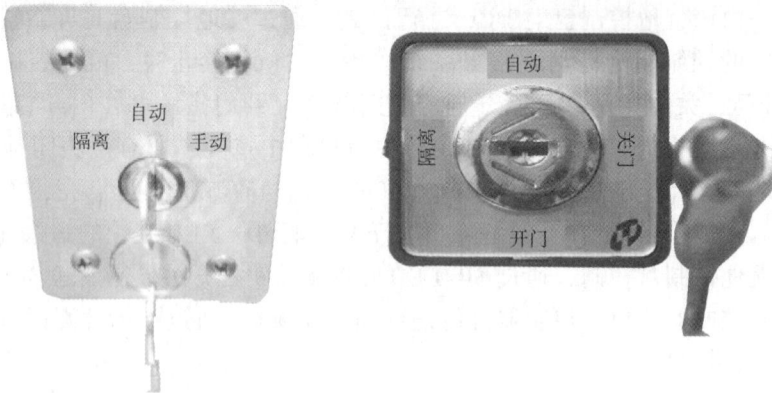

图 2-2-5　就地控制盒

6. 远端报警盘(PSA)

如果地铁在车站管理模式上设置站台监视亭（PSB），远端报警盘则设置在该亭的综合后备盘（IBP 盘）上或独立设置。如果地铁在车站管理模式上不设置站台监视亭，远端报警盘则设置在车站控制室的综合后备盘上或独立设置。在远端报警盘上可重复中央接口盘上显示的故障报警信号及状态。

三、站台门系统功能

1. 系统功能概述

故障时系统应具有降级使用功能，即列车自动控制（ATC）系统不能正常运行时，可由就地控制盘控制站台门的开、关，就地控制盘故障时，不能影响站台门的就地操作。

对各种控制方式应具有优先级处理功能，手动操作控制优先于站台级控制，站台级控制优先于系统级控制。

信号系统和站台门之间的接口应符合"故障安全"原则。除了响应有效的"开门"命令，任何部件的故障都不会导致开门。当解锁后，任何部件的故障都不会妨碍用手动打开任何一个门。站台门提供给信号系统的门已关好并锁闭的信息必须是"故障导向安全"的。

正常情况下，列车正确定位或列车停站时间到，经列车司机确认按开、关列车门按钮，经车-地通信，将信息传送至信号系统，信号系统以继电器触点方式向上。当 ATC 系统不能够正确自动控制本系统时，列车司机可操作就地控制盘，旁路 ATC 系统，直接控制站台门的开、关。

中央控制盘的设计应符合故障隔离的原则，以保证任何一樘站台门或任何一侧站台门的故障，不应影响该侧其他站台门或另一侧站台门的正常运行。当中央控制盘发生故障时，硬线应能保证站台门系统正常关闭和打开，即中央控制盘故障不应影响站台门正常运行，如站台级控制、紧急运行模式对站台门的开、关控制。当发生紧急情况需要开、关站台门时，车站值班员可操作中央控制盘按钮控制站台门的开、关，或经授权后通过电话和广播系统通知站台值班员操作就地控制盘对站台门进行开、关控制。

在每个控制点均有站台门的状态显示，中央控制盘应具有对站台门系统故障及操作情况进行显示记录和打印、对系统进行编程、监控管理等功能，还应具有对站台门进行调试用的监控软件。

2. 系统的控制

站台门控制系统的功能应具有系统级控制、站台级控制和手动操作控制方式。其中以手动操作优先级最高，系统级控制最低。

（1）系统级控制功能。系统级控制是在正常运行模式下，对站台门进行的控制操作。在正常情况下，列车进站正确停位或列车停站时间到准备发车时，列车司机按压开、关列车门的确认按钮，信号系统向站台门系统发出开、关站台门指令。

开门操作。信号系统确认列车停在允许范围内时，经列车司机确认后发出开门命令，信号系统向中央控制盘发出开门命令，由 DCU 控制打开站台门，这时，顶盒上指示灯点亮。列车驾驶台上开门指示灯亮，就地控制盘上"PSD 关闭"指示灯灭。

关门操作。列车即将离站时，经列车司机确认后发出关门命令，信号系统向中央控制器发出关门命令，由 DCU 控制关闭站台门，站台门关闭后，顶盒上指示灯和列车驾驶台上开门指示灯灭，就地控制盘上"PSD 关闭"指示灯点亮，中央控制器向信号系统发出所有门关闭并锁闭的信号，允许列车离站。

（2）站台级控制。站台级控制是由列车司机通过站台就地控制盘对站台门进行的控制操作。当系统级控制不能正常实现时，如信号系统（SIG）故障、中央控制盘对 DCU 控制失败等故障状态下，列车司机应在就地控制盘上进行开、关站台门操作，实现站台门的站台级控制。

开门操作。列车司机应用钥匙打开就地控制盘上的操作允许开关，此时就地控制盘上的"就地控制盘操作"指示灯亮，列车驾驶员操作就地控制盘上的开门按钮，就地控制盘上开门按钮指示灯点亮，站台门打开，此时就地控制盘上"PSD 关闭"指示灯灭。当站台门完全打开后，就地控制盘开门按钮指示灯熄灭，列车驾驶台上开门指示灯点亮。

关门操作。列车司机操作就地控制盘上的关门按钮，就地控制盘上关门按钮指示灯点亮，站台门开始关闭，当站台门全部关闭后，就地控制盘上"PSD 关闭"指示灯亮，关门按钮指示灯熄灭，列车驾驶台上开门指示灯熄灭。列车司机用钥匙关闭就地控制盘上的操作允许开关，此时就地控制盘上的"就地控制盘操作"指示灯熄灭。

当站台门全部关闭，但信号系统因无法确认而不能发车时，由列车司机用钥匙打开就地控制盘上的操作允许开关，再用钥匙打开就地控制盘上的"PSD 互锁解除"开关，向信号系统发出允许列车离站的信息。

（3）手动操作。手动操作是站台工作人员或乘客对站台门进行的操作。

滑动门手动操作。当系统电源或个别站台门操作机构发生故障时，站台工作人员在站台侧用钥匙进行开、关站台门的操作；当系统发生的故障导致无法在站台侧打开滑动门时，列车司机通过广播指导乘客操作站台门解锁把手打开站台门。

端门的手动操作。当隧道内发生火灾等情况需要在隧道内停车时，乘客将从车厢疏散到隧道，用开门把手打开端门，乘客通过端门进入站台。

应急门的手动操作。在紧急情况下，当列车车门与滑动门不对应且列车无法启动的情况下，操作员手动在轨道侧或站台侧将应急门打开，疏散乘客。

四、站台门系统运行管理及故障监控

1. 站台门系统运行管理

站台门系统运行管理是为保证设备处于安全受控的状态，实现系统的各项功能，为车站正常运营提供必要的设备基础条件。站台门系统运行管理的内容主要包括以下 7 点。

（1）运营前巡视检查。指系统启动后，应每天投入运营使用前的巡视，确保设备的初始状态正常。

（2）故障应急处理。指设备发生故障时，由站台工作人员按照行车规则做应急技术处理，并按程序报维修人员处理。

（3）经常维修作业。指设备运行期间发生故障时，专业维修人员接报后进行的抢修工作。

（4）巡视作业。是指通过观察设备的运行状态，与标准常态比较，及早发现异常运行状态，及时将故障解决于发生的初期，尽量避免故障后维修。

（5）计划维修作业。维修作业是一种主动的预防性维修，作业内容较巡视深入是根据站台门的构成、运行和使用特点等因素，周期性的纠正系统各设备运行后可能累积的误差、磨损或零部件使用达寿命后的更换，使设备达到良好的运行状态。

（6）设备运行管理。定期下载、存储站台门系统运行数据，用于必要的运行历史追溯和故障分析。

（7）备品备件采购。根据设备运行使用的损耗需求，结合备品备件仓储数量、零部件的使用寿命，定期补充采购。

2. 监测功能

（1）控制系统应能监视站台门的开、关状态及自动、手动、隔离等状态，并应能即时监测网络通信系统以及供电电源等设备的运行情况。

（2）控制系统应能对如下故障信号进行采集和报警，并可以在系统内设置必要的逻辑闭锁及解除闭锁的功能。

①DCU 和门机故障。当个别 DCU 或门机发生故障，导致门无法打开或无法关闭时，PSA 上的故障指示灯点亮，并显示出具体的故障位置，此时应由站台工作人员将故障站台门由自动状态转为手动状态或隔离状态，PSA 显示相应信息。故障门退出控制系统，应不影响整个站台门控制系统的正常运行。DCU 或门机因故障需进行维修时，应不影响整个站台门控制系统的正常运行。DCU 或门机因故障需进行维修时，应将转换开关转到手动状态。

②电源故障。当站台门供电发生故障时，包括控制电源故障、UPS 故障、驱动电源故障，以及个别驱动电机电源故障，中央控制盘上故障指示灯点亮，显示器上显示出相应的故障信息，并进行故障记录和声光报警。要有电源过载保护装置。

③站台门控制系统网络通信故障。当站台门系统通信网络发生故障时，PSA 上故障指示灯点亮，并应进行声光报警提示。当站台门在关闭过程中遇到障碍物时，如果夹紧力大于设定值．活动门立即停止关闭，关门力消失，解脱被夹障碍物，在一定时间（在 0 ~ 10s 内可调）内，门应继续关闭。若障碍物仍然存在，应立即打开后重新关

PSD监控界面及功能

闭。重关门 3 次（根据实际情况可做适当调整）后门仍不能关闭锁定，则站台门应打开。此时 DCU 经中央控制盘向 PSA 发送关门故障报警，PSA 上的故障指示灯点亮，显示器上显示出具体的故障信息和故障位置。与此同时，该站台门顶盒上的指示灯应闪烁。

━━━━━━━━━━━━━━━━━◆ 任 务 实 施 ◆━━━━━━━━━━━━━━━━━

1. 课堂讨论

（1）站台门监控系统由哪几部分组成？

（2）站台门监控系统有什么功能？

（3）站台门监控系统在发生夹人时有什么反应？

（4）讨论站台门监控系统的重要性。

（5）识图回答：图 2-2-6 中站台门系统由_____道滑动门组成。

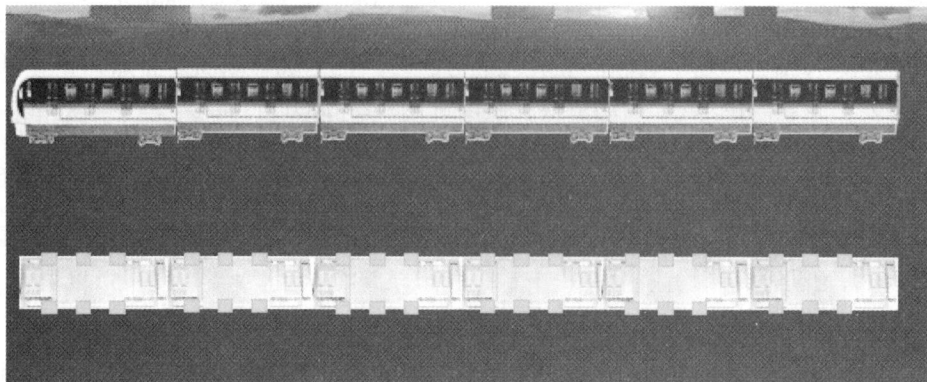

图2-2-6　站台门系统

2. 小组工作

一般4~7人一组进行认知性学习、讲授和讨论。

复习思考题

一、填空题

（1）站台门控制系统主要由_____、_____、就地控制盘（LCP）、门控单元（DCU）、_____、通信介质，及通信接口等设备组成。

（2）站台门控制系统是一个对站台门进行实时监控管理的计算机网络系统，所以应具有_____性、_____性和可靠性。站台门控制系统以_____为控制对象，构成一个完整的控制系统，应确保任一侧站台门的故障不应影响_____的正常运行；单侧某一樘门的故障不影响其他门的正常运行。

（3）中央控制盘是站台门控制系统的核心，设置在_____室内。中央接口盘是由信号系统，即ATC系统实现双扇滑动门自动_____的重要控制及接口设备。中央控制盘由_____、220V或50V的变压器和_____构成。每个中央控制盘包含_____个单元控制器，单元控制器分别控制相应的站台_____门。单元控制器采用冗余的双微处理器设计，分别作为_____和_____用，具有存放数据和软件的存储单元，配备手提电脑接口，在单元控制器控制板内采用导向继电器，对信号系统或中央控制盘发出的_____关键信号进行逻辑控制。_____是整个控制系统的核心单元，控制整个系统的工作过程，实现系统内部信息的_____、_____、汇总和分析，实现与系统内部中央控制器、PMP、DCU各单元之间和系统外部机电设备控制系统、信号系统之间的信息交换。

（4）中央控制盘至少应具有以下功能：与信号系统和机电监控系统的_____功能；接收各樘滑动门的_____信息；将滑动门的状态信息传送至各显示点；接收各控制点的_____信息；对每樘滑动门分别进行_____控制；

对每樘滑动门分组进行开、关控制；对一侧滑动门进行开、关控制；对供电系统重要参数进行监测和显示，对电源及滑动门的_____进行记录。

（5）地铁如采用有司机 ATO 子系统运营模式，就地控制盘设置在_____的门本体结构端墙外；若地铁采用无司机 ATO 子系统运营模式，则设置在_____内。当无法实现由 ATC 系统控制双扇滑动门自动开、关门时要实行降级运行，由_____或_____手动操作就地控制盘的按钮，从而实现双扇滑动门开、关门。

（6）DCU 是滑动门电气控制装置，每个滑动门均应配置_____个 DCU，并安装在_____上部顶箱内。DCU 内有一个 16 位控制微机，还有存放_____和软件的存储单元、自动/旁路/测试转换开关控制输入接口、手动开门、关门按钮控制输入接口、门状态指示灯接口、两路冗余现场总线接口、连接中央控制器的硬线接口，及连接手提电脑的接口。DCU 执行_____和_____发出的控制命令。DCU 对手动解锁装置进行监控；采集并发送门状态信息及各种故障信息；通过 DCU 内设置的编程/调试接口在线或离线调整参数和软件组态，进行重新编程和设置参数；通过自动、旁路、手动测试三位开关的位置控制门的状态，_____，门正常工作；_____时，该门从站台门系统中隔离开；_____时，该门从站台门系统中隔离开，并通过就地控制按钮控制开关门；通过开关门状态指示灯显示滑动门的运动情况，灯点亮时，门正常开启；灯熄灭时，门关闭锁紧；灯闪烁时，门出现故障。

（7）站台门控制系统的功能应具有_____级控制、_____级控制和_____控制方式。其中以_____优先级最高，_____控制最低。设置就地控制盘应考虑列车双向运行的要求，每侧站台均设_____套就地控制盘，通过硬线接口与_____器连接。就地控制盘安装在列车出站端，列车正常停车时与驾驶室的位置相对应。就地控制盘盘面上包括就地控制盘操作允许、禁止双位开关、_____按钮指示灯、_____指示灯、SD/EED 互锁解除钥匙开关、SD/EED 全关闭状态指示灯及指示灯检测按钮。当_____时，由该就地控制盘对 DCU 进行控制。

（8）如果地铁在车站管理模式上设置站台监视亭（PSB），远端报警盘则设置在_____上或独立设置。如果地铁在车站管理模式上不设置站台监视亭，远端报警盘则设置在_____上或独立设置。在远端报警盘上可重复中央接口盘上显示的故障报警信号及状态。

（9）中央控制器的设计应符合_____的原则，以保证任何一樘站台门或任何一侧站台门的故障，不应影响该侧_____或另一侧站台门的正常运行。当中央控制盘发生故障时，硬线应能保证站台门系统_____和打开，即中央控制盘故障不应影响站台门正常运行，如站台级控制、紧急运行模式对站台门的开、关控制。当发生紧急情况需要开、关站台门时，车站值班员可操作_____按钮控制站台门的开、关，或经授权后通过电话和_____通知站台值班员操作就地控制盘对站台门进行开、关控制。

（10）站台门控制系统的功能应具有系统级控制、_____级控制和_____控制方式。其中以手动操作优先级最高，_____级控制最低。系统级控制是在正常运行模式下，对站台门进行的控制操作。在正常情况下，列车进站正确停位或列车停站时间到准备发车时，列车司机按_____按钮，信号系统向站台门系统发出开、关站台门指令。

（11）站台级控制是由列车司机通过_____对站台门进行的控制操作。当系统级控制不能正常实现时，如_____系统故障，_____失败等故障状态下，列车司机应在就地控制盘上进行开、关站台门操作，实现站台门的站台级控制。

（12）当系统电源或个别站台门操作机构发生故障时，站台工作人员在站台侧用_____进行开、关站台门的操作；当系统发生的故障导致无法在站台侧打开滑动门时，列车司机通过_____指导乘客操作站台门解锁把手打开站台门。

（13）当隧道内发生火灾等情况需要在隧道内停车时，乘客将从车厢疏散到_____，操作员用开门把手打开_____，乘客通过_____进入站台。在紧急情况下，当列车车门与滑动门不对应且列车无法启动的情况下，操作员手动在轨道侧或站台侧将_____打开，疏散乘客。

二、简答题

（1）站台门监控子系统的基本功能有哪些？
（2）正常与非正常情况下站台门的控制是怎样的？
（3）站台门什么情况下进行站台操作？有哪些站台操作功能呢？
（4）站台门什么情况下进行手动操作？有哪些手动操作功能呢？
（5）站台门系统的监控内容有哪些？

三、案例分析

请分析以下与站台门有关的事故，分析事故发生的原因。为避免此类事故再次发生，给出地铁系统改进的措施。

2010年7月5日18时16分许，上海地铁2号线中山公园站一列列车正在关门作业时，一名女性乘客强行上车手腕被夹，站台服务员发现后，立即上前帮助该乘客向外拉，但未果，此时列车启动，并带动该乘客，造成其与安全护栏撞击后跌落在站台，经抢救无效死亡。

2015年11月6日晚7时许，北京地铁5号线惠新西街南口站，一名女孩被夹在站台门和列车门中间，列车启动离站，该女子被夹身亡。

2018年12月25日晚7时许，上海地铁3号线曹杨路站，一名女子自行违规翻越半高站台门，进入行车道，被夹在站台门和列车之间，当场死亡。

任务三 认识电力监控子系统

情境导入

某日早晨4：00，地铁线路控制中心内，行车调度员在确认整条线路维修工作已结束，线路出清后，通知供电调度员可以上电，供电调度员通知各牵引变电所值班员可以上电。他们是通过什么系统给整条地铁上电的？供电系统设备的工作状况是怎样的？通过什么系统监督？

知识储备

城市轨道交通的电力系统由提供车辆电力驱动的变电站和车站供电的变电站组成。对电力系统的监控通过 SCADA 来实现。我国的电力监控系统经历了继电控制系统、分立控制系统和分散控制系统三个阶段。国内大多数的城市轨道交通采用了电力监控子系统。

一、电力监控系统的组成与结构

1. 组成

电力监控系统（SCADA）包括调度主站系统、变电站综合自动化系统和所间通信通道 3 部分。位于控制中心的调度主站系统通过通信通道与变电所主控单元进行信息交换，变电所综合自动化系统通过所内通信网与所内的智能电子设备通信，通过通信通道与调度主站进行通信。变电所综合自动化系统由站控主单元和所内通信网等组成。

（1）调度主站系统主要由 SCADA 服务器、数据库服务器、调度员工作站、操作员工作站等组成，它们通过冗余的以太网连接。

（2）变电站综合自动化系统由站控主单元、间隔层和所内通信网组成。不仅可以完成传统的远程终端功能，还可以实现变电所各种设备的监控功能，包括各个设备的电流、电压、功率、电功率采集和电气一次设备的控制、监视、联动、联锁、闭锁、自动投切等。

2. 结构

电力监控系统的结构一般采用二级管理（中央级、车站级）和三级监控（中央级、车站级、现场级）的结构。

中央级和车站级监控的重心有所不同：SCADA 的监控重心在中央控制中心（OCC），变电所设备（除400V）的默认控制权在中心，车站和变电所保留对供电设备的控制功能，但重点是监视（其中车站只保留 400V 设备控制功能）。对所控设备，中心、车站和变电所遥控是互斥关系，即中心、车站和变电所不可同时对受控设备进行遥控操作。中央级、车站级和变电所通过控制权限移交机制实现控制权管理。

3. 电力监控系统的监控对象

电力监控系统的监控对象一般按照供电系统的具体内容而定。典型监控对象包括66～110kV设备、主变压器、10～35kV设备、直流750V或直流1500V设备、400V设备、配电变压器、交直流电源屏、排流柜、轨道电位限制装置等。图2-3-1是供电监控画面。图2-3-2是监控的35kV模拟量图。

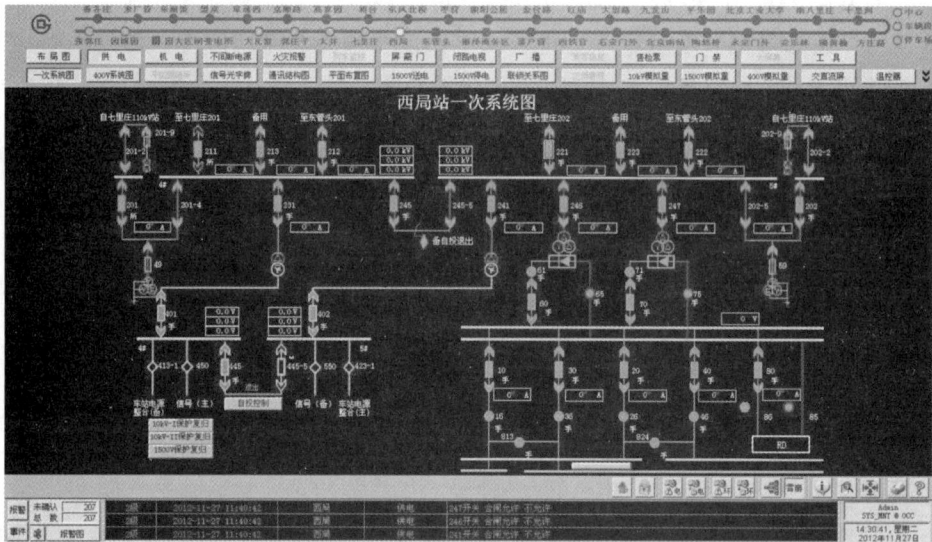

图2-3-1　供电监控画面

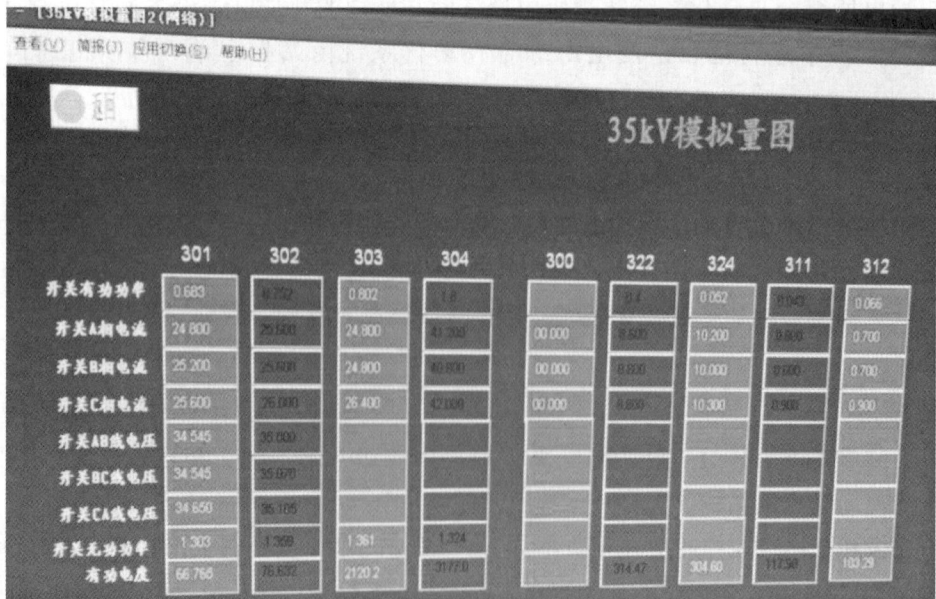

图2-3-2　监控的35kV模拟量图

典型监控对象的主要设备监控点包括主变电所、牵引降压混合变电所、降压变电所的主要设备监控点。

（1）66~110kV 设备的主要监控点包括进线开关柜和主变压器馈出柜的断路器的合闸、分闸控制、合分状态，隔离开关闭合、打开、接地位置，带电显示状态，断路器故障跳闸，转换开关位置，接地隔离开关位置，进线电压，回路电流等状态参数。

（2）一般主变压器监控点包括油温、有载调压开关接头位置、主变压器有载调压开关分接头位置的升、降、停等。

（3）10~35kV 设备的监控点很多，比如包括：进线开关柜、馈线开关柜、牵引变电器馈出柜、配电变压器馈出柜、母线分段开关柜、母线分段隔离柜等处的共计近百个监控点。

（4）直流 750V 或 1500V 设备监控点见表 2-3-1。

直流 750V 或 1500V 设备监控点　　　　　　表 2-3-1

设　　备	监　控　要　求
牵引整流机组	牵引变压器过温报警
	牵引变压器超温跳闸
	硅整流器跳闸故障信号
	硅整流器温度高
	硅整流器单相导通装置故障
直流进线柜	直流断路器合闸、分闸控制、保护复归控制
	直流断路器的合、分状态
	直流断路器的手车工作、试验、抽出位置
	直流断路器故障跳闸信号
	直流母线电压
	转换开关位置
	直流总闸电流

（5）400V 设备的监控点包括三部分：进线柜、馈出柜和母线分段柜。主要监控点分别见表 2-3-2、表 2-3-3 和表 2-3-4。

进线柜主要监控点　　　　　　表 2-3-2

序　号	监　控　点	序　号	监　控　点
1	进线断路器的合闸、分闸控制	7	进线线电压
2	断路器的合分状态	8	进线相电压
3	断路器的工作、试验、断开位	9	进线有功功率
4	断路器的故障跳闸信号	10	进线无功功率
5	转换开关位置	11	进线电度计量
6	进线电流	12	进线功率系数

馈出柜主要监控点　　　　　　　　　　　　　　　　表 2-3-3

序　号	监　控　点	序　号	监　控　点
1	馈出断路器的合闸、分闸控制	5	三级负荷总开关合闸、分闸控制
2	馈出断路器的合分状态	6	三级负荷总开关工作、断开位置
3	馈出断路器的工作、断开位	7	三级负荷总开关转换开关位置
4	转换开关位置		

母　线　分　段　柜　　　　　　　　　　　　　　　　表 2-3-4

序　号	监　控　点	序　号	监　控　点
1	母线分段断路器的合闸、分闸控制	4	断路器的故障跳闸信号
2	母线分段断路器的合分状态	5	转换开关位置
3	母线分段断路器的工作、试验、断开位	6	母线分段断路器的电流

（6）配电变压器的监控点主要包括变压器过温报警和变压器超温跳闸等。

（7）交直流电源屏的主要监控点见表 2-3-5。

交直流电源屏监控点　　　　　　　　　　　　　　　　表 2-3-5

序　号	监　控　点	序　号	监　控　点
1	直流输出欠压	6	直流屏进线断路器合、分状态
2	直流输出过压	7	馈出断路器合、分状态
3	直流对地绝缘	8	馈线电压
4	交流进线开关状态	9	电源屏故障总信号
5	浮充失败		

（8）排流柜的监控点主要包括排流动作元件状态、排流电流和参比电极电压等。

（9）轨道电位限制装置的监控点包括接地动作元件状态、轨道对地电位和接地动作元件动作次数等。

二、电力监控系统图形显示与控制

1. 系统图形

一般情况下，ISCS 中供电监控子系统提供电力系统图形供操作员监控，见表 2-3-6。

操作员的基本操作包括：单个开关分合操作、保护信号复归、保护装置管理（包括保护软压板投退、保护定值组管理和故障录波等）、顺控送电、顺控停电、自定义顺控、雪崩管理、设备状态扫描暂停、报警禁止、人工置数、遥控屏蔽。

电力系统图种类 表 2-3-6

序 号	系统图种类	序 号	系统图种类
1	750V 或 1500V 接触轨	7	全线一次系统图
2	全线 750V 或 1500V 送电	8	各供电分区
3	全线 750V 或 1500V 停电	9	10kV
4	全线馈线电压	10	1500V/400V
5	全线馈线电流	11	遥控屏蔽
6	自定义顺控		

图 2-3-3 为北京某线 SCADA 示意图。

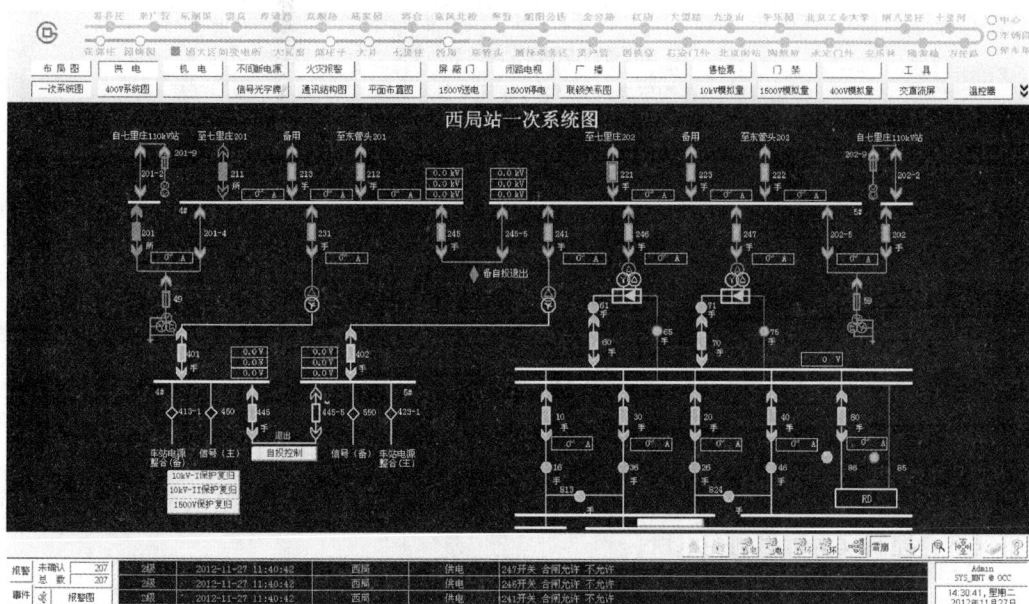

图 2-3-3 某线 SCADA 示意图

2. 控制选择条件

SCADA 设备控制优先级见表 2-3-7。

设备控制优先级 表 2-3-7

优 先 级	状态栏提示
高	设备被占用
	设备就地控制
	设备控制闭锁
	无控制权限
	设备在挂牌
低	设备被屏蔽

若某个设备同时有多个受限制的条件成立时，仅显示最高优先级的提示信息。

（1）设备锁定。当设备被同一个或者其他操作员进行锁定后，没有成功选择该设备的操作员对该设备的选择和控制将被禁止。此时设备控制页将显示灰色无效，同时状态栏提示"设备被占用"，如图2-3-4所示。

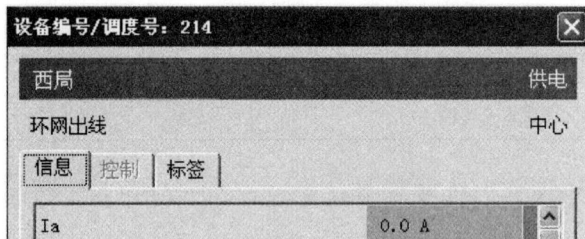

a)设备被占用后控制标签页变灰

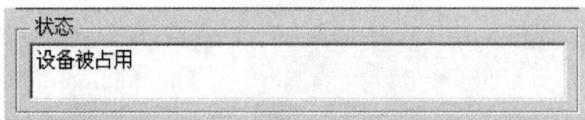

b)设备被占用提示

图2-3-4　设备被占用显示状态

（2）操作员不具备操作权限。如果操作员不具备对SCADA的控制权限，控制操作将被禁止。此时设备控制页将显示灰色无效，同时状态栏显示"无控制权"。

（3）控制权转移。当设备控制权转移，不在当前位置，即不在当前操作员时，则对该设备的控制将被禁止。此时设备控制页将显示灰色无效，同时状态栏显示"无控制权"或者"控制权不在本地"，如图2-3-5所示。缺省情况下，SCADA的控制权位于OCC。在特定情况下，控制权将转移到变电所。

a)无控制权限

b)控制权不在本地

图2-3-5　控制和转移显示状态

（4）接地刀闸互锁。当现场供电开关设备接地刀闸接地时，操作员可在主接线画面上开关符号处显示接地标志，对有接地标志的供电开关设备，系统自动闭锁与之相关的控制命令的操作。此时设备控制页将显示灰色无效，同时状态栏显示"设备控制闭锁"。当接地刀闸接地时，断路器和隔离开关将被锁定。

（5）就地/远方互锁。如果开关柜设定在就地状态，断路器和隔离开关将被锁定，在图符的右下角将显示文字"手"以表示装置处于就地状态。同时设备信息/控制框状态栏显示"设备在就地位"。就地/远方互锁及显示状态如图 2-3-6 所示。

a)就地/远方互锁状态

b)就地/远方互锁时设备及显示状态

图 2-3-6　就地/远方互锁显示状态

（6）供电系统控制闭锁功能。系统具有控制闭锁功能：当现场供电设备故障时，引起相应开关跳闸，则此开关控制命令的操作被自动闭锁。此时设备控制页将显示灰色无效，同时状态栏显示"设备控制闭锁"。

被控对象在离线组态时，可编辑输入与之相关的闭锁条件，在满足闭锁条件时，对该设备的控制操作将被自动屏蔽并给出提示信息。

控制闭锁功能可以人工投退。

当系统维护员级别的用户登录以后，可以不受控制闭锁，以及已设置的检修牌、接地牌的限制，对设备仍可进行控制操作。

（7）设备屏蔽。操作员可通过向 SCADA 设备发出"遥控屏蔽"的指令来锁定开关设备。此时设备控制页将显示灰色无效，同时状态栏显示"设备被屏蔽"。设备被屏蔽则会导致设备无法接受控制，直到"遥控屏蔽"状态解除为止。监控显示以明显颜色来区别被屏蔽的设备，如图 2-3-7 所示。

图 2-3-7　开关被屏蔽显示状态

（8）设备挂牌。操作员可通过向 SCADA 设备发出挂牌指令来锁定开关设备，共有两种牌：禁止牌、检修牌。任何一个牌被挂上时，此设备控制页将显示灰色无效，同时状态栏显示"设备在挂牌"。设备在挂牌则会导致设备无法接受控制，直到所挂的牌被摘除为止。

具有检修员级别的用户登录系统时，可以不受检修牌的限制，对设备可以进行遥控操作。

三、SCADA 控制及操作

1. SCADA 单控

操作员在被控设备所在的显示画面上启动单控，弹出允许操作选项的控制窗口，本操作员就完成对该设备的锁定功能，该设备即处于一种"锁定"状态，其他监控工作站不能再对它执行控制操作，同时控制窗口中"选择"功能有效，所有的控制成功/失败信息将进入系统事件日志。

2. 设备控制禁止

在设备对话框中的标签页，通过设备挂牌的方式，可抑制控制输出，以确保当技术人员在现场作业时，其他操作员不能发送控制指令，只具有设备监视功能，数据正常扫描刷新。在摘牌后，恢复设备的控制功能。

检修人员在电力调度员、车站变电所值班员挂检修牌后，可以不受挂牌的限制，允许进行控制操作，挂牌条件下其他人员无权操作。

3. 遥控屏蔽

屏蔽和解除屏蔽是实现对设备开关的闭锁、解锁操作，被屏蔽的对象禁止单控或顺控操作。在中心授权的情况下，维护人员可以对任何一个或多个供电系统受控设备进行屏蔽，使其不能被遥控操作，屏蔽解除后才能恢复遥控功能。

设备屏蔽后，变电所无权对此设备进行控制。

屏蔽分为单个对象屏蔽、一组对象屏蔽及全站对象屏蔽。遥控屏蔽管理面板，如图 2-3-8 所示。

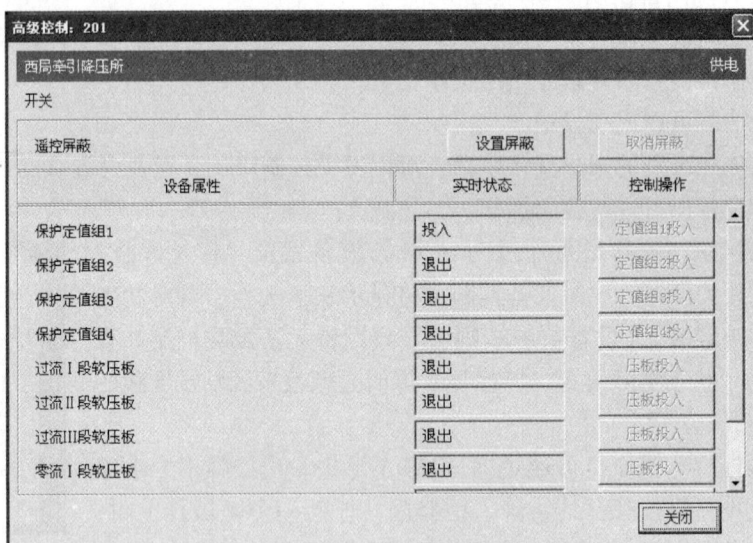

图 2-3-8　遥控屏蔽管理面板 1

单个对象屏蔽指屏蔽一个遥控设备，点击 SCADA 设备控制对话框中的"高级"按钮，切换到详细操控窗口，通过点击"设置屏蔽"/"取消屏蔽"控制操作按钮，可对单个设备进行开关的闭锁、解锁操作。

一组对象屏蔽包括按电压等级、按站设置屏蔽。以按照电压等级屏蔽为例，如 1500V 电压等级的所有开关、10kV Ⅰ段的所有开关、10kV Ⅱ段的所有开关、400V Ⅰ段的所有开关、400V Ⅱ段的所有开关。全站屏蔽，即屏蔽一个变电所内所有的遥控开关。

在电力菜单中点击"遥控屏蔽"选项，主显示区中出现一组对象的遥控屏蔽管理页面，如图 2-3-9 所示。选择所需操控的组别，通过点击"设置屏蔽"／"取消屏蔽"控制操作按钮，可对一组设备进行开关的闭锁、解锁操作。

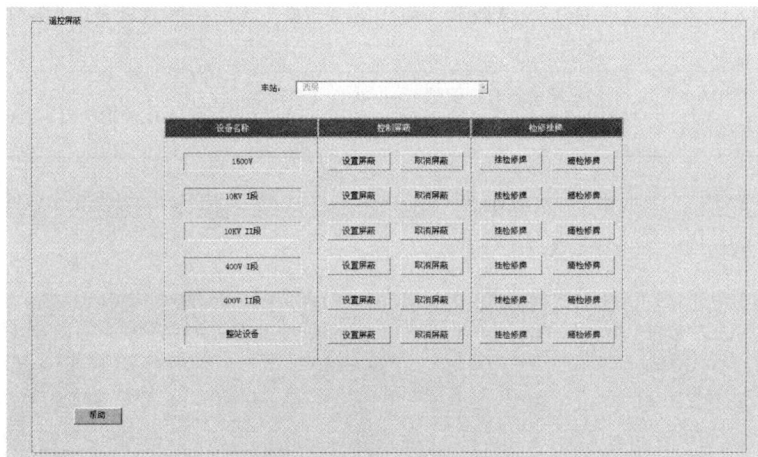

图 2-3-9 遥控屏蔽管理面板 2

不同方式的屏蔽操作可重复执行，但不能同时解除。具有控制权限的操作员可以设定控制屏蔽；相同位置、相同级别或更高级别的操作员可以互相解除屏蔽；进行屏蔽后，在供电系统图及主接线图界面上均给出标志。所有的屏蔽/解锁操作均记录在事件列表中，同时记录时间、操作对象和操作人。

4. 保护信号复归

复归功能包括：保护复归和信号复归两种。当保护复归标志出现后，用鼠标右键点击系统图上显示的复归标志，将弹出复归控制窗口。信号复归是 SCADA 对保护装置上的瞬时报警信号提供保持的功能，直到有操作员通过复归此信号报警信息才可恢复，信号复归是在光字牌的事故报警窗口中执行复归操作。

5. 顺序控制

顺序控制一般包括以下三种：标准顺控（包括送电顺控、停电顺控）、选线顺控、自定义顺控。

在登入中央级综合监控系统的人机界面后，用户可以选择找到全线送电、全线停电及自定义顺控的选项。本节只对标准顺控操作进行简单介绍。在打开标准顺控界面时，一般会显示如下信息，见表 2-3-8。

标准顺控界面信息 表 2-3-8

1 步骤号	3 设备的期望开关状态（"分"或"合"）	5 设备实时的控制屏蔽状态（"有"或"无"）
2 开关名称	4 延时（秒）：在两个控制操作步骤之间的延时	6 设备实时的挂牌状态（"有"或"无"）

7 参与标记	10 执行的结果（"成功"、"失败"或"正在执行"）	13 设备实时的内部闭锁状态（"有"或"无"）
8 替代标记	11 设备实时的控制权限（"有"或"无"）	14 设备卡片开启时的被占用状态（"有"或"无"）
9 设备的实时开关状态（"分"、"合"或"故障"）	12 设备实时的就地/遥控状态（"就地"或"遥控"）	15 设备拒动的原因；否则显示为空

（1）送电顺控。点击电力菜单中的"全线供电系统图供电"选项，全线供电系统图将显示在主显示区中，如图2-3-10所示。

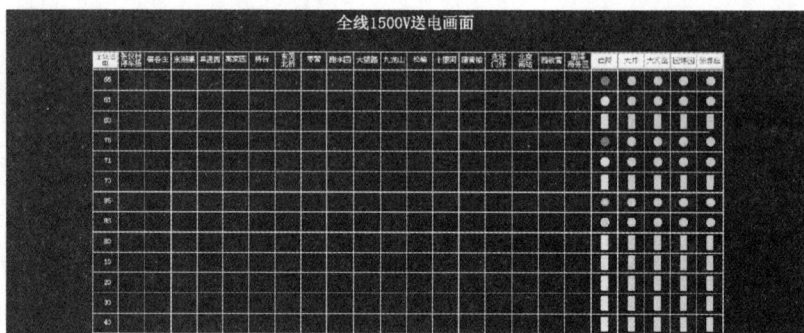

图 2-3-10　某地铁全线 1500V 送电画面

操作员可点击系统图中的单个车站名称按钮，该车站送电顺控的窗口将会弹出，如图 2-3-11 所示。

图 2-3-11　标准顺控送电窗口

如图 2-3-11 所示，标准顺控送电窗口一般提供 5 个按钮，其功能见表 2-3-9。

标准顺控送电窗口按钮及功能　　　　　　表 2-3-9

序　　号	按 钮 名 称	按 钮 功 能
1	"选择"	将卡片中所有未处于占用状态的设备设置为占用状态
2	"执行"	执行当前选择的卡片内容

序　号	按钮名称	按钮功能
3	"取消"	取消自定义顺控卡片的选择，释放卡片中所有被此操作所占用的设备
4	"储存"	保存所修改卡片内容到服务器中，并关闭窗口
5	"关闭"	取消对卡片内容的所有修改，并关闭窗口

（2）停电顺控。点击电力菜单中的"全线供电系统图停电"选项，停电系统图将显示在主显示区中，如图2-3-12所示。

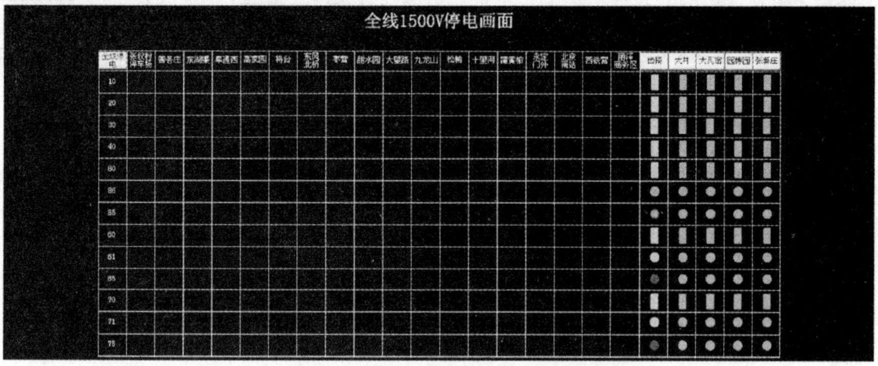

图2-3-12　某地铁全线停电界面

操作员点击系统图中的单个车站名称按钮，该车站停电顺控的窗口将会弹出，如图2-3-13所示。

图2-3-13　标准顺控停电窗口

标准顺控停电窗口提供4个按钮，功能见表2-3-9。

（3）区间紧急停电顺控。点击电力菜单中的"全线接触轨状态图"选项，出现全线接触轨状态图在主显示区中，如图2-3-14所示。

操作员点击系统图中的一个区间按钮，将会弹出区间紧急停电顺控卡片的执行窗口，如图2-3-15所示。

区间紧急停电窗口仅提供4个按钮："选择"按钮、"执行"按钮、"取消"按钮、"关闭"按钮。

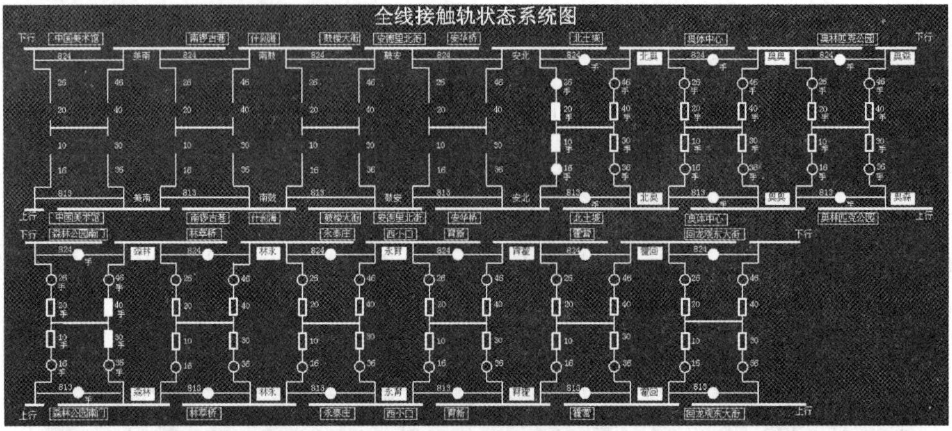

图 2-3-14　全线接触轨状态图

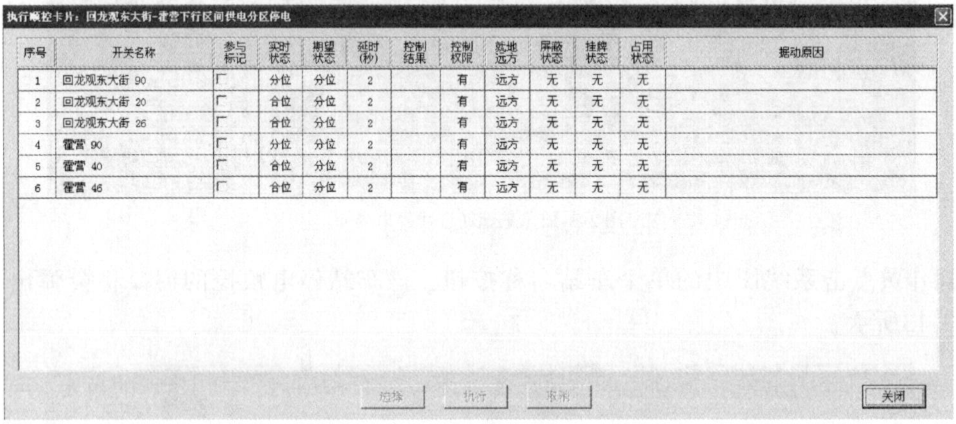
执行顺控卡片：回龙观东大街-霍营下行区间供电分区停电

序号	开关名称	参与标记	实时状态	期望状态	延时（秒）	控制结果	控制权限	就地远方	屏蔽状态	挂牌状态	占用状态	拒动原因
1	回龙观东大街 90		分位	分位	2		有	远方	无	无	无	
2	回龙观东大街 20		合位	分位	2		有	远方	无	无	无	
3	回龙观东大街 26		合位	分位	2		有	远方	无	无	无	
4	霍营 90		分位	分位	2		有	远方	无	无	无	
5	霍营 40		合位	分位	2		有	远方	无	无	无	
6	霍营 46		合位	分位	2		有	远方	无	无	无	

关闭

图 2-3-15　区间紧急停电顺控执行窗口

（4）自定义顺控。自定义顺控人机界面提供以下 5 种功能：查看已执行的自定义顺控、删除已编辑的自定义顺控、新增自定义顺控、编辑自定义顺控和执行自定义顺控。

查看已执行的自定义顺控。在打开自定义顺控人机界面后，显示界面如图 2-3-16 所示。

在“选择顺控卡片”框内点击“已执行的卡片”按钮，“已执行的自定义顺控卡片”框便会以列表方式显示 30 天内所有已执行的自定义顺控。

“已执行的自定义顺控卡片”框内会列出所有已执行的自定义顺控信息，包括第一栏（序号）：所列出的卡片序号。第二栏（卡片名称）：已执行卡片的名称。第三栏（执行时间）：卡片执行时间。第四栏（操作员）：执行卡片的操作员名称。第五栏（执行结果）：此卡片的执行结果（“成功”或“失败”）。在“已执行的自定义顺控”窗口框内，提供以下 3 个按钮。“查看”按钮：查看所选卡片的每个设备步骤的执行情况。“执行”按钮：选择已选卡片的自定义顺控列表内的设备步骤再次执行。“查找”按钮：显示卡片查找对话框。根据卡片名称、操作员、执行结果的关键字，或者指定一个时间范围内的执行时间，进行过滤。操作员在必须选中某一个已执行的自定义顺控卡片后，才可以执行“查看”“执行”操作。

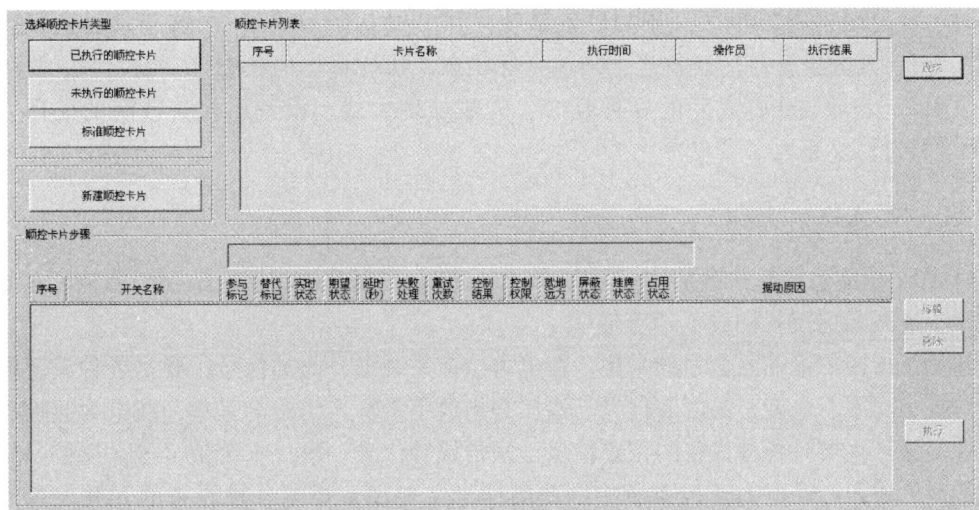

图 2-3-16 在线自定义顺控界面

操作员输入查询条件，并点击"应用"按钮后，关闭"查找已执行的自定义顺控卡片"对话框，然后在"已执行的自定义顺控卡片"框中列出所有符合条件的已执行卡片。同时"查找"按钮的背景变为绿色，提示操作员当前查找过滤条件被激活。

若操作员需要取消查询过滤条件，则需要再次点击"查找"按钮，在弹出的"查找已执行的自定义顺控卡片"对话框（对话框中显示目前有效的查询条件）中点击"取消"按钮。操作员点击"取消"按钮后，"查找已执行的自定义顺控卡片"对话框被关闭，"已执行的自定义顺控卡片"框中列出所有已执行的卡片，同时"查找"按钮的背景色变为浅灰色。

选定某已执行自定义顺控后，操作员点击"查看"按钮后，"已执行的自定义顺控卡片"框内会列出所选择的已执行的自定义顺控卡片的专栏。包括：第一栏步骤号，列出每步骤的步骤号；第二栏设备名称，列出每步骤的设备名称；第三栏参与标记，列出每步骤是否参与本次顺控；第四栏实时状态，列出设备的执行时的状态，"分"或"合"或"故障"；第五栏期望状态，列出每步骤需要执行的状态"分"或"合"；第六栏延时，列出执行下一步骤的时间间隔；第七栏失败处理，列出此步骤执行失败后的操作，"重试"或"终止"或"继续"；第八栏重试次数，列出此步骤执行失败后重试的次数；第九栏控制结果：列出执行的结果"成功"或"失败"；第十栏控制权限，列出设备当时的控制权限"有"或"无"；第十一栏就地/远方，列出设备当时的就地/远方状态"就地"或"远方"；第十二栏屏蔽状态，列出设备当时的控制屏蔽状态"有"或"无"；第十三栏挂牌状态，列出设备当时的挂牌状态"有"或"无"；第十四栏占用状态，列出设备当时的被占用状态"有"或"无"；第十五栏拒动原因，若当时开关控制失败，则列出设备拒动的原因。

编辑自定义顺控。操作员点击"编辑"按钮后，"未执行的自定义顺控卡片"框内会列出所选择的未执行的自定义顺控卡片的专栏，由此将进入自定义顺控卡片的编辑状态，参见下边的编辑自定义顺控卡片功能。

在"选择顺控卡片"框内点击"新增卡片"按钮，"编辑自定义顺控卡片"框进入自定义顺控卡片的编辑状态。编辑自定义顺控基本内容：步骤号，每步骤的步骤号；开关设备车站，开关设备所属车站；开关设备系统，开关设备所属系统（10k Ⅵ 段、10k Ⅶ 段、1500 V 等）；开关设备号，设备号；开关目标状态，执行目标的状态（"分"或"合"）；延时（秒），步骤与步骤之间的软件延时；失败处理方式，设备遥控失败后的处理方式（询问、跳过、终止）。

四、SCADA 功能

SCADA 功能总结起来就是"三遥"和"五遥"。三遥是指遥测、遥信、遥控。在此基础上加上遥调和遥视就构成了"五遥"。

遥测是指模拟量输入信号的采集，在电力监控系统中，此类信号主要是各种设备的电压、电流、功率、电度、温度等信号。遥信是指数字量输入信号的采集，在电力监控系统中，此类信号主要是各种设备的位置信号、预告报警信号、事故报警信号等。遥控是指数字量信号的输入，在电力监控系统中，此类信号主要用于控制各种设备的开关位置的变化，事故信号的确认，有载调压实际上也是一种遥控。遥调是指模拟量信号的输入。遥视是指远程视频监视。

━━━━━━━━━━━━━◆ 任 务 实 施 ◆━━━━━━━━━━━━━

课堂提问讨论

（1）讨论和交流一：电力监控子系统的基本组成。

（2）讨论和交流二：电力监控子系统的监控对象。

（3）讨论和交流三：电力监控子系统的送电操作、停电、紧急停电操作。

（4）讨论和交流四：本城市地铁线路的电力监控子系统的基本概况。

小组工作

以班级为单位20～30人一组进行授课讲解、认知性学习和讨论。

4～7人一组进行读图讨论，一起完成复习思考题。

读图 2-3-3 讨论回答：某条线路的 SCADA 系统共有几个界面，名称分别是什么，请逐一列出来。

复习思考题

一、填空题

（1）城市轨道交通的电力系统由_____和组成。电力系统的监控通过_____系统来实现。我国的电力监控系统经历了_____、分立控制系统和分散控制系统三个阶段。

（2）电力监控系统包括_____系统、_____系统和_____所间通信通道三部分。调度主站系统主要由_____、数据库服务器、_____工作站、操作员工作站等组成，它们通过冗余的以太网连接。

（3）电力监控系统的结构一般采用＿＿＿＿＿＿＿＿级管理和＿＿＿＿＿＿＿＿级监控。

（4）电力监控系统监控对象一般按照供电系统的具体内容而定。典型监控对象包括＿＿＿＿＿＿＿＿设备、主变压器、10～35kV设备、直流750V或直流1500V设备、＿＿＿＿＿＿＿＿设备、配电变压器、交直流电源屏、＿＿＿＿＿＿＿＿柜、轨道电位限制装置等。

（5）ISCS中电力监控子系统提供电力系统图形供操作员监控。操作员的基本操作包括：＿＿＿＿＿＿＿＿、保护信号复归、保护装置管理（包括保护软压板投退、保护定值组管理和故障录波等）、＿＿＿＿＿＿＿＿送电、顺控停电、＿＿＿＿＿＿＿＿顺控、雪崩管理、＿＿＿＿＿＿＿＿、遥控屏蔽。顺序控制一般包括以下三种：＿＿＿＿＿＿＿＿顺控、＿＿＿＿＿＿＿＿顺控、＿＿＿＿＿＿＿＿顺控。在登入中央级综合监控系统的人机界面后，用户可以选择找到＿＿＿＿＿＿＿＿、＿＿＿＿＿＿＿＿及自定义顺控的选项。自定义顺控人机界面提供以下五种功能：查看已执行的自定义顺控、＿＿＿＿＿＿＿＿、＿＿＿＿＿＿＿＿、＿＿＿＿＿＿＿＿和＿＿＿＿＿＿＿＿。

（6）在"已执行的自定义顺控卡片"窗框内操作员在必须选中＿＿＿＿＿＿＿＿卡片后，才可以执行"查看""执行"操作。操作员输入＿＿＿＿＿＿＿＿条件，并点击"应用"按钮后，关闭"查找已执行的自定义顺控卡片"对话框，然后在"已执行的自定义顺控卡片"框中列出＿＿＿＿＿＿＿＿卡片。同时"查找"按钮的背景变为＿＿＿＿＿＿＿＿色，提示操作员当前查找过滤条件被激活。若操作员需要取消查询过滤条件，则需要再次点击"＿＿＿＿＿＿＿＿"按钮，在弹出的"查找已执行的自定义顺控卡片"对话框中点击"＿＿＿＿＿＿＿＿"按钮。操作员点击"取消"按钮后，"查找已执行的自定义顺控卡片"对话框被关闭，"已执行的自定义顺控卡片"框中列出所有已执行的卡片，同时"查找"按钮的背景色变为＿＿＿＿＿＿＿＿色。

（7）选定某已执行自定义顺控后，操作员点击"查看"按钮后，"已执行的自定义顺控卡片"框内会列出所选择的已执行的自定义顺控卡片的专栏。包括：第一栏＿＿＿＿＿＿＿＿号，列出每步骤的步骤号；第二栏＿＿＿＿＿＿＿＿名称，列出每步骤的设备名称；第三栏＿＿＿＿＿＿＿＿标记，列出每步骤是否参与本次顺控；第四栏＿＿＿＿＿＿＿＿状态，列出设备的执行时的状态"分"或"合"或"故障"；第五栏＿＿＿＿＿＿＿＿状态，列出每步骤需要执行的状态"分"或"合"；第六栏＿＿＿＿＿＿＿＿，列出执行下一步骤的时间间隔；第七栏＿＿＿＿＿＿＿＿处理，列出此步骤执行失败后的操作"重试"或"终止"或"继续"；第八栏＿＿＿＿＿＿＿＿次数，列出此步骤执行失败后重试的次数；第九栏＿＿＿＿＿＿＿＿结果：列出执行的结果"成功"或"失败"；第十栏＿＿＿＿＿＿＿＿权限，列出设备当时的控制权限"有"或"无"；第十一栏＿＿＿＿＿＿＿＿/远方，列出设备当时的就地/远方状态"就地"或"远方"；第十二栏＿＿＿＿＿＿＿＿状态，列出设备当时的控制屏蔽状态"有"或"无"；第十三栏＿＿＿＿＿＿＿＿状态，列出设备当时的挂牌状态"有"或"无"；第十四栏＿＿＿＿＿＿＿＿状态，列出设备当时的被占用状态"有"或"无"；第十五栏＿＿＿＿＿＿＿＿原因，若当时开关控制失败，则列出设备拒动的原因。

（8）复归功能包括＿＿＿＿＿＿复归和＿＿＿＿＿＿复归两种。当保护复归标志出现后，用鼠标右键点击系统图上显示的＿＿＿＿＿＿标志，将弹出复归控制窗口。信号复归是 SCADA 对保护装置上的瞬时报警信号提供保持的功能，直到＿＿＿＿＿＿才可恢复，信号复归是在＿＿＿＿＿＿窗口中执行复归操作。

（9）当设备被同一个或者其他操作员进行锁定后，没有成功选择该设备的操作员对该设备的选择和控制将被禁止。此时设备控制也将＿＿＿＿＿＿，同时状态栏提示"＿＿＿＿＿＿"。

（10）遥测指的是模拟量输入信号的采集，在电力监控系统中，此类信号主要是各种设备的＿＿＿＿＿＿、电流、＿＿＿＿＿＿、功率、温度等信号。遥信指的是数字量输入信号的采集，在电力监控系统中，此类信号主要是各种＿＿＿＿＿＿信号，＿＿＿＿＿＿信号、事故报警信号等。遥控指的是数字量信号的输入，在电力监控系统中，此类信号主要用于控制＿＿＿＿＿＿的变化，＿＿＿＿＿＿信号的确认，有载调压实际上也是一种遥控。遥调指的是＿＿＿＿＿＿的输入。遥视指的是远程＿＿＿＿＿＿监视。

二、简答题

（1）电力监控子系统的基本组成有哪些？

（2）电力监控子系统的功能有哪些？

（3）请列出电力监控子系统的监控对象。

（4）请调研你所在的城市地铁电力监控子系统的功能和操作。

（5）电力监控系统的"三遥"和"五遥"是什么？

三、案例分析

请识别图 2-3-17 至图 2-3-29，并描述分析图中的信息。

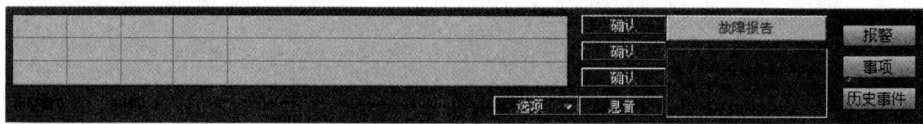

图 2-3-17　NK6000 报警栏

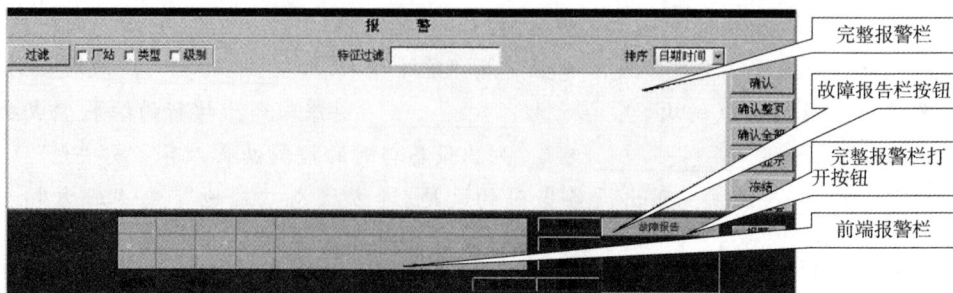

图 2-3-18　NK6000 报警栏功能

报警等级　报警记录时间　站点节点名　系统名称　　　报警信息　　　报警确认

NoBlevel	2011/11/13 16:52:42	tcc	电力SCADA	H11进线柜F35 101A开关	分位	确认
NoBlevel	2011/11/13 16:52:29	tcc	电力SCADA	H11进线柜F35 101A 光纤通讯异常	异常	确认
NoBlevel	2011/11/13 16:51:29	tcc	电力SCADA	H11进线柜F35 101A 相选跳保护跳闸	动作	确认

报警数量及未确认数量

图 2-3-19　NK6000 报警栏示例

图 2-3-20　NK6000 报警确认示意图

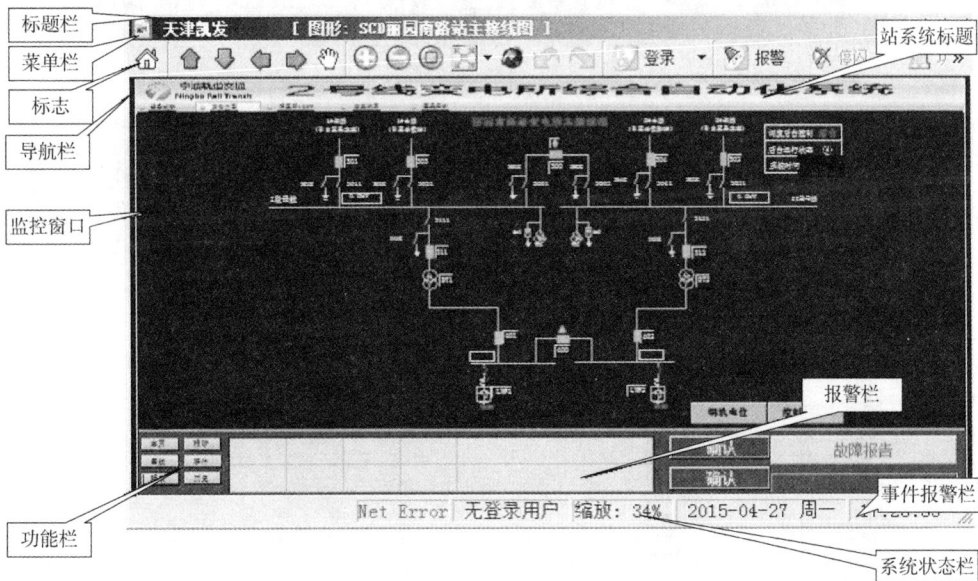

图 2-3-21　NK6000 典型站主接线图

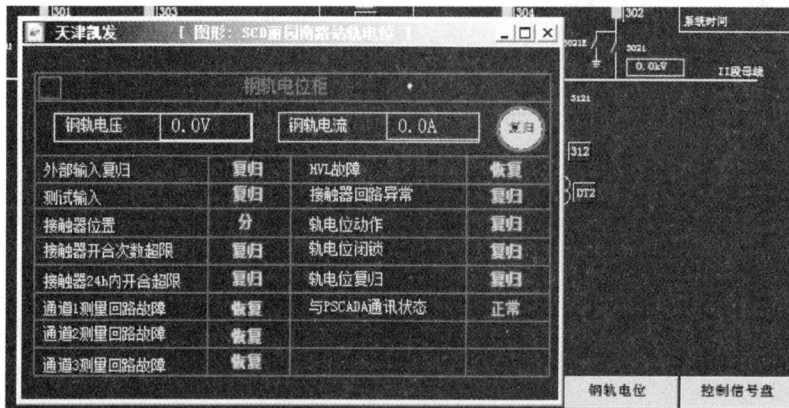

图 2-3-22　NK6000 轨电位信息图

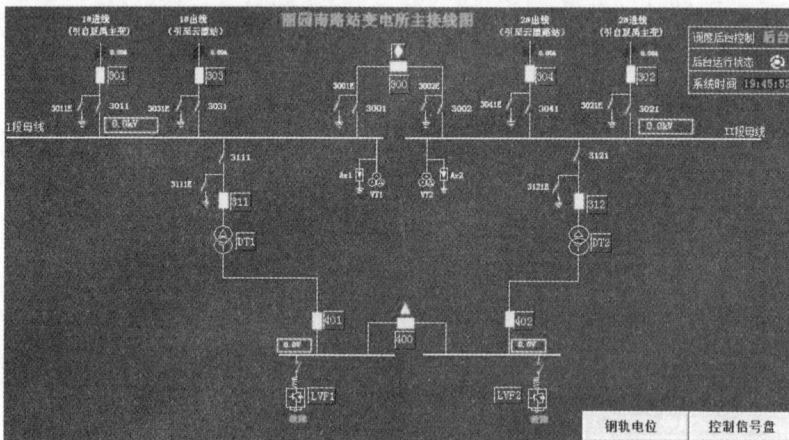

图 2-3-23　NK6000 监控窗口

图 2-3-24　NK6000 历史报表

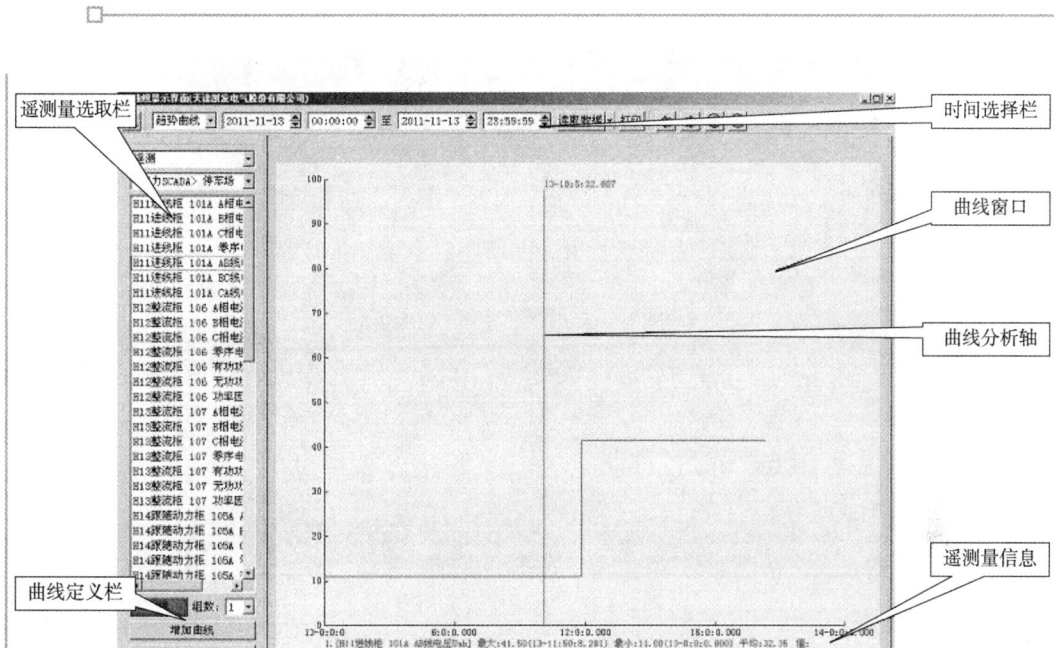

图 2-3-25　NK6000 历史曲线图

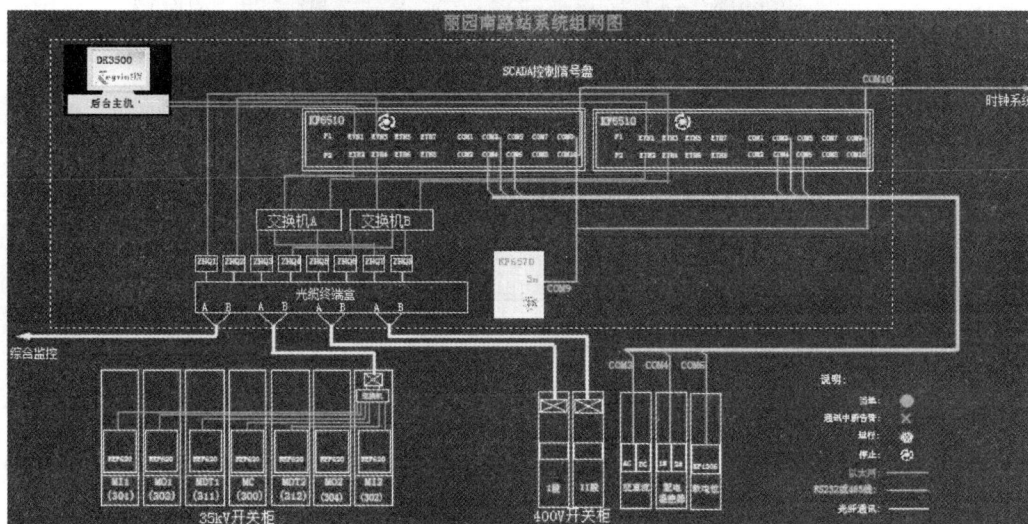

图 2-3-26　NK6000 设备状态图

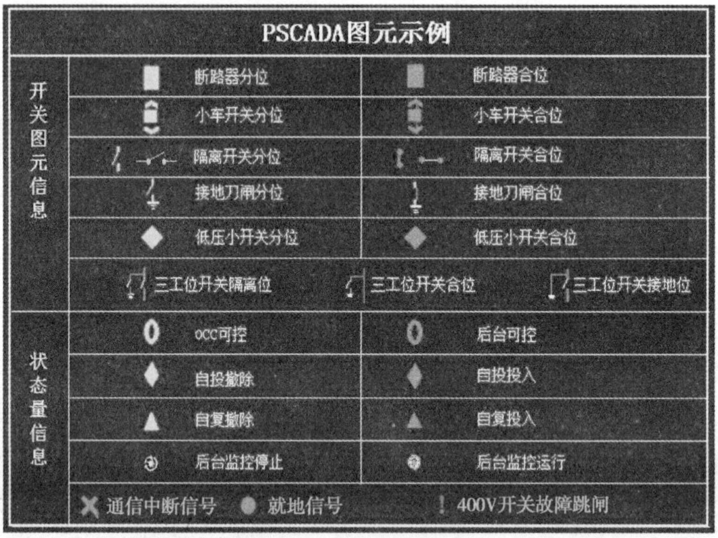

图 2-3-27　NK6000 图元示例

图 2-3-28　NK6000 母线带电显示图

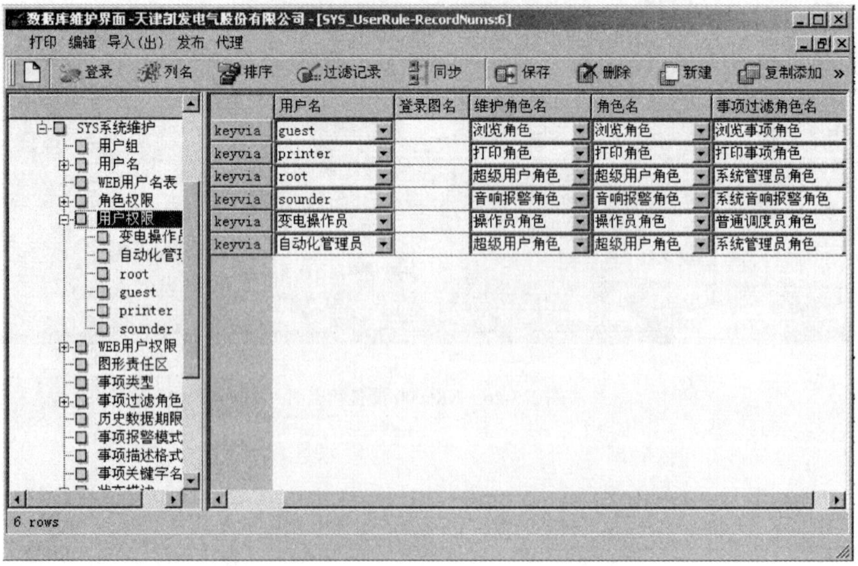

图 2-3-29　NK6000 权限管理图

任务四　运用环境与设备监控子系统

情境导入

　　小明是一所高职学院城市轨道交通专业的学生，在校学习第三年被派到一家地铁运营企业进行顶岗实习。在进行了相关的理论培训以后，他被分到车站进行现场实习。正值车站在对环境与设备监控系统（BAS）进行专项检查阶段，师傅安排小明与班组其他成员一起，通过车站工作站监控终端熟悉系统架构及设备布置，并对设备现场进行逐一排查，完成车站自检任务。

知识储备

一、BAS 概述

　　《地铁设计规范》（GB 50157—2013）中将环境与设备监控系统（Building Automatic Syatem，简称 BAS）定义为：对地铁建筑物内的环境与空气调节、通风、给排水、照明、乘客导向、自动扶梯及电梯、站台门、防淹门等建筑设备和系统进行集中监视、控制和管理的系统。部分城市地铁采用的是设备监控系统（Equipment Monitoring & Control System，简称 EMCS）或者机电设备监控系统（Electric & Mechanic Control System，简称 EMCS）。

1. BAS 作用

　　BAS 可以对全线车站及区间的环境与设备及其他机电设备进行自动化监控及管理；为乘客和运营人员提供舒适的环境；节约能源、降低运营费用；在突发事故及灾害情况下进行通风、排烟等，从而保证安全。

2. BAS 监控对象

　　BAS 监控对象应以通风、空调及制冷系统为重点，根据不同功能需求也可包括给排水系统、照明系统、乘客导向系统、电梯、站台门、人防门等。

　　某城市地铁线路 BAS 全线机电设备总貌示例如图 2-4-1 所示。

　　EMCS 与被控对象及其他系统的接口关系如图 2-4-2 所示。

3. BAS 基本功能

　　环境与设备监控系统应具备的基本功能包括：①车站及区间机电设备监控；②执行防灾及阻塞模式；③车站环境监测；④车站环境和设备的管理；⑤系统用能计量；⑥设备节能运行管理与控制；⑦系统维护。

　　车站及区间机电设备的监控功能包括：中央和车站两级监控管理；环境与设备监控系

统控制指令应能分别从中央工作站、车站工作站和车站综合后备盘人工发布或由程序自动判定执行，并具有越级控制功能；用户权限管理。

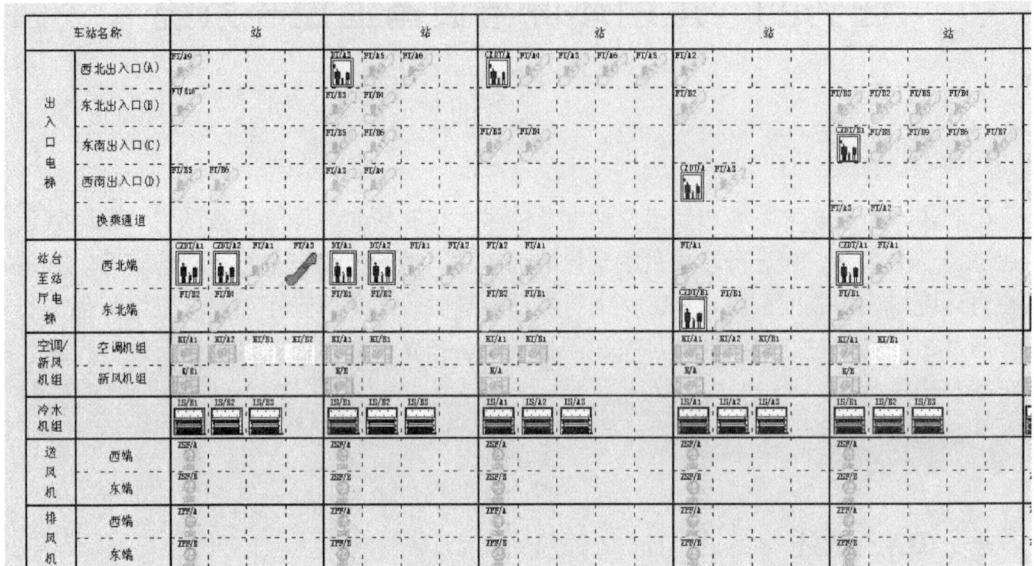

图 2-4-1　BAS 全线机电设备总貌示例

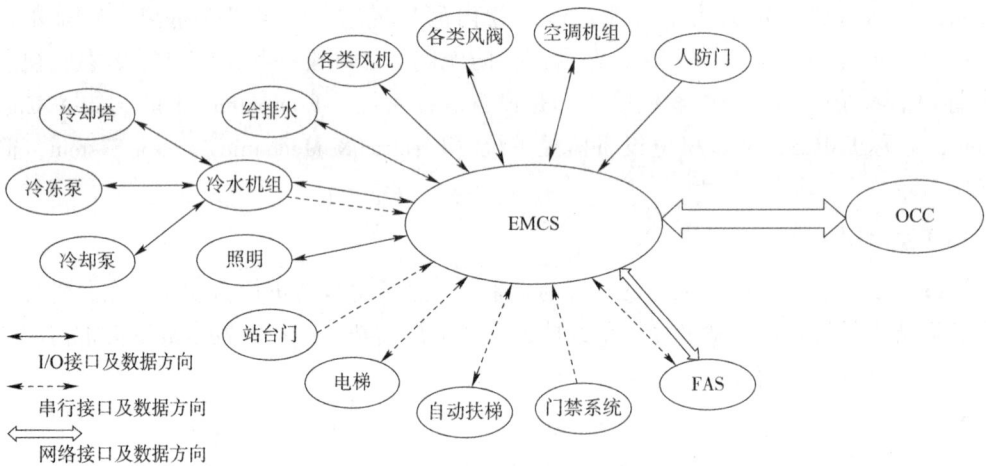

图 2-4-2　EMCS 接口

执行防灾和阻离模式功能包括：接收车站自动或手动火灾楼式指令，执行车站防烟、排烟模式；接收列车区间停车位置、火灾部位信息，执行隧道防排烟模式；接收列车区间阻塞信息，执行阻塞通风模式；监控车站乘客导向标志系统和应急照明系统；监视各排水泵房危险水位。

车站环境监测就是在车站公共区、车站控制室及重要设备用房应设置温度及湿度传感器，并应能对环境相关参数进行监测。

车站环境和设备的管理功能包括：对环境参数进行统计；对能耗数据进行统计和分析；对设备的运行状况、运行时间进行统计。

　　系统用能计量是指在各用能点应设置计量装置，实现用能分类、分项及各用能系统和大功率设备的实时计量。

　　设备节能运行管理与控制是指通风、空调、供暖设备和照明系统，通过对环境参数的监测，对能耗进行统计分析，控制通风、空调设备优化运行，提高地铁整体环境的舒适度，降低能源消耗。

　　系统维护应具备功能包括：监视全线环境与设备监控系统被控对象的运行状态，形成维护管理趋势预告；环境与设备监控系统软件维护、组态、运行参数设计及操作界面修改；环境与设备监控系统硬件设备故障判断及维护管理等。某站 BAS 电/扶梯界面如图 2-4-3 所示。

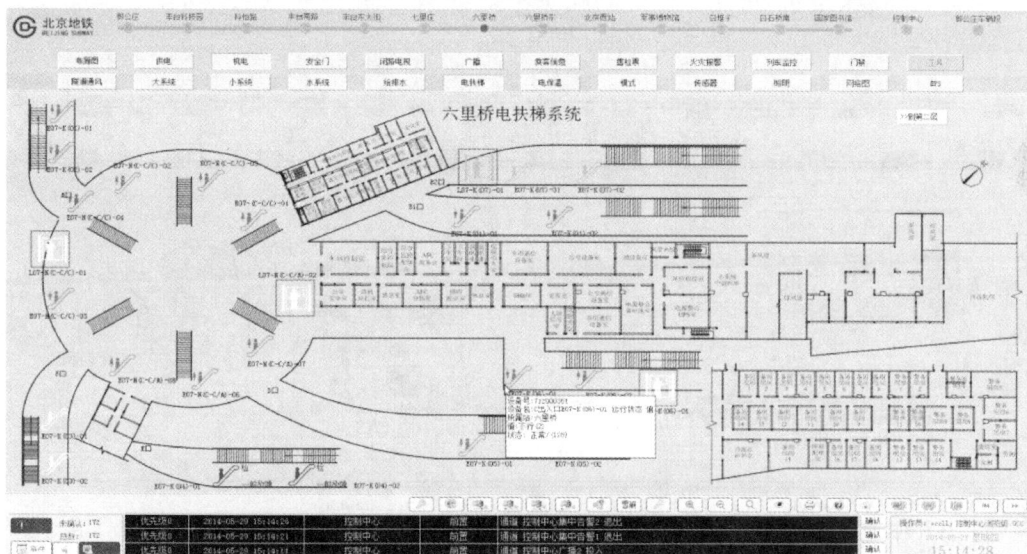

图 2-4-3　某站 BAS 电/扶梯界面

4. 系统结构

　　（1）网络结构。BAS 网络结构应采用分布式网络结构。BAS 网络由通信传输网、中央级和车站级监控网（局域网）及现场总线组成，实现了集中管理、分散控制的形式，减小了故障的波及面。中央级与车站级之间的传输网络由通信系统提供。具体构成如图 2-4-4 所示。

　　（2）物理结构。监控操作分为控制中心、车站两层。控制中心层由监控工作站、大屏幕、服务器及其他计算机外围设备构成，其监控操作范围是全线所有的区间及车站 BAS 子系统或设备。车站控制室层由监控工作站、监控盘及其他计算机外围设备构成，其监控操作范围是某车站及相关区间所有 BAS 子系统或设备。

5. 控制方式

　　BAS 是由中央管理级、车站监控级、现场控制级监控设备及相关通信网络共同构成的实时监控系统。因此，BAS 实行中央级、车站级和就地级（现场级）三级监控。中央级和车站级通过控制权限移交机制实现控制权的转换，且中心和车站不可同时对受控设备进行遥控操作。BAS 控制命令能分别从中央级、车站级和车站 IBP 盘自动或手动地下达执行，并具有越级控制能力。同时，设备按优先级分级操作。监控操作源有 4 个：OCC 监控工作站（OCC/OS）、车站监控工作站（SC/OS）、车站 IBP 盘、设备就地控制盘（LCP）。优先级原则：越靠近底层的（即距离设备越近的）操作源其优先级越高，见表 2-4-1。

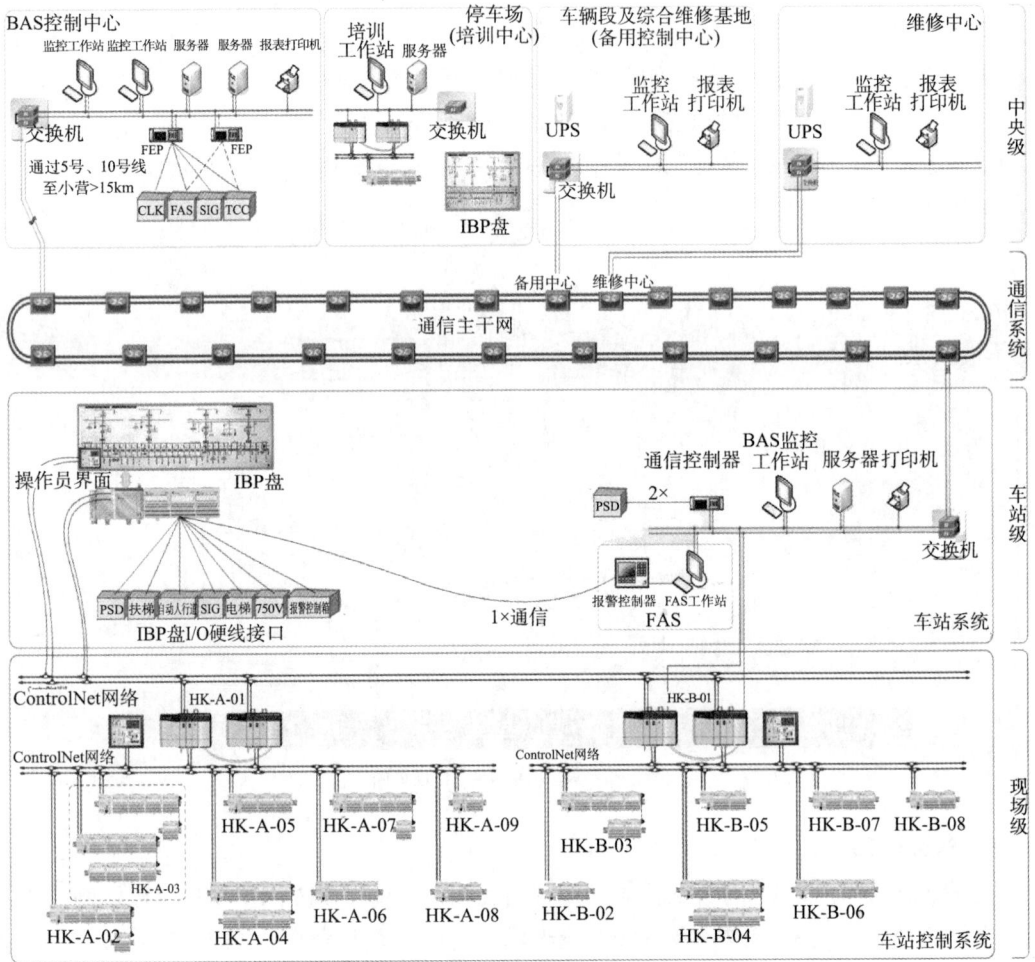

图 2-4-4　BAS 网络构成

优先级顺序　　　　　　　　　　　　　　表 2-4-1

名　　称	操作地点	优先级（↑）
LCP	就地控制盘	1
MCP	车站控制室	2
SC/OS	车站控制室	3
OCC/OS	控制中心	3

BAS 的监控重心在车站。一般情况下，车站设备的默认控制权在车站，区间设备的默认控制权在中心站。

二、BAS 对通风、空调与供暖系统的监控

1. 控制方式

BAS 对通风、空调系统的监控主要体现对区间隧道通风系统、车站公共区通风空调系统、设备及管理用房通风空调系统、空调水系统的监视和控制。其控制方式为中央级控制方式、车站级控制方式和就地级控制方式，并且就地级控制方式享有优先权。

2. 监控内容

(1) 对区间隧道通风系统的监控。监控对象主要包括区间风机、车站送排风机（兼区间风机）、隧道射流风机、相关风阀和防火阀；对区间隧道通风系统进行中央级、车站级控制。中央级下达运行模式指令到车站级，由车站级实现对区间隧道通风系统设备的模式控制，控制操作以中央级为主。

(2) 对车站公共区通风空调系统的监控。车站公共区暖通空调系统（简称"大系统"）监控对象包括车站送/排风机、大型冷却器、相关风阀（图 2-4-5）等的工作状态。

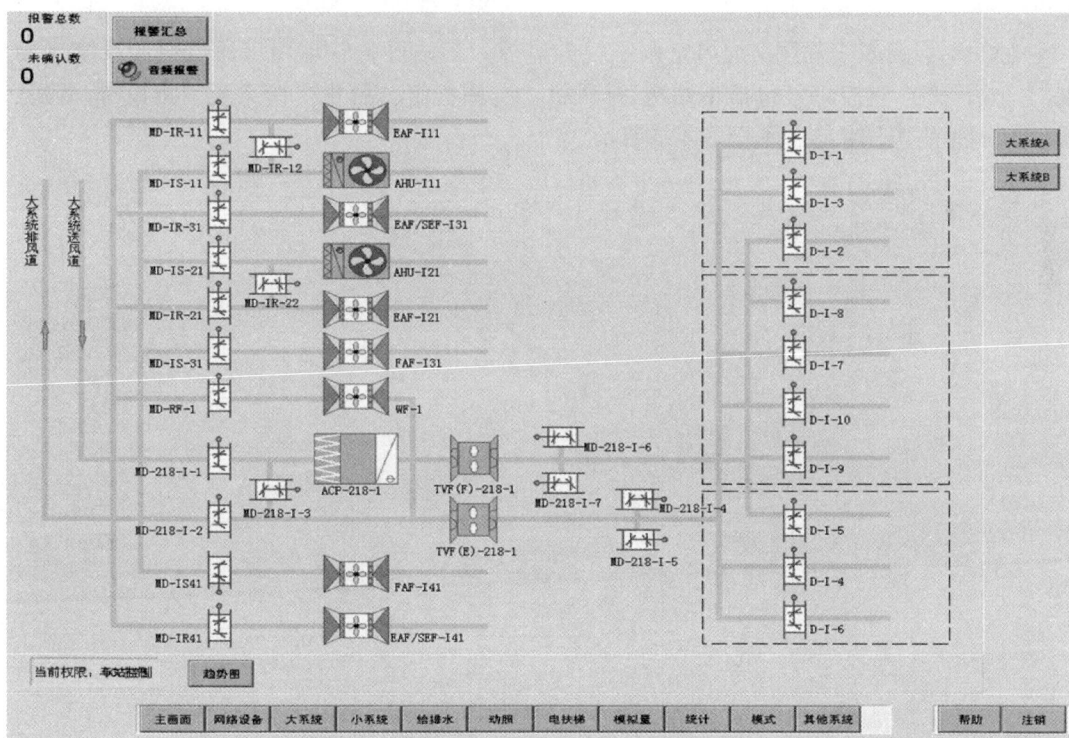

图 2-4-5 车站大系统示意图

如车站公共区发生火灾时，车站大系统火灾模式立即启动；当站台层发生火灾时，站台排烟系统和车站隧道通风系统进行排烟，同时站厅内送风；当站厅层发生火灾时，站厅排烟系统进行排烟，同时站台内送风。风路管道：绿色箭头表示送风方向，蓝色箭头表示排风方向，如图 2-4-6 所示。

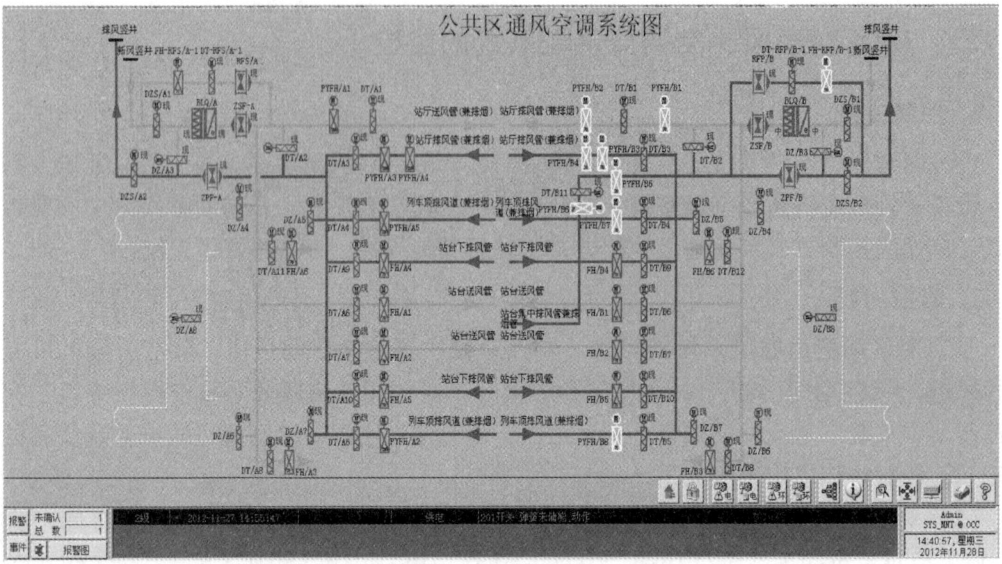

图 2-4-6　公共区通风空调系统图

（3）对设备及管理用房通风空调系统的监控。车站设备管理用房通风空调系统（简称"小系统"）监控对象包括车站送/排风机、空调机组、后备空调系统、排风/排烟机、相关风阀等的工作状态，如图 2-4-7 所示。

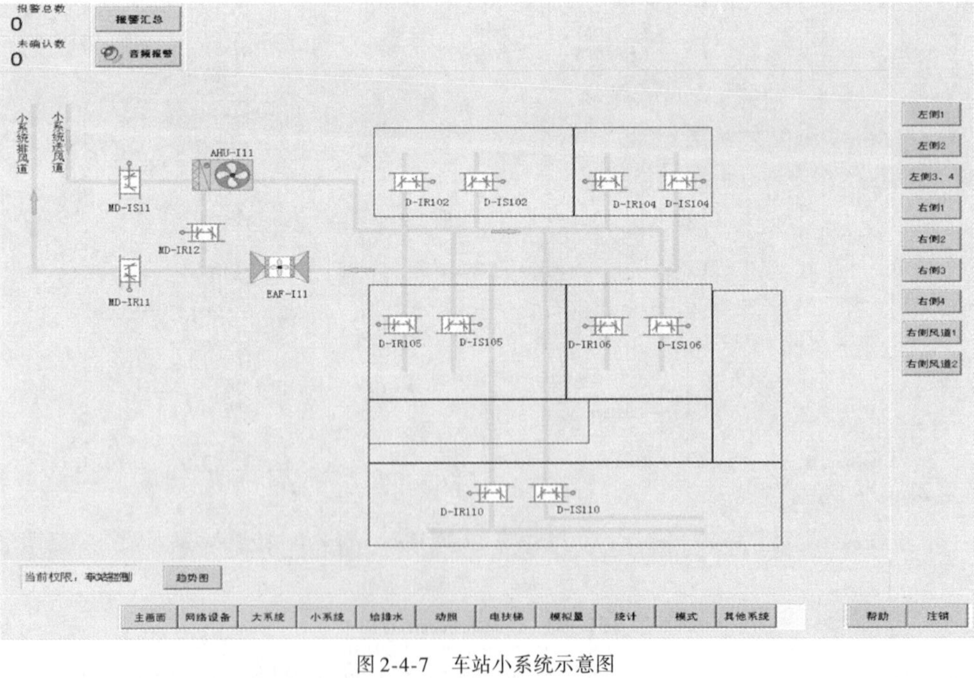

图 2-4-7　车站小系统示意图

当车站设备管理用房发生火灾时，对应区的小系统立即转入到设定的火灾模式运行，排除烟气或隔断火源和烟气。

（4）对空调水系统的监控。通信系统将空调水系统设备状态和温度、压力、流量等参数传给 BAS，如冷却器、空调机组处的电动阀门等设备由 BAS 进行监控；水路管道：绿色箭头表示进水，蓝色箭头表示冷水，如图 2-4-8 所示。

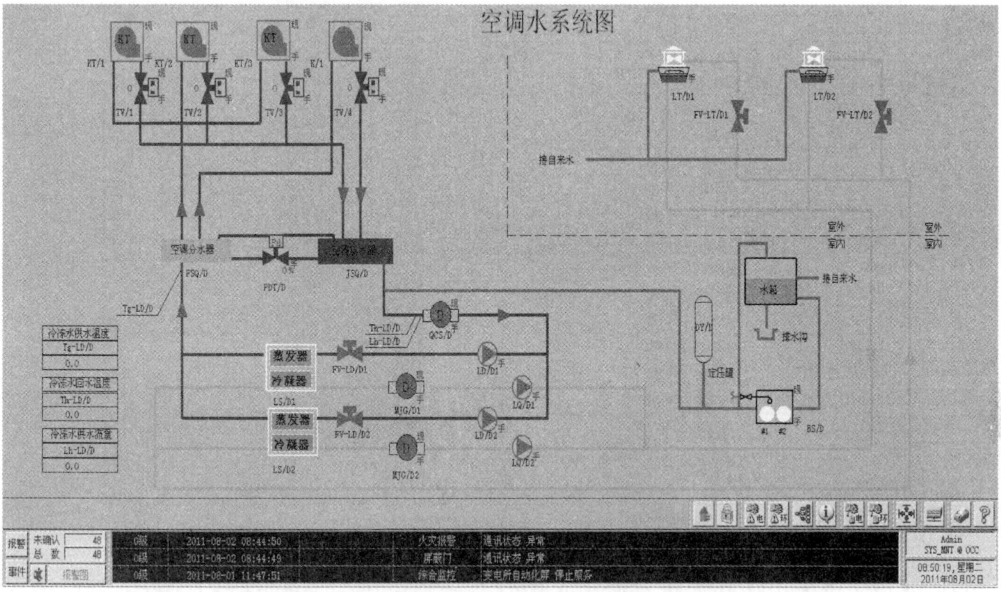

图 2-4-8　空调水系统图

（5）监控示例。BAS 可对风阀的工作状态进行监视和控制：监视风阀的运行状态（全开/全关）、对阀门的开度进行设定等，如图 2-4-9 所示。如列车因故障或其他原因在区间停留超过 2min，为保证空气流通，BAS 会启动阻塞模式，根据预期设定的状态控制相应风阀的开启或关闭，如图 2-4-10 所示。如当前工作状态不确定，则需要工程维护人员到现场确认后进行相关的开启或关闭操作。

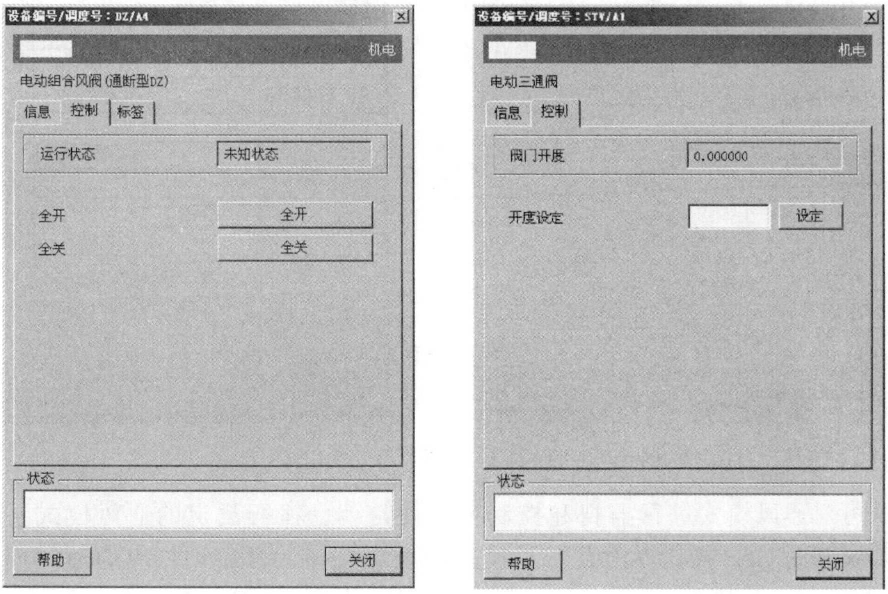

图 2-4-9　风阀控制示例

图 2-4-10 设备模式对照列表

BAS 可对风机的工作状态进行监视和控制：监视风机的工作状态（正转/反转/停止）、对风机转速进行设定，如图 2-4-11 所示。尤其是火灾发生后，根据火灾发生地点，调定风机运行方向以便维持车站或区间的通风。

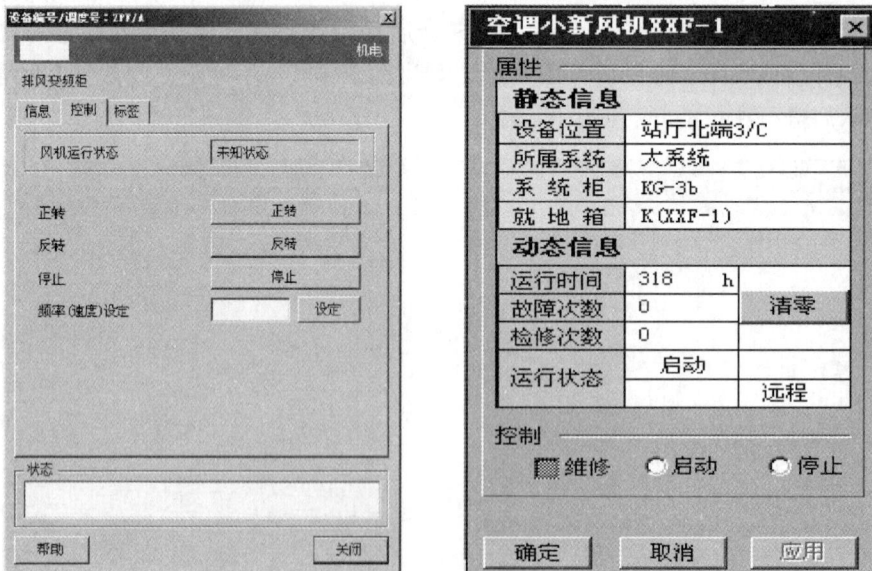

图 2-4-11 风机控制示例

BAS 可对通风模式进行监视和控制：监视是否已执行设定的通风模式。如未执行，操作员通过 BAS 操作界面点击"模式启动"按钮，可启动相应的通风模式，如图 2-4-12 所示。

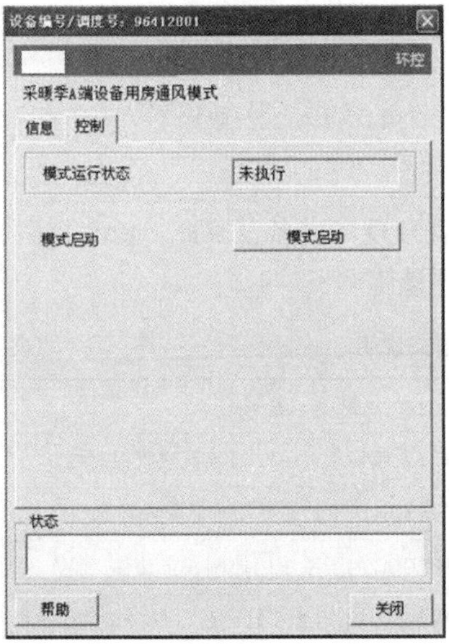

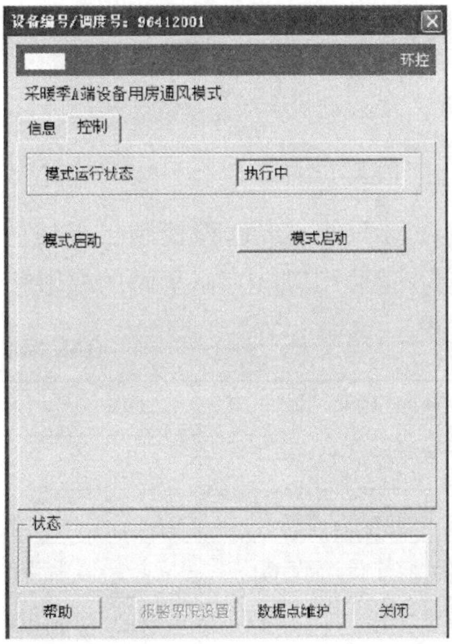

图 2-4-12 通风模式控制示例

以某车站为例（表 2-4-2），BAS 通过设置传感器监测温度、二氧化碳浓度，进而控制整个车站的候车环境。

传感器及功能列表　　　　　　　　　　　　　　　表 2-4-2

区　　域	传感器编号	测 量 内 容	测 量 值
西端风道	TH/A1	温度	
	C/A1	二氧化碳浓度	
站-站区间	01-TH/A1	温度	
	01-C/A1	二氧化碳浓度	
站厅西端公共区	TH/A4	温度	
	C/A2	二氧化碳浓度	
站台西端公共区	TH/A5	温度	
	C/A3	二氧化碳浓度	
站厅西端通风空调机房	TH-KT/A1	温度	
东厅站务空调机房	C-HPF/B	二氧化碳浓度	
西厅站务空调机房	TH-KT/A2	温度	
	C-HPF/A2	二氧化碳浓度	

3. 权限移交管理

如果操作员没有在 BAS 界面的当前全线位置，将不允许对设备或模式进行控制，HMI 会在设备面板下部给出"无控制权限"的提示信息，如图 2-4-13 所示。

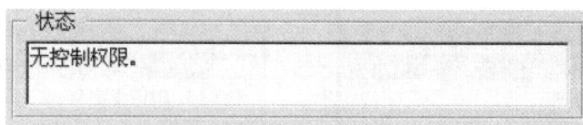

图 2-4-13　当前 BAS 无控制权限

　　由于 OCC 只能实现远程控制，车站更便于管理现场设备，因此，BAS 权限管理的默认控制点为车站。其他中心/车站的权限移交管理具体见表 2-4-3。

BAS 控制权限移交说明　　　　表 2-4-3

移交场合	操作说明
车站手动放弃控制权	车站向 OCC 发起请求，OCC 需确认接收控制权
OCC 手动放弃控制权	OCC 向车站发起请求，车站需确认接收控制权
OCC 实时服务器全部宕机	将当前控制权在 OCC 的子系统的控制权自动移交给车站
紧急情况下	OCC 从车站强制获得控制权，不需要车站确认，只在车站给出提示信息

三、BAS 对给排水系统的监控

1. 监控对象

　　给排水系统的监控对象包括废水泵、污水泵、雨水泵、区间排水泵、电动阀门、电伴热（包括消防管电伴热）等，如图 2-4-14 所示。

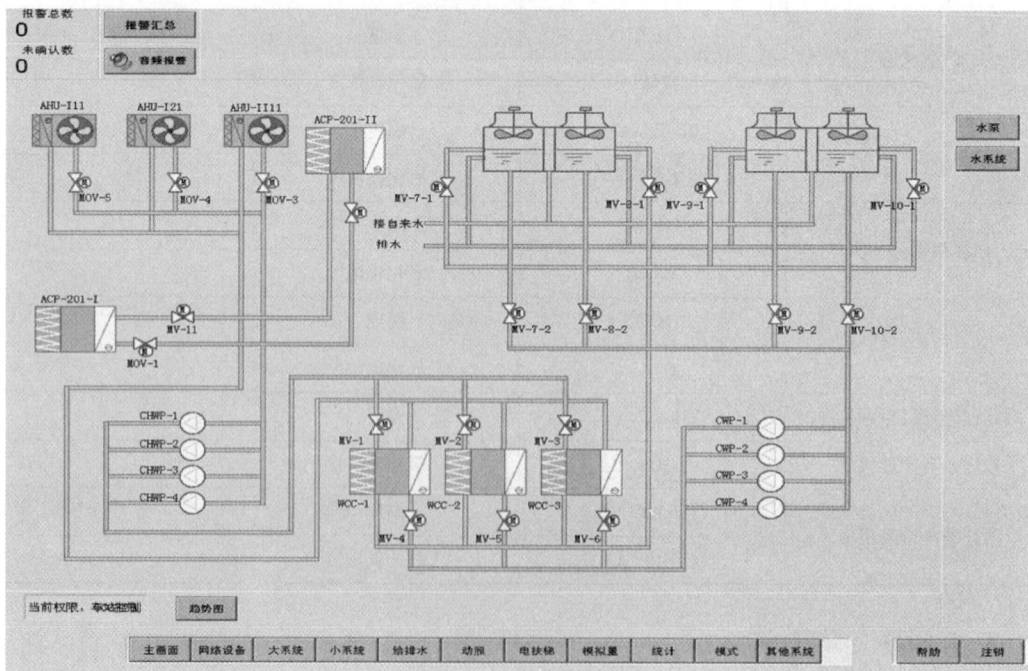

图 2-4-14　水系统示意图

2. 监控内容

（1）污水泵设就地自动控制（自动开停，高报警水位两台泵同时开，低报警水位停泵）、手动控制、综控室 BAS 远程控制三种控制方式。污水泵监控内容包括：①监视水泵工作状态、水池液位（高限报警水位、低限报警水位、启泵水位、停泵水位，及水位报警显示）；②根据水位显示控制主/备泵的启动、停止。

（2）废水泵属于火灾共享设备，采用一级负荷供电，控制柜由动力照明专业设计并提供。废水泵设就地自动（自动开停，高报警水位两台泵同时开，低报警水位停泵）、手动控制、综控室 BAS 远程控制三种控制方式。废水泵、雨水泵、区间排水泵监控内容包括：①监视废水泵、雨水泵、区间排水泵的工作状态，水池水泵的启泵和停泵水位，及水位报警显示；②根据水位显示控制主/备泵启动、停止（必要时同时启动）。

（3）集水坑潜水泵监控内容包括：①监视水泵工作状态、集水池启泵和停泵水位，及水位报警显示；②控制潜水泵启动、停止。

（4）其他：监视生活水管和消防水管的管网压力、电伴热设备的工作状态等。

四、BAS 对照明系统、乘客导向标志系统的监控

1. 监控对象

照明系统的被监控对象包括公共区照明、广告照明、设备房照明、事故照明电源、导向灯箱等，如图 2-4-15 所示。

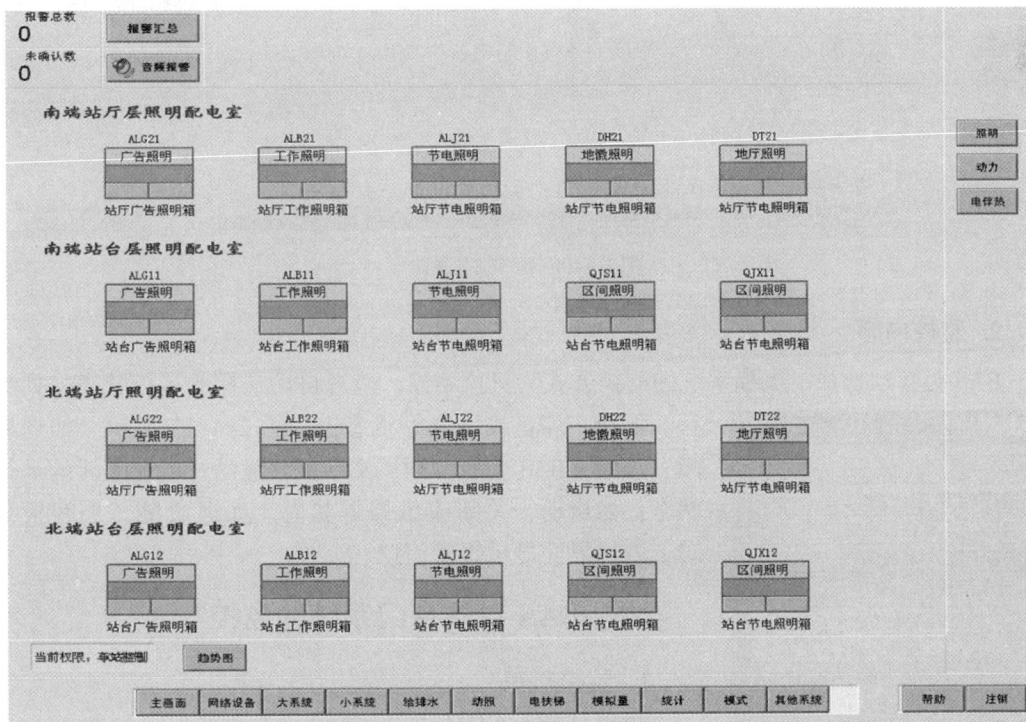

图 2-4-15　照明监控界面

2. 监控内容

BAS 对照明系统、乘客导向系统可实现监视与控制，具体如下：BAS 可监视公共区照明、广告照明、设备房照明、导向灯箱的分/合状态、照明用电监测及故障报警等相关状态信息；BAS 可实现对公共区照明、广告照明、设备房照明、导向灯箱的照明开关设备的分/合控制；对于车站事故照明电源装置，BAS 仅监视其相关状态信息。

五、BAS 对自动扶梯和电梯系统的监控

1. 监控对象

监控对象包括站台—站厅电梯系统设备、出入口电梯系统设备，如图 2-4-16 所示。

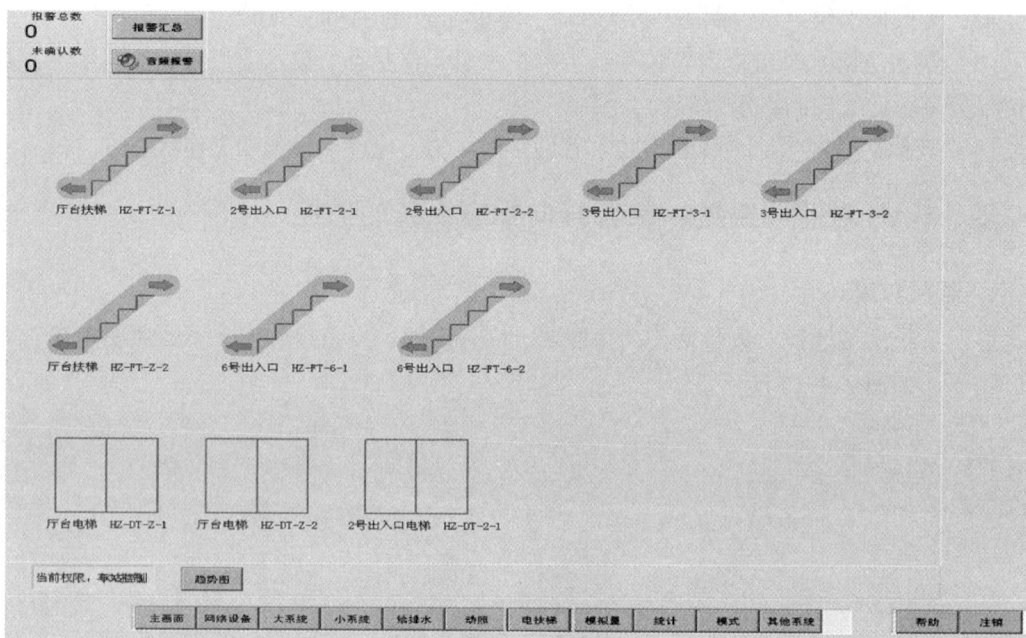

图 2-4-16　电梯监控界面

2. 监控内容

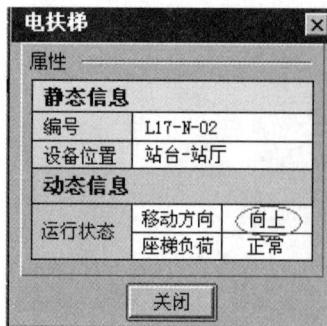

图 2-4-17　电/扶梯监视界面

BAS 对自动扶梯、电梯系统的监控方式为只监不控。监视自动扶梯的运行状态，如上行、下行、停止或维修等状态，如图 2-4-17 所示。如遇故障、急停，BAS 会有音频、文字报警显示。监视电梯的运行状态，如启动、关闭或维修等状态。如遇故障、乘客报警时，监视界面显示报警信息。

六、BAS 对站台门系统的监控

1. 监控对象

监控对象为全线各站上/下行站台门系统，如图 2-4-18 所示。

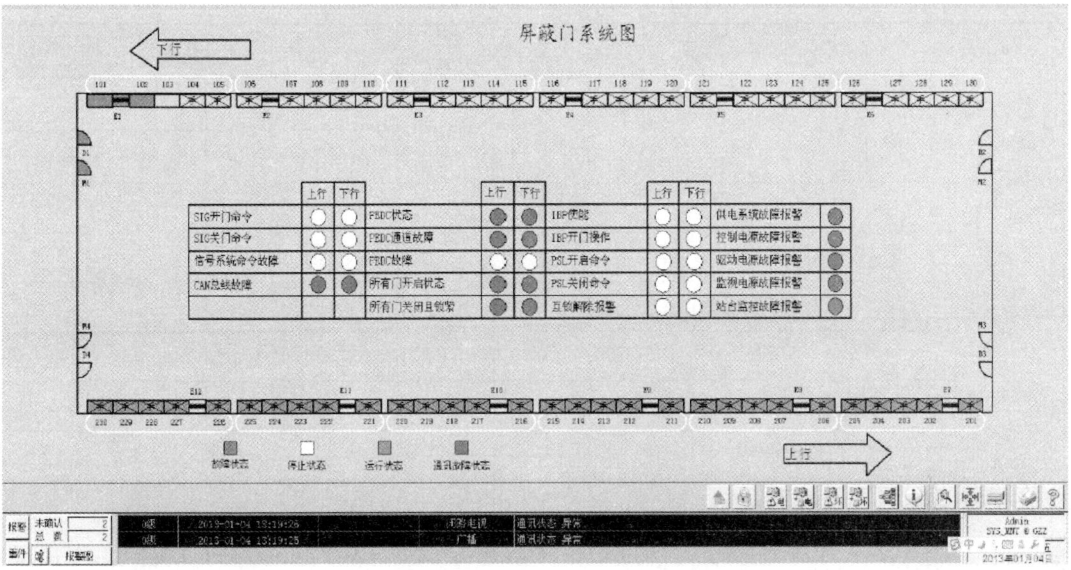

图 2-4-18　站台门（屏蔽门）监控界面

2. 监控内容

BAS 对滑动门系统的监控方式为只监不控。如图 2-4-19 所示，BAS 只可查看滑动门的运行信息，如 DCU 是否故障、开关门是否正常、模式、通信状态等信息，不能对其进行控制操作。

OCC 和 SC 分别完成的监视与操作，见表 2-4-4。

七、BAS 的异常处理

1. 报警的产生

当系统出现故障或现场的设备出现故障及监控的参数越限时，系统均产生报警信号。同时，系统也可以产生有关系统事件的报警信息，比如设备故障、程序终止、系统启动，以及系统关闭等。

2. 报警的显示

按报警级别、区域、设备进行分类显示报警信息，操作员权限不同，其所能浏览到的报警信息也不同；系统配置使用语音报警，某类报警产生可使用语音提示操作员注意；不同报警级别的信息在同一个报警窗口内以不同的颜色显示；所有报警都有文本的描述，并且每一个报警都有一个帮助文件。

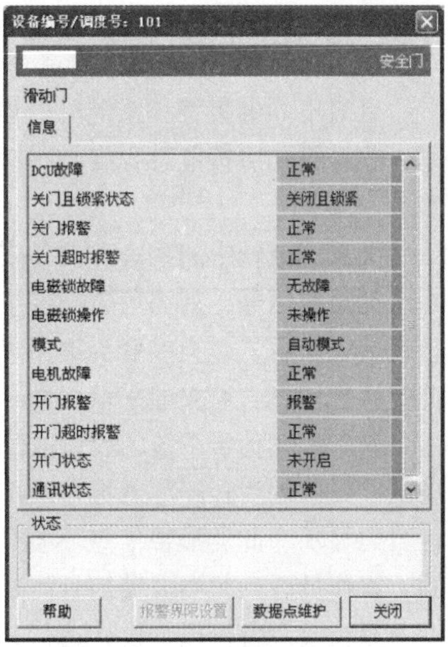

图 2-4-19　滑动门信息状态监视图

113

OCC 和 SC 完成的监视与操作列表　　　　　　　　　　　表 2-4-4

设备名称		OCC		SC			
		监视	操作	监控工作站		IBP 盘	
				监视	操作	监视	操作
系统或设备	隧道通风系统设备	√	√	√	√		√
	车站大系统设备	√		√	√		√
	车站小系统设备	√		√	√		√
	水系统	√		√	√		
	空气参数	√		√			
	给排水系统	√		√	√		
	照明系统	√		√	√		√
	电/扶梯系统	√		√		√	
	站台门系统	√		√		√	√
	人防门	√		√			
	事故（应急）电源	√		√			
	FAS 报警	√		√		√	
功能	隧道通风系统灾害模式	√	√	√	√	√	√
	车站通风系统灾害模式	√	√	√	√	√	√

3. 报警的分类及处理

针对不同的报警，系统可以设定不同的报警等级（Alarm Class），用于区分报警的类别，报警级别可按危急程度划分为危急报警（2 级）、轻度危急报警（1 级）和事件（0 级）三类。

关系到地铁中的乘客和设备安全，如隧道环境控制、车站环境控制和防灾报警系统等系统的报警信号，划为危急报警级别。危急报警信息在报警列表及专用报警栏显示，也在事件日志显示。此类报警会提供声音报警，提示操作员注意。处理方式：操作员一旦看到此类报警信息，需立即采取行动。

对于和其他子系统的设备故障、通信故障、BAS 数据交换失败，以及计算机等外围设备的故障，划为轻度危急报警级别。轻度危急报警在报警列表及专用报警栏显示，也在事件日志显示。此类报警信息不提供声音报警或提供与危急报警不同的声调报警。处理方式：操作员看到此类报警信息需要采取行动，但没有急切性。

系统或设备按预定设计运行，如设备状态的自动改变，划为事件级别。此类信息不在报警列表或专用报警栏显示，但在事件日志显示。处理方式：操作员不需要采取任何行动。

◇ 拓 展 知 识 ◇

环境与设备监控系统应用示例

1. 系统概况

（1）系统架构。EMCS 结构图如图 2-4-20 所示。具体包括以下系统：车站通风空调系统；隧道通风系统；其他通信监视系统（电/扶梯、照明、站台门、门禁、给排水、人防门等）。

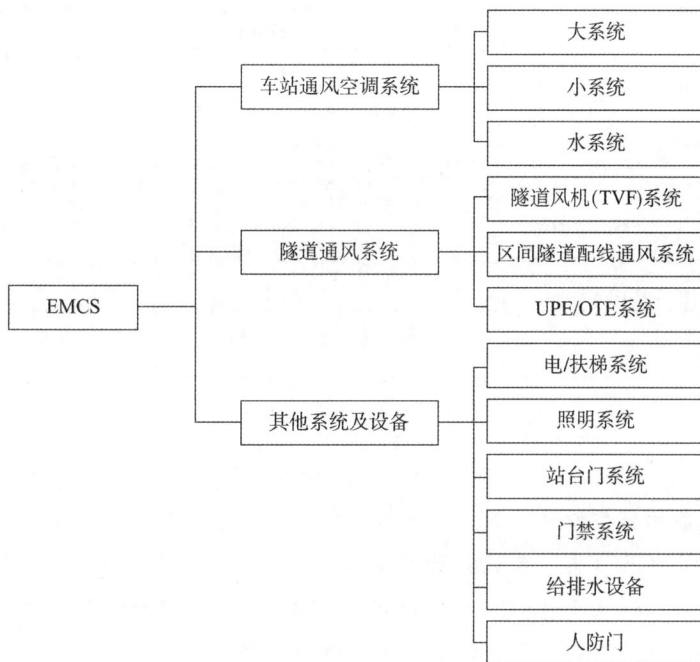

图 2-4-20　EMCS 结构图

EMCS 操作界面还包括以下内容：平面图；设备列表页面；报警页面；事件记录页面；模式表；时间表。

（2）中央级监控系统。中央级监控系统主要实现对全线的监控和管理，主要实现下列功能：用户友好的界面操作及显示体系、实时监控操作、报警、报警处理及日志、趋势显示、数据整理及报表、历史数据查询、决策支持、在线参数整定、系统维护。

（3）车站级监控系统。车站级监控系统主要实现对车站系统或设备的监控和管理，主要实现下列功能：用户友好的界面操作及显示体系、实时监控操作、报警、报警处理及日志、趋势显示、数据整理及报表、在线参数整定、决策支持。

用户友好的界面操作及显示体系。对车站和相邻区间隧道为单位的所有监控对象状态点进行系统的组织和综合管理，并利用丰富、生动的界面体系展示出来，便于操作人员监视。图 2-4-21 为用户权限管理界面。

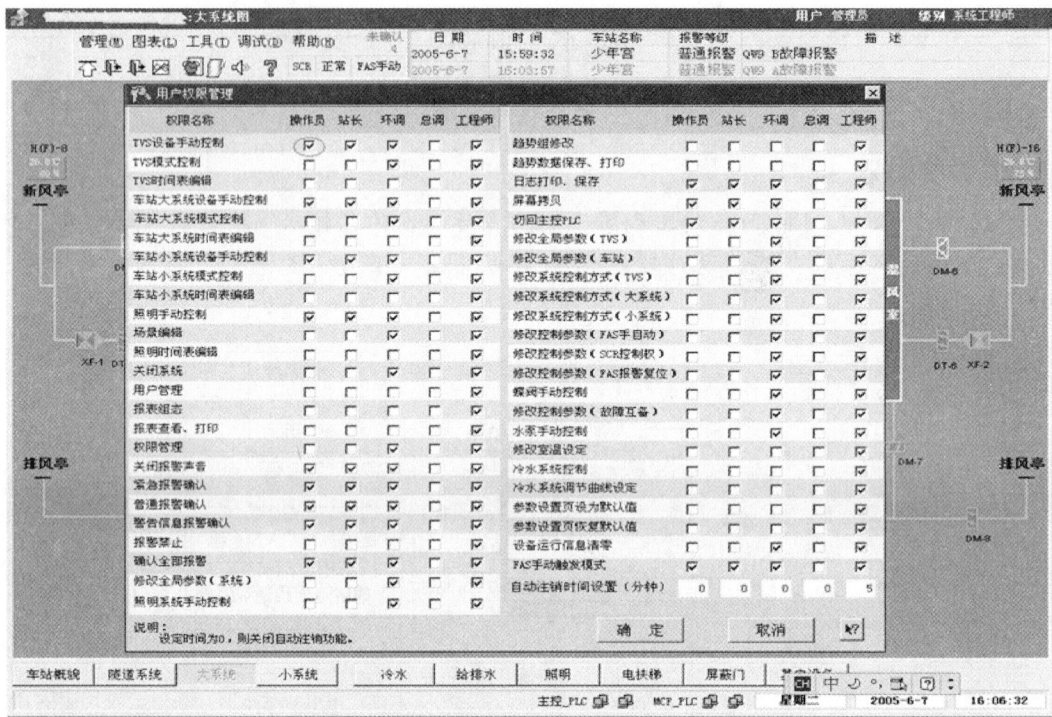

图 2-4-21 用户权限管理界面

实时监控操作。实时刷新所有监控对象的状态点，并提供灵活多样的操作手段，实现对具体系统或设备的监控操作，如点动遥控功能，模式控制等。

报警、报警处理及日志。系统提供完备的报警体系，将设备报警、越权操作报警、特殊工况等报警附以人性化声音信息实时提供给操作人员，并提供必要的确认及查询手段。同时可以将各类操作等以日志形式记录下来并形成文件。

趋势显示。系统允许用户在线定义任意模拟量点的趋势，并可以成组显示，如图 2-4-22 所示。

数据整理及报表。根据需求用户可以整理数据用于报表。

在线参数整定。系统允许用户在线整定系统运行参数，如时间表、空调系统运行参数、调节参数、设备报检时限等。

决策支持。系统提供较完备的在线帮助功能，根据特殊事件，系统可以以弹出窗口的方式向用户提供处理事件的提示信息。

（4）车站级控制。车站级控制包括通信网关控制器和 PLC 控制系统，是 EMCS 的执行系统，具体可完成功能包括：数据采集、时间表判断并执行、模式判断并执行、判断并执行设备遥控指令、焓值计算、空调工况判断、空调系统调节控制、设备启停及联锁控制、MCP 盘的控制、设备参数统计。

数据采集。完成实时数据（如冷水机组、电梯、自动扶梯、站台门、FAS 报警主机等）的采集，并整理反馈给 HMI 用于显示或报警。

116

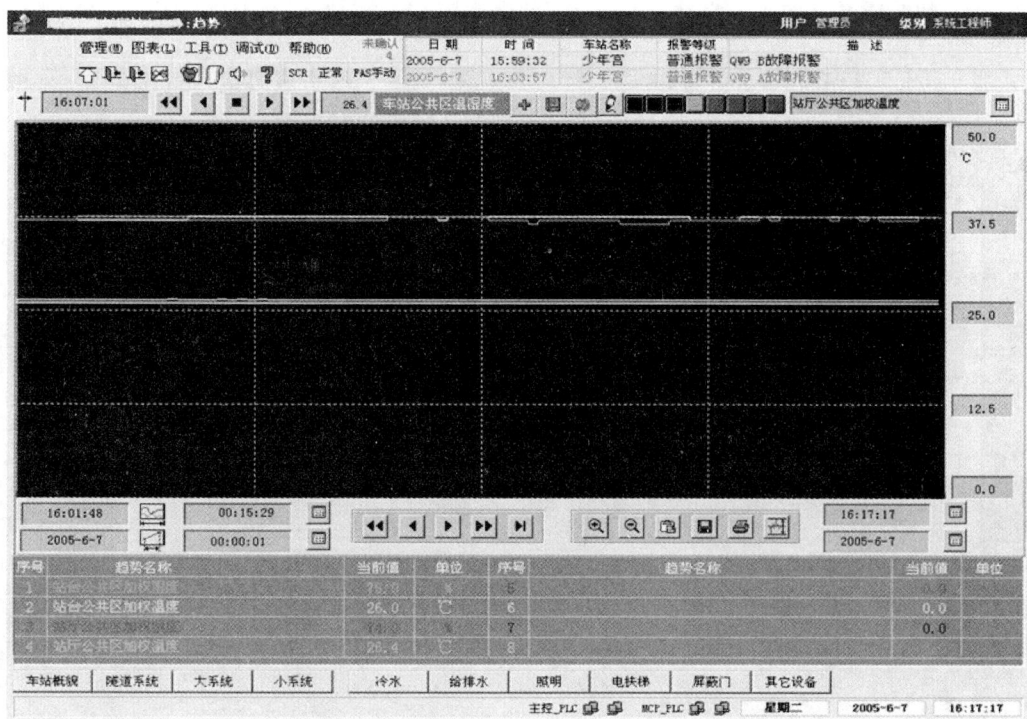

图 2-4-22 湿度趋势图

时间表判断并执行。车站控制系统在正常工况下按照预定的时间计划，完成对设备群控功能。在各车站主控 PLC 中存储用户定义的 5 种时间表，系统自动地根据系统时钟，比较判断并顺序启动或停止有时间计划要求的被控设备，反馈执行结果。

模式判断并执行。车站控制系统的一项重要任务是实现特定工况下的特定运行模式控制，属于对设备的群控功能。模式存储于 PLC 内，根据对工况的自动判断或接收到相应的指令，检查、比较、判断并置位相应模式命令，控制模式要求的被控设备，反馈执行结果。

判断并执行设备遥控指令。接收遥控指令，经过逻辑或过程运算后，控制被控对象的启停或调节执行机构。

焓值计算，空调工况判断。车站级控制系统自动根据室外温湿度监测计算空气焓值并判断空调工况，作为空调系统运行的依据。

空调系统调节控制。空调系统的调节控制由车站级控制系统完成，用来达到或符合空气设计参数的要求。

设备启停及联锁控制。设备启停和联锁控制是车站级控制系统完成的基本任务，并完成对具有互备功能的设备进行自动切换控制。

MCP 盘的控制。完成对 MCP 盘盘面元件的控制（环控部分）。

设备参数统计。完成计算或统计设备累计运行时数、故障次数或频率等参数。

2. 监控内容

（1）隧道通风系统。隧道通风系统控制方式有组控；时间表控制；单个设备手动控制；灾害模式控制（图2-4-23）。

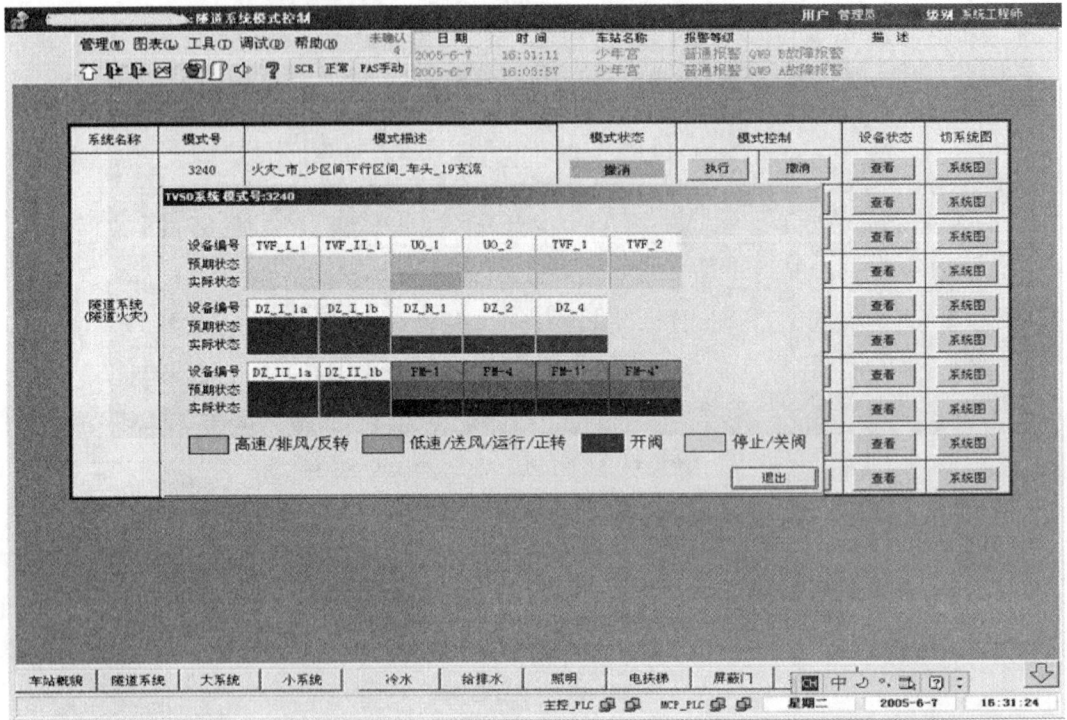

图 2-4-23　灾害模式控制

单个设备手动控制。如控制权在SC，并且登录用户有该设备的操作权限，在平面图、系统图点击设备图标弹出窗口，就可以对设备进行相应的操作，如：启动（开）、停止（关）、维修等。

隧道通风系统组控。组控模式下，相邻车站及区间的设备可实现联动，进而按照预先设计完成送风、排风。隧道通风系统考虑到全线的连续性，一定要听从环控调度员的安排。当前系统在组控命令控制下，如果手动控制单个设备，系统的控制方式将切换到设备手动。

隧道通风系统时间表控制。隧道通风系统的时间表信息可根据需要设置工作日、周末系统的运行时间和换气时间长度。设置这些信息后，系统会进入时间表自动控制。如果手动控制单个设备，系统的控制方式将切换到设备手动，系统脱离时间表控制；如要回到时间表控制，必须再次点击"时间表"命令。

灾害模式控制。当隧道发生火灾或阻塞时，可在HMI上、MCP盘上点击相应的模式启动按钮启动灾害模式。

（2）车站大系统。大系统的控制和操作与隧道系统类似。在车站大系统界面，可对风机（图2-4-24）、空调机组、冷水机组、送排风机、污水泵设备的报检时间等进行设定，如图2-4-25所示。同时可对时间表、冷水系统、室温（图2-4-26）等进行设置。

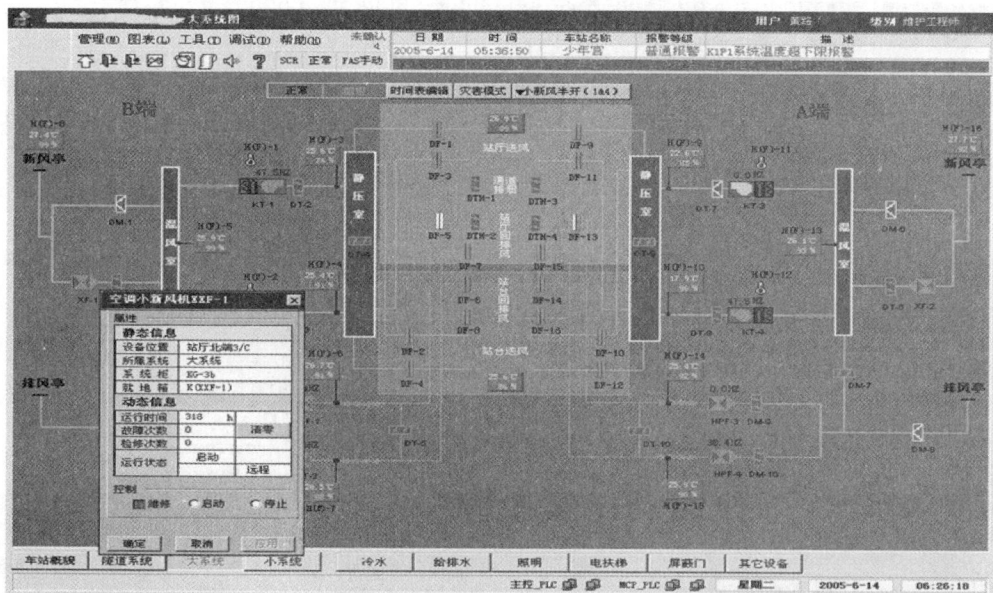

图 2-4-24　风机控制

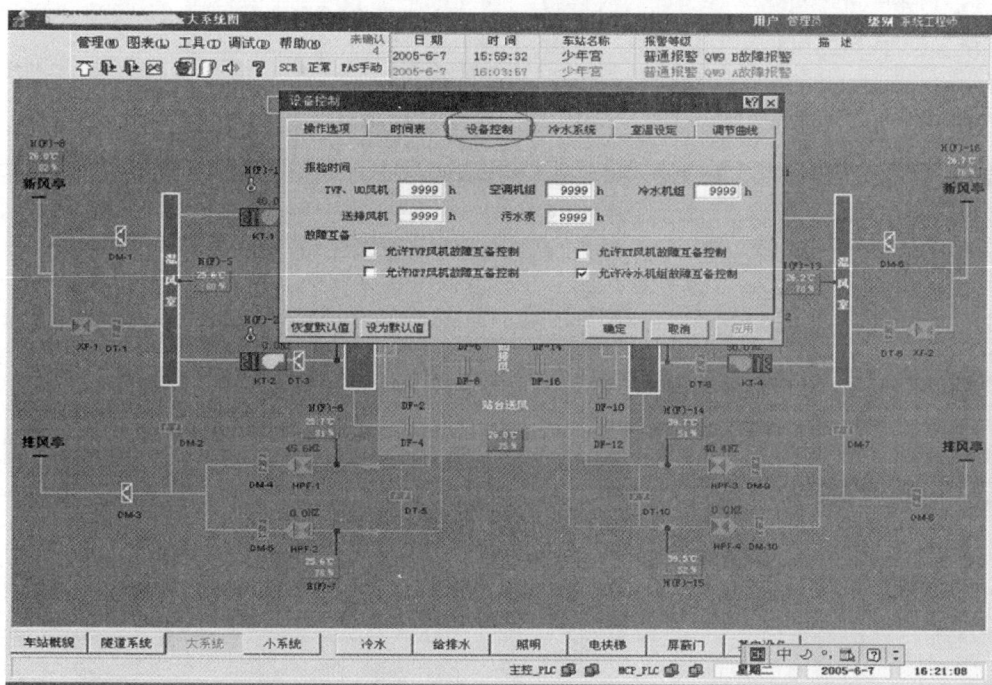

图 2-4-25　设备控制

大系统时间表可设置当前工作日时间表、周末时间表、特殊日时间表。右侧控制命令区上方的蓝色字体显示的是当前可以运行的时间表类型（图 2-4-27）。时间表可以最多设置 7 个时刻，并且后一个时刻一定要大于前一个时刻（设置时刻信息时不能设置 00：00，此信息表示无效的时刻设置），同时选择每个时间段要求大系统运行的模式。

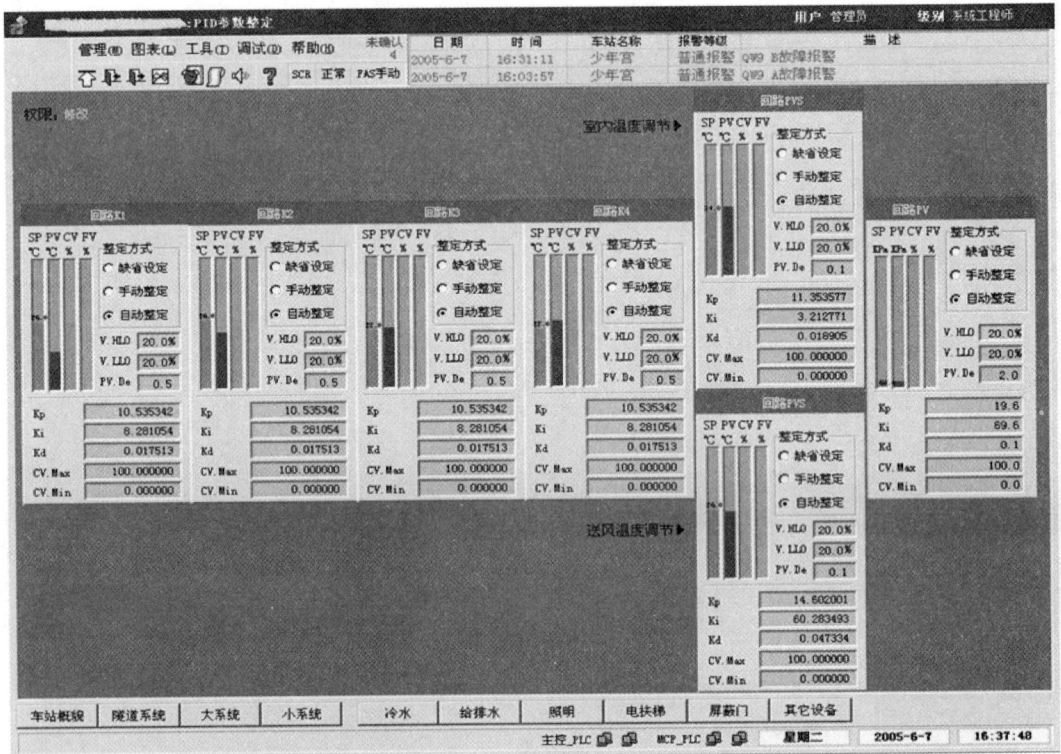

图 2-4-26　温度调节

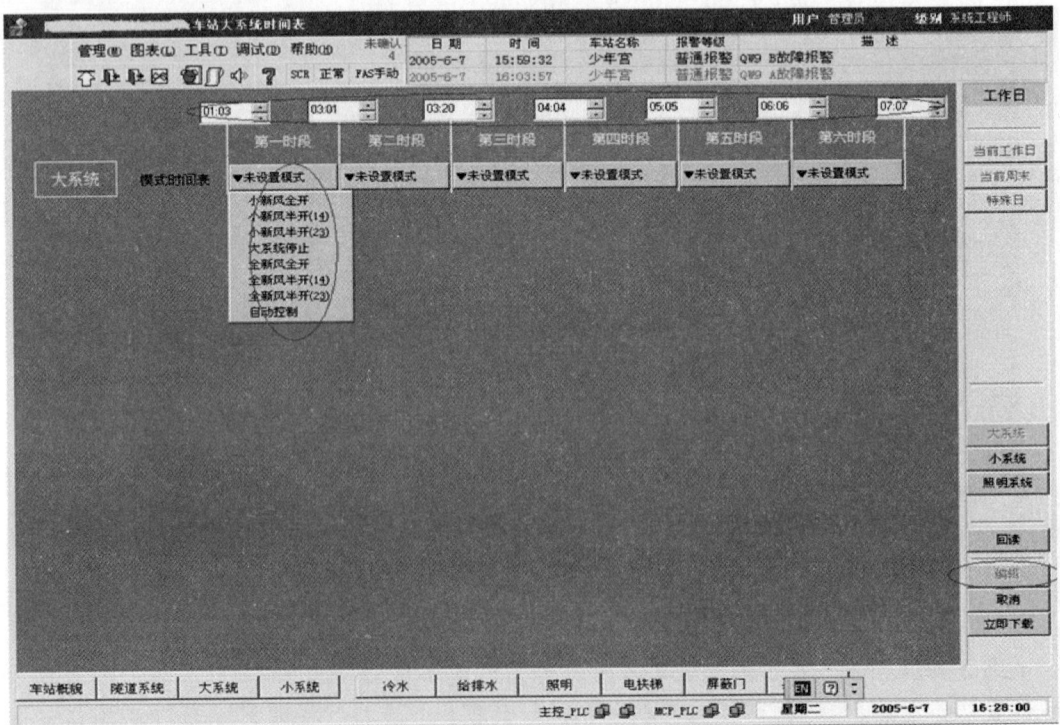

图 2-4-27　大系统时间表设置

如要编辑时间表，系统的控制权要在 SC、登录的用户要有编辑时间表的权限，点击编辑按钮就可以修改时间表的设置，修改完毕后点击下载，时间表数据就下载到 PLC 控制器中。

如大系统按照时间表的设置运行，说明系统进入了时间表自动控制。此时如果手动控制单个设备，系统的控制方式将切换到设备手动，系统脱离时间表控制，如要回到时间表控制，必须再次点击"时间表"命令。

（3）车站小系统。小系统的控制和操作与隧道系统类似（图 2-4-28）。

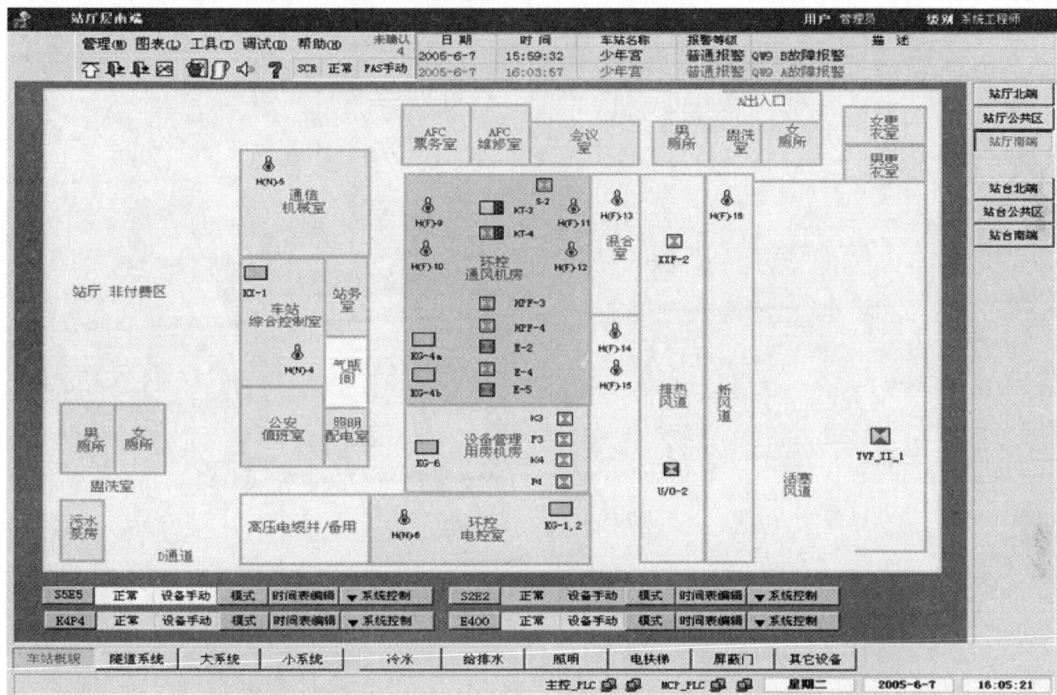

图 2-4-28　站厅层南端布局图

（4）照明系统。照明系统的控制方式有：单个回路手动控制、场景控制、场景时间表控制。只要当前登录的用户具有照明系统控制权，不论控制权在 SC/OCC 都可对单个回路手动控制。回路控制是开优先：回路手动和场景控制，只要有一个方式是开这个回路，这个回路就会打开。照明时间表是针对场景的时间表，要正确使用照明时间表必须保证照明场景的定义是正确的。照明时间表的 7 个时刻包括全天的 24 个小时，首尾两个时刻值相等，表示一天。（注意：设置时刻信息时不能设置 00：00，此信息表示无效的时刻设置，并且除了第 7 个时刻，后一个时刻一定要大于前一个时刻。）

（5）给排水系统。给排水系统只有单个设备手动控制，操作方法同一般设备控制。点击弹出的窗口可选择相应的操作。给排水系统不受 SCR、OCC 控制权切换的影响，只有车站的用户可以操作。排水泵图标的顶部显示的 LA 表示排水泵处于"就地自动控制"，当左下或右下脚显示 R 时说明排水泵同时受 EMCS 操作员站的控制，此时点击弹出窗口的

"停止"命令，点击应用或确定就可以不控。

（6）冷水系统。目前冷水机组的控制在就地，EMCS 操作员站无法控制其启动、停止。点击冷水机组的图标可以查看其运行参数。

（7）电/扶梯系统。从电/扶梯界面可以查看车站内电/扶梯的编号、设备位置，如图 2-4-29 所示。EMCS 对电/扶梯只能监视，不能实现控制。只可查询其运行状态，如移动方向、负荷情况。

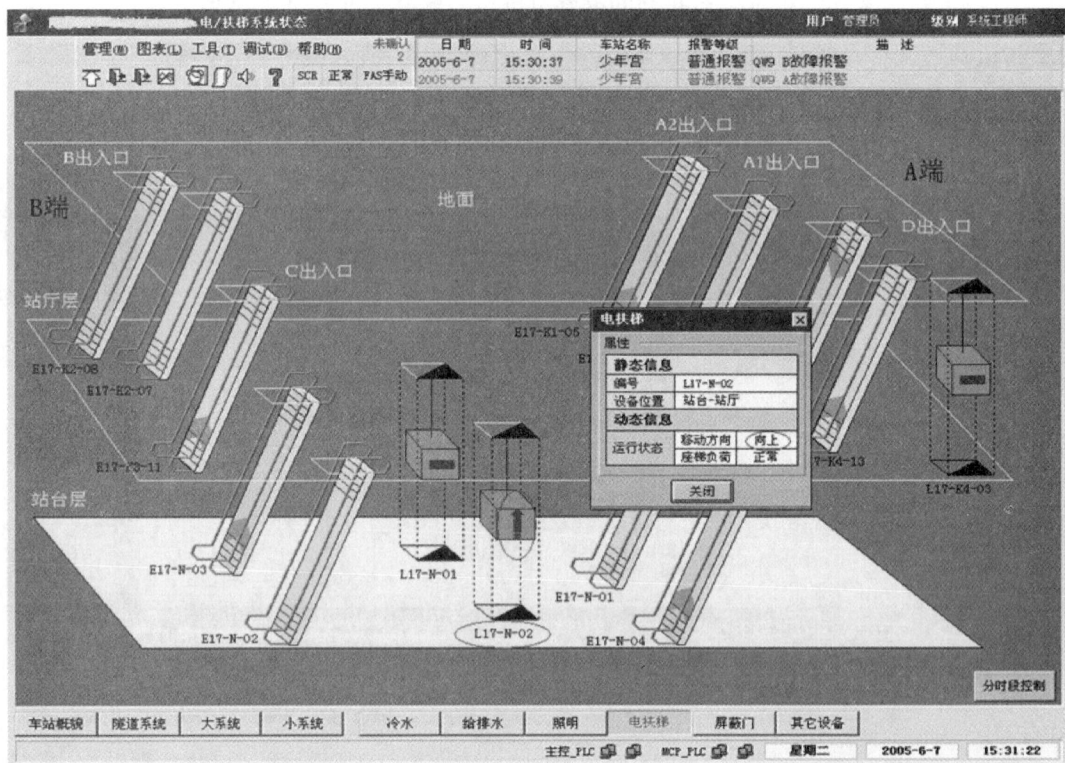

图 2-4-29 电/扶梯监视界面

（8）事件记录。BAS 可存储最新的约 4000 条（在参数设置页面可以设置该参数）事件记录。事件记录包括报警的发生、失效、确认，操作员的所有有效操作，如 2-4-30 所示。

在打印机连接好后，可以打印事件记录。可以查询事件记录。

（9）报警。报警有报警等级之分：紧急报警、普通报警、警告信息。报警有报警类别之分：控制设备、风机、风阀等。报警有报警信息的类型之分：已经确认的、未确认的、活动的等，实时报警如图 2-4-31 所示。

如果报警信息有背景色说明这条报警没有操作员确认，如果报警信息字体为绿色说明信号已经消失。

（10）设备列表。分为控制设备列表和工艺设备列表（图 2-4-32）。可以打印、查询。在状态栏可以显示设备的状态。

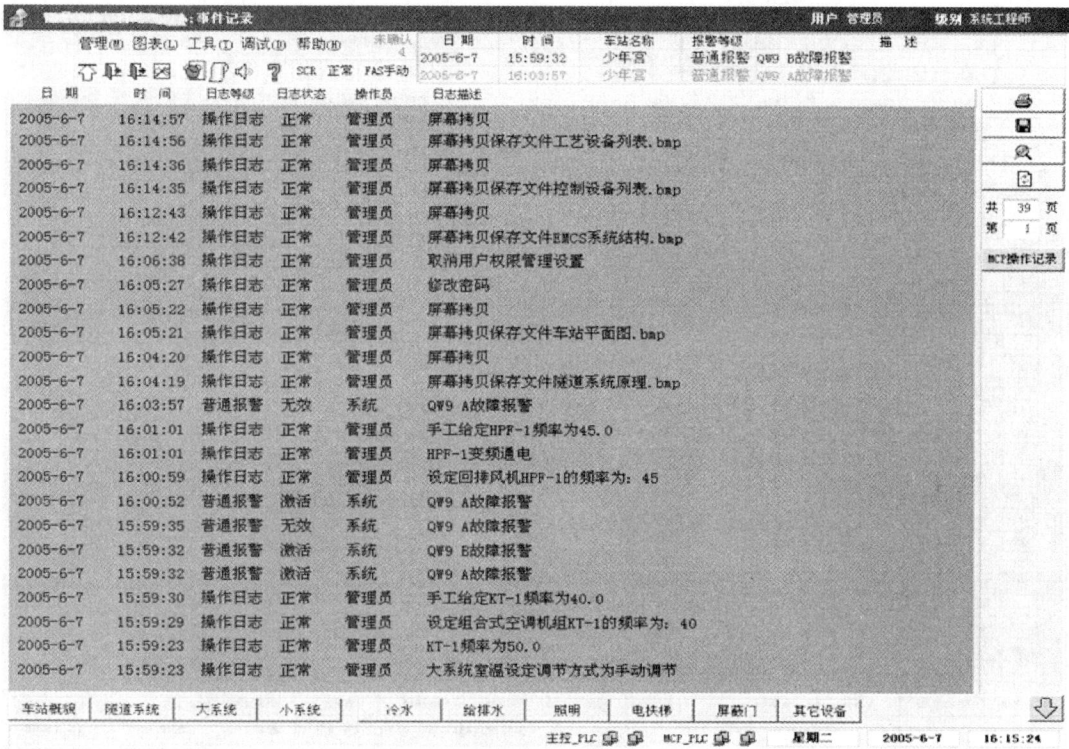

图 2-4-30　事件记录

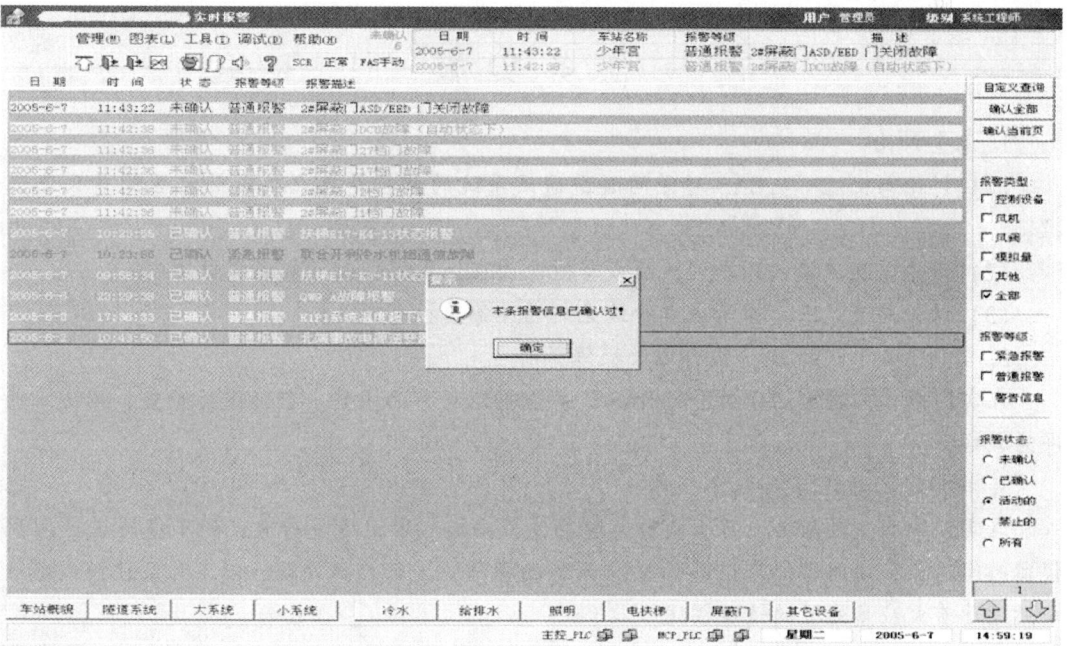

图 2-4-31　实时报警

工艺设备　　　　　　　　　　　　　　用户 管理员　　级别 系统工程师

管理(M)　图表(L)　工具(T)　调试(D)　帮助(H)

	未确认 4	日期	时间	车站名称	报警等级	描述
		2005-6-7	15:59:32	少年宫	普通报警	QW9 B故障报警
	SCR 正常 FAS手动	2005-6-7	16:03:57	少年宫	普通报警	QW9 A故障报警

序号	编号	名称	规格	系统	位置	就地箱柜	系统箱柜	状态	累计运行(h)	故障次数	检修次数
1	TVF-I-1	隧道风机		隧道通风系统	隧道北端机械风道	K(TVF-I-1)	KG-3a	正常	6	0	0
2	TVF-II-1	隧道风机		隧道通风系统	站厅南端机械风道	K(TVF-II-1)	KG4a	正常	15	0	0
3	U/O-1	排热风机		隧道通风系统	隧道北端排热风道	K(U/O-1)	KG-3a	正常	110	0	0
4	U/O-2	排热风机		隧道通风系统	站厅南端排热风道	K(U/O-2)	KG4	维修	101	0	2
5	TVF-1	隧道风机		隧道通风系统	市少区间下行线	K(TVF-1)	KX-12	正常	16	1	0
6	TVF-2	隧道风机		隧道通风系统	市少区间上行线	K(TVF-2)	KX-12	正常	13	9	0
7	DZ-M-1	组合风阀		隧道通风系统		HK-K1	KX-11	正常	N/A	N/A	N/A
8	DZ-I-1a	组合风阀		隧道通风系统	隧道北端机械风道	HKSK2	KG-3a	正常	N/A	N/A	N/A
9	DZ-I-1b	组合风阀		隧道通风系统	隧道北端机械风道	HKSK2	KG-3a	正常	N/A	N/A	N/A
10	DZ-I-2	组合风阀		隧道通风系统	隧道北端机械风道	HKSK2	KG-3a	正常	N/A	N/A	N/A
11	DZ-II-1a	组合风阀		隧道通风系统	站厅南端活塞风道	HKSK12	KG4a	正常	N/A	N/A	N/A
12	DZ-II-1b	组合风阀		隧道通风系统	站厅南端活塞风道	HKSK12	KG4a	正常	N/A	N/A	N/A
13	DZ-II-2	组合风阀		隧道通风系统	站厅南端活塞风道	HKSK12	KG4a	正常	N/A	N/A	N/A
14	FM-1'	组合风阀		隧道通风系统	站厅南端新风道	HKSK9	KG-4b	正常	N/A	N/A	N/A
15	FM-4'	组合风阀		隧道通风系统	站厅南端	HKSK7	KG-4b	正常	N/A	N/A	N/A
16	FM-1	组合风阀		隧道通风系统		HK-K2	KG-3b	正常	N/A	N/A	N/A
17	FM-4	组合风阀		隧道通风系统		HKSK5	KG-3b	正常	N/A	N/A	N/A
18	UBZ-1	组合风阀		隧道通风系统		HKSK5	KG-3b	正常	N/A	N/A	N/A
19	UBZ-2	组合风阀		隧道通风系统		HKSK11	KG-4b	正常	N/A	N/A	N/A
20	DZ-1	组合风阀		隧道通风系统	市少区间下行线	K-1(TVF)	KX-12	正常	N/A	N/A	N/A
21	DZ-2	组合风阀		隧道通风系统	市少区间下行线	K-1(TVF)	KX-12	正常	N/A	N/A	N/A
22	DZ-3	组合风阀		隧道通风系统	市少区间上行线	K-2(TVF)	KX-12	正常	N/A	N/A	N/A
23	DZ-4	组合风阀		隧道通风系统	市少区间上行线	K-2(TVF)	KX-12	正常	N/A	N/A	N/A
24	XXF-1	空调小新风机		大系统	站厅北端3/C	K(XXF-1)	KG-3b	正常	200	0	0
25	XXF-2	空调小新风机		大系统	站厅南端新风道	K(XXF-2)	KG-4b	正常	218	0	0
26	XT-1	组合式空调机组		大系统	站厅北端环控用房	K(XT-1)	KG-3b	正常	108	0	1

设备状态：维修　报检　异常　所有
所属系统：隧道通风　大系统　小系统　其他　所有
共 10 页　第 1 页　显示

车站概貌　隧道系统　大系统　小系统　冷水　给排水　照明　电扶梯　屏蔽门　其它设备

主控_PLC　MCP_PLC　星期二　2005-6-7　16:14:56

图 2-4-32　工艺设备

— 任 务 实 施 —

1. 课堂讨论

(1) 讨论与交流一：BAS 对区间隧道通风系统的监控是怎么实现的？区间着火怎么控制？

(2) 讨论与交流二：列车因故障或其他原因在区间停留时间较长怎么办？

(3) 讨论与交流三：生活或者身边见到的设备监控有哪些？

2. 实训 2-4-1 认知 BAS 设备以及操作界面

在实训中心，同学们分组进行 BAS 设备识别以及界面操作。教师进行抽查，90% 正确即为合格。

3. 模拟进行 BAS 设备应急操作

在实训中心，教师给出若干模拟情境条件，比如：区间隧道着火、列车在隧道区间里停留时间过长，请同学们分组进行 BAS 设备的操作，进行应急处理，以下为某地铁线路 A 车站站厅着火应急处置的情境描述。

请认真阅读理解以下给出的案例演练表 2-4-5 内容，至少 5 人一组，并进行学生角色分工，分组进行演练，并详细地写出演练报告并总结细节做法需要改进的地方。

案例演练表　　　　　　　　　　　　　表 2-4-5

项目名称	工作内容	操作流程	实施地点	岗位人员和操作内容	学生角色分工
地铁车站站厅着火调度指挥	1 火警报告	（1）车站值站报环控调度员（环调）	车站OCC	发生火灾，有人触发 A 站站厅的手动报警。 车站值站："环调01，环调01，A 站站厅南端着火，现已派人现场查看。"同时操作 CCTV 查看、操作 BAS 启动站厅火灾模式。 环调："收到，请查看并及时报告。" 车站值站组织人员支援站厅灭火	
		（2）环调报行车调度员（行调）	车站OCC	环调：拨打电话给行车调度员。 "行调01 行调01，A 站火警，站厅南端着火，现已派人现场查看。" 行调："收到，请查看并报告。" 环调通过 BAS 确认火灾模式已启动。 行调通过 CCTV 确认 A 车站火灾程度	
	2 现场查看火势报告	（3）车站值站报环调	车站OCC	车站值站：操作（进行报警确认，派站务人员利用灭火器控制）。 报环调："环调01，环调01，A 站厅层南端发生火灾，正在处理中。目前无人员伤亡。" 环调："A 站值站01，收到，请尽快处理火情，并随时报告。" 车站值站："环调01，收到，处理中"。 操作界面，查看情况。通过 ISCS 查看电/扶梯是否在火灾模式下已经停梯，是否有人被困求助。 车站值班员进行 ISCS 监控设备操作和监视	
		（4）环调报行调	OCC	环调："行调01，站厅南段有物品着火，无人员伤亡，正在利用灭火器控制。" 行调："环调01，建议立即实施封站，列车不停车通过，立即封站、列车甩站通过。" 环调："收到。"	
		（5）发布封站命令	OCC	行调："所有列车，A 站着火实施封站，全部列车不停车，直接通过车站，列车立即广播通知乘客。" 列车："收到，广播列车不停车，直接通过 A 站。" 行调："A 站，请立即实施封站，进行封站广播，组织乘客疏散，全部列车不停车，直接通过车站。" 值站："收到。"播放封站广播，至少三遍。 "所有乘客请注意……"	

125

续上表

项目 名称	工作 内容	操作 流程	实施 地点	岗位人员和操作内容	学生角色 分工
地铁 车站 站厅 着火 调度 指挥	3 实施 封站	(6) 请求 恢复 运营	车站 OCC	20min 或一段时间后，火已扑灭，现场清理完毕。 　　车站值站："环调01，明火已灭，烟也散尽，设备良好，人员到位，可以开站运营。" 　　环调通过 ISCS 复查，车站环境和设备没有报警异样，可以操作切换工作模式。 　　环调请示行调："行调01，A 站火警已灭，申请恢复运营。" 　　行调："A 站值站01，车站环境恢复正常，可以恢复运营。"	
	4 恢复 运营	(7) 车站 恢复运营	车站 OCC	车站值站："收到，A 站恢复运营。" 　　播放恢复运营广播："……" 　　行调："自上行 2017 次和下行 1019 次列车开始，A 站恢复正常乘降运营，请复诵。" 　　列车："2017 次列车收到，A 站恢复正常运营。" 　　列车："1019 次列车收到，A 站恢复正常运营。" 　　车站值班员：操作 ISCS 恢复正常模式。 本列所有对话的完成在实际工作中是通过调度电话完成	

复习思考题

一、填空题

（1）环境与设备监控系统，在我国城市轨道交通规范中称其为＿＿＿＿＿＿＿＿。

（2）BAS 结构一般分＿＿＿＿＿＿＿＿和＿＿＿＿＿＿＿＿两部分。

（3）典型车站 BAS 的主要控制设备包括＿＿＿＿＿＿＿＿、＿＿＿＿＿＿＿＿盘 PLC、＿＿＿＿＿＿＿＿、通信控制器、＿＿＿＿＿＿＿＿盘等。

（4）BAS 监控操作分为两层：＿＿＿＿＿＿＿＿和＿＿＿＿＿＿＿＿。

（5）车站 EMCS 的软件逻辑结构中，＿＿＿＿＿＿＿＿和＿＿＿＿＿＿＿＿形成 IO、Alarm 和 Trend 功能的冗余关系。

（6）典型车站 EMCS 有套冗余 PLC，分别是＿＿＿＿＿＿＿＿。

（7）控制源优先级判断原则是：＿＿＿＿＿＿＿＿。

（8）系统运行工况有 3 种：＿＿＿＿＿＿＿＿工况、＿＿＿＿＿＿＿＿工况、＿＿＿＿＿＿＿＿工况。

（9）系统灾害工况控制优先级的判断原则是：＿＿＿＿＿＿＿＿。

（10）时间表分 3 类：＿＿＿＿＿＿＿＿、＿＿＿＿＿＿＿＿、＿＿＿＿＿＿＿＿。一个自然日可分为＿＿＿＿＿＿＿＿个连续时段。

二、简答题

（1）列举车站 BAS 的监控范围包括哪些系统。

（2）系统在灾害工况下可进行下列操作，请在表 2-4-6 中排出优先级。（1 表示优先级最高）

灾害工况下控制优先级　　　　　　　　　表 2-4-6

优　先　级	操　　作
	OCC 火灾模式控制
	MCP 阻塞模式控制
	SCR 火灾模式控制
	MCP 火灾模式控制
	单台设备就地控制
	OCC 阻塞模式控制
	SCR 阻塞模式控制

（3）列举主控 PLC 的主要功能。

三、识图题

请仔细看图 2-4-33，列举并分析图片中看到的信息。

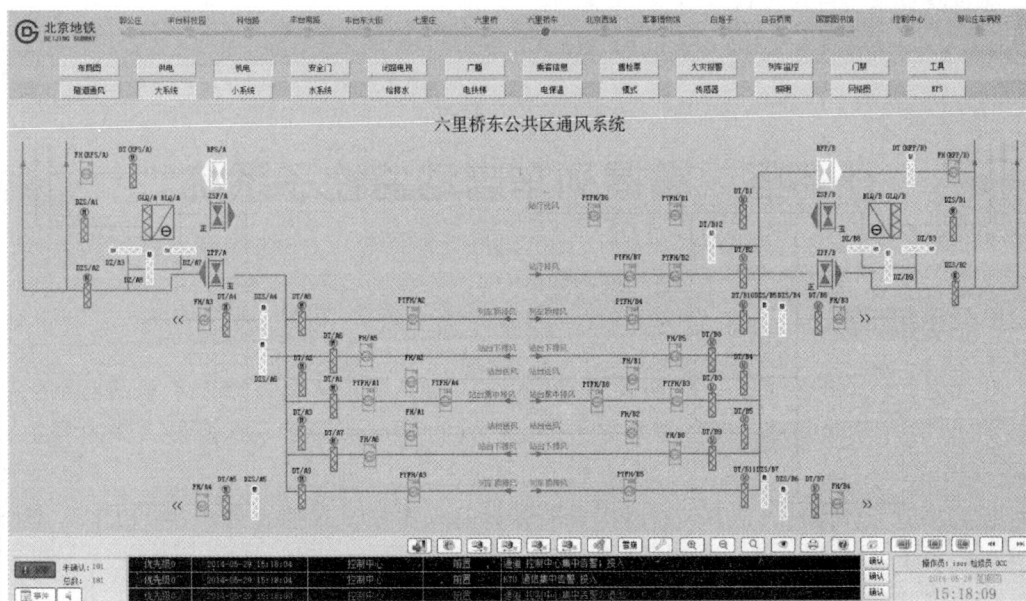

图 2-4-33　某线路监控界面

四、案例分析

以下是某单位 2019 年的《综合监控系统考察调研报告》中对广州地铁综合监控系统的一段描述，请分析 FAS、BAS 车站工作站为什么会逐步取消？光纤的应用在未来的城市轨道交通综合监控系统中会多吗？为什么呢？

……广州地铁对于 FAS 集成的问题。被集成后的 FAS 工作站均予以保留，原因一是 FAS 主机要同时提供给 BAS、综合监控接口，主机可用的接口不多，可以利用工作站提供的接口扩展；二是综合监控工期比 FAS 晚，前期需要用工作站来调试。BAS 工作站也同样保留，原因一样。今后设计的改进方向：被集成后 FAS、BAS 车站工作站应该逐步取消，只在控制中心设置工作站，利用综合监控独立组建的数据网，通过划分 VLAN 的方式提供给 FAS、BAS 逻辑通道，使用控制中心设置的工作站调试所有的车站 FAS、BAS。

广州地铁 3 号线在车站设置有 FEP，所有被集成子系统的数据经 FEP 处理后上传综合监控主干网，各系统的维修信息不经过 FEP 处理而是通过 VLAN 提供逻辑通道直接上传至控制中心维修调度。在接入的子系统不多的情况下，FEP 可以适当考虑取消，但这样会增加车站服务器的负担。

建议车站综合监控与其他子系统之间均采用光纤连接，避免用屏蔽电缆带来的干扰、防雷及强电等隐患。设计方的意见是由于工业以太网交换机的光纤接口模块比电口模块贵近 1 倍，出于投资考虑，对于现场干扰严重和传输距离较远的系统接口采用光纤接口……

任务五　掌握列车自动监控子系统

情境导入

小李是新入职的实习生，地铁运营公司计划从新入职的人员中选拔"车站自动化综合控制员"，小李想知道综控员平时都干什么？通过学习他知道了综控员工作内容主要包括：

（1）坚守工作岗位，认真监视综控室所辖设备（车站行车控制台）——CCTV、ISCS 综合监控系统信号类、PSD、IBP 盘；

（2）负责与调度员联系，接受并严格执行调度命令；

（3）严格执行地铁有关规章制度和上级指示、指令。

🗒 **知识储备**

一、认识 ATS 系统

理想的城市轨道交通综合监控系统主要是以信号 ATC 系统为核心，以电力监控系统 SCADA 系统为基础，而以 BAS 为辅助，即对于 BAS 和 SCADA 采取深度集成，而对于 FAS、ACS、PSD、PA、CCTV 和 AFC 等其他子系统采取互联方式进行集成。

对于城市轨道交通综合监控系统而言，在列车出现故障时，综合监控系统具备很强的联动性，但是，由于 ATC 系统作为 ISCS 核心的集成，将会对 ATC 系统本身带来一定的不稳定性，从而影响列车的运行。实际上很多大型跨国公司从事该方面的理论研究并没有应用到实际中去。

综合监控系统已经成为国际主流技术，也正在成为国内城市轨道交通自动化系统的技术发展趋势。城市轨道交通运营管理人员通过综合监控系统对城市轨道交通内各系统实现统一的运营管理、维护等工作，极大地提高了工作效率。采用合适的综合监控系统结构，建设城市轨道交通自动化综合监控系统是一件意义重大的事情，它不仅反映了一个国家和城市的科技和管理水平，体现了其综合实力，而且有助于我们创建节约型社会、节能型轨道交通。

通常列车自动控制（ATC）系统作为城市轨道交通综合监控系统的一个互联子系统存在。综合监控系统能够通过与 ATC 中的列车自动监控子系统（ATS）的互联，收集到列车运行的实时信息，进而可以给出合理的管理运营信息。

二、ATS 系统界面

1. ATS 工作站显示信息

在线的列车运行信息及信号设备状态信息，显示在中心大显示屏上和工作站监视器上，以便调度员和车站行车人员掌握实时信息，进行运营监督和管理。

在 ATS 工作站上显示的信息一般包括：线路布置；站台显示；列车停站、扣车、跳停、人工停站时间设置、人工站间运行等级设置，如图 2-5-1 所示。

不同地铁线路应用的 ATS 界面符号有所区别，以下内容以应用较多的卡斯柯公司所设计的界面为主进行介绍。控制台控制状态表示见表 2-5-1。主要设备状态表示见表 2-5-2。

站台相关表示有两种常见的表达，分别见表 2-5-3 和表 2-5-4。

对应图 2-5-2 站台相关显示的信息第二种表示方式列出见表 2-5-4。

信号机表示见表 2-5-5。

线路状态表示见表 2-5-6。

2. 工作站的显示方式

工作站的显示除了以上基本显示信息，还有如下表示内容：线路局部（可能包括一个或多个站）；关于进路、信号和道岔的详细信息，包括设备号和状态；控制中心设备的故障/正常状态；当天计划运行图和当天实际运行图；各计算机设备的工作状态；菜单及命令操作窗口；报告和告警信息；系统时间。

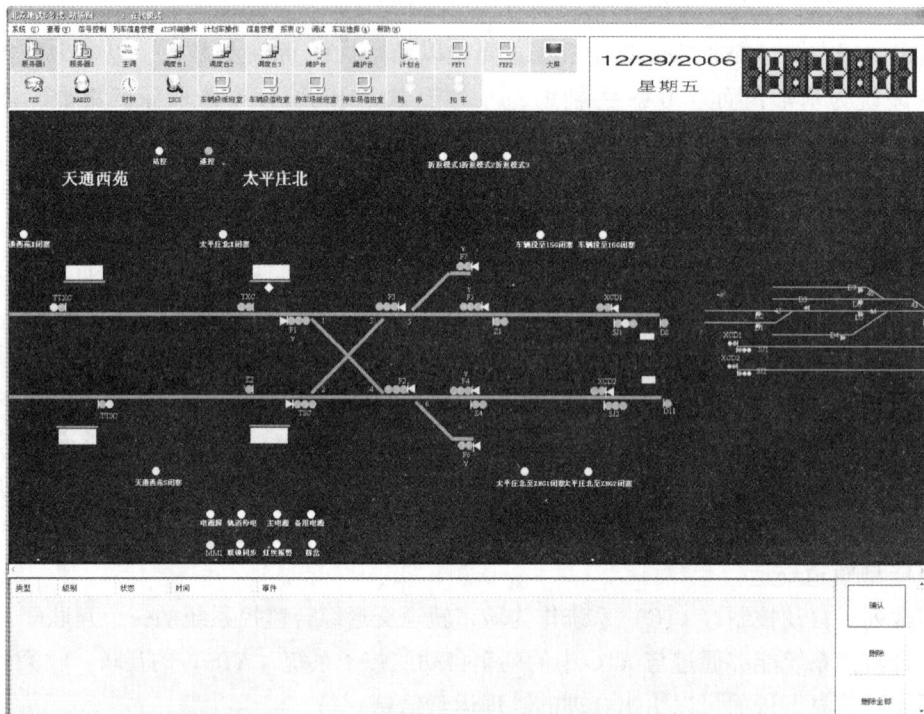

图 2-5-1　ATS 显示屏上的信息

ATS 控制台控制状态表示　　　　表 2-5-1

图　形	显示状态	表示意义
控制状态表示灯	遥控	遥控：控制权限在调度中心
	站控	站控：控制权限在车站，通过本地 ATS（LATS）下达命令
	紧急站控	紧急站控：控制权限在车站，通过计算机联锁（CI）下达命令

设 备 状 态 表 示　　　　表 2-5-2

图　形	显示状态	表 示 意 义
设备状态表示	车站服务器A	稳定灰色：设备离线

续上表

图　形	显 示 状 态	表 示 意 义
设备状态表示	 车站服务器A	稳定深绿：车站服务器 A 联通，处于主机状态
	 车站服务器B	稳定浅绿：车站服务器 B 联通，处于备机状态
	 服务器1	稳定紫色：中心服务器联通，处于主控状态
	 ZGZ现地工作站A	稳定绿色：设备连通
	 跳停	蓝色闪烁：对站台设置跳停
	 扣车	绿色闪烁：对站台设置扣车
	 列车报警	红色闪烁：列车有报警信息传给 ATS

站台相关表示一 　　　　　　　　　　　　　　表 2-5-3

图　形	显 示 状 态	表 示 意 义
站台相关表示		站台门关
	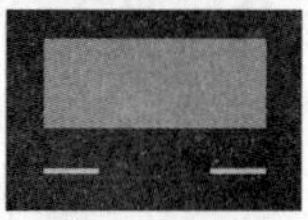	站台门开
		站台门切除

续上表

图 形	显 示 状 态	表 示 意 义
站台相关表示		站台紧急关闭
		站台轨有到站列车
		黄色 H：车站设置站台扣车
		白色 H：中心设置站台扣车
		红色 H：车站和中心同时设置站台扣车
		站台人工设置的停站时间数值
		站台人工设置了运行时间

站台相关表示二 表 2-5-4

图 形	显 示 状 态	表 示 意 义
站台矩形图标	稳定黄色	列车在站台停站
	稳定白色	站台没有列车停站
	稳定蓝色	站台设置跳停
	稳定橙色	站台设置清客
站台旁菱形图标	稳定红色	站台紧急关闭
	隐藏图标	没有紧急关闭
站台旁右上方白色数字	显示	站台人工设置的停站时间数值
	隐藏	站台没有被人工设置停站时间
站台旁右下方黄色数字	显示	站台人工设置运行等级
	隐藏	站台没有被人工设置运行等级
站台旁左下方 H 字符	黄色	车站设置站台扣车
	白色	中心设置站台扣车

续上表

图　形	显示状态	表示意义
站台旁左上方S字符	红色	中心与车站同时设置扣车
	隐藏	站台没有被设置扣车
	深蓝	设置全部列车跳停
	浅蓝	设置指定列车跳停
	隐藏	没有设置跳停

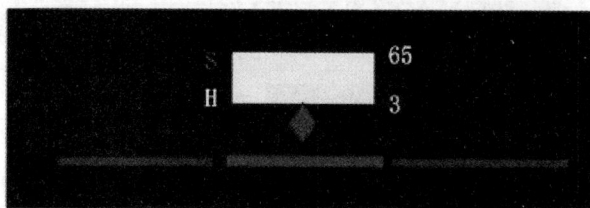

图2-5-2　站台相关显示的信息

信号机表示　　　　表2-5-5

图　形	显示状态	表示意义
信号机相关表示		室外亮灯
		灰叉：室外封灯
		灯位上打黑叉：室外灭灯
		黄色Y：该信号机为始端的进路正在闭塞模式下延时解锁
		白色Y：该信号机为始端的进路正在基于通信的列车自动控制系统（CBTC）模式下延时解锁
		黄色三角显示：该信号机为始端的所有进路中至少一条进路处于人工控制状态
		黄色三角隐藏：该信号机为始端的所有进路处于自动控制状态
		绿色箭头：该信号机为始端的进路设置了自动通过（fleet）模式
		黄色竖柱：以该信号机为始端的进路处于接近锁闭状态

133

线 路 状 态 表 示   表 2-5-6

图 形	显 示 状 态	表 示 意 义
线路相关表示一		稳定缺省色：计轴处于出清状态
		稳定紫色：计轴处于占用状态
		稳定红色：计轴处于 CBTC 模式下逻辑区段占用状态
		稳定白色：一条锁闭进路的一部分
		稳定黄色：进路的保护区段
		稳定绿色：计轴处于故障锁闭状态
		稳定棕色：计轴被 ATC 报告失效
		闪烁当前色：计轴 ATS 切除跟踪，以当前颜色闪烁
	101 授权有效 1	白圈：道岔授权允许，且显示授权有效的倒计时
线路相关表示二	蓝色	轨道或计轴区段空闲
	红色	轨道或计轴区段有车占用
	白色	轨道或计轴区段空闲，且处于锁闭状态
	稳定粉红色	小区段被 CBTC 报告列车占用
	深灰色	当人工设置一条进路或人工取消一条进路时，该进路锁闭的轨道和道岔区段显示深灰色
	闪烁	当某一轨道或计轴区段因为故障切除，以当前颜色闪烁
	稳定棕色	计轴区段被 ATC 报告失效

3. 工作站的布局

人机界面的最上方是主菜单区，列出了系统的一些控制命令菜单。当操作员使用鼠标左键点击"主菜单栏"中的按钮后，在该按钮下方弹出一个下拉菜单供操作员做进一步的选择，一般相同类型的控制命令放在同一主菜单栏。

主菜单下方为控制中心设备状态显示区域，用于显示控制中心（CTC）设备状态，如各工作站、服务器、通信前置机等设备的工作及故障状态。其中绿色表示设备程序启动且工作正常；红色表示设备故障或处于脱机状态；橘红色表示该设备正常运行且为备机。

屏幕的中央是主显示区，实时地显示车站信号设备状态和列车的运行信息；站场布置图显示中文的车站名、站场布局、站台位置、轨道状态、信号机状态、道岔位置、轨道名称、信号机名称、道岔编号、股道编号、头码号和站/遥控状态等。屏幕的左下方是报警窗，实时显示系统中的报警信息。屏幕的右上角为时钟显示区。

在系统维护员工作站的站场图显示区域内有各种故障表示灯，它们位于车站站场图的正下方。这些灯的状态取决于从计算机联锁系统传递来的相应故障状态。当收到车站的计算机联锁系统上报故障告警后，总报警灯显示为红色。

三、ATS 统计功能

ATS 在列车运行监控的基本功能基础上，还能实现统计分析功能。ATS 的统计功能包括：运行图兑现率、停运列车数、加开列车数（临客、调试、回空、救援）、开行列数合计、始发正点率、到达正点率、运行正点率、通过率、列车走行里程、列车在各站到发时刻，及偏离等统计功能。系统根据列车偏离的时间量对晚点列车进行统计。

始发站，列车车次的起始站（包括中途变更车次的起始站）；终到站，列车车次的截止站（包括中途清人折返等作业的车站）。始发站晚点列车的统计，应与时刻表对比，晚一列统计一列。终到站的晚点列车统计，应满足既要与时刻表比，又要与始发站发车时间比的要求。即到达终到站的列车出现偏差时，偏差值应与本次列车始发偏差值对比，如到达的偏差值小与或等于始发的偏差值，不统计到达晚点，如到达的偏差值大于始发的偏差值则统计到达晚点。

$$实际开行的图定列车数 = 运行图计划开行列数 - 停运列车数$$

$$运行图兑现率 = 实际开行的图定列车数 / 运行图计划开行列数 \times 100\%$$

$$始发正点率 = \frac{实际开行的图定列车数 - 始发晚点列车之和}{实际开行的图定列车数} \times 100\%$$

$$到达正点率 = \frac{实际开行的图定列车数 - 到达晚点列车之和}{实际开行的图定列车数} \times 100\%$$

$$运行正点率 = \frac{实际开行的图定列车数 \times 2 - 始发及到达晚点列车之和}{(实际开行的图定列车数 \times 2)} \times 100\%$$

$$通过率 = \frac{图定列车中通过（跳停）列车之和}{实际开行的图定列车} \times 100\%$$

$$总计开行列数 = 实际开行的图定列车数 + 临客数 + 回空数 + 救援列数$$

$$列车走行车公里 = 每节车日运行公里之和 \frac{含出入段}{场及折返线} 偏离$$

$$= 列车在各站到发实际时刻与运行图计划时刻的差值$$

晚点列车的统计内容及方法如下：1min 及以上、2min 及以上、5min 及以上晚点列车数的统计，每天末班车后，ATS 系统自动生成当天的统计报表。输入起、止时间即可统计起止时间段内的晚点列车数。若只输入起始时间，则按默认的终止时间统计该起始时间及以上的晚点列车数。若输入起始时间和终止时间，则统计起、止时间段内的晚点列车数。各种统计、指标计算均可以报表的形式打印输出。统计报表中应包括车次、车组、晚点时间等内容。

四、驾驶控制和指示器人机界面

ATC 显示屏用来作为司机与列车控制系统之间的人机界面，每个司机室中均配置一个 ATC 显示屏。只有当将主钥匙开关切换至"ON"位置才可以使 ATC 显示屏变为有效。当 ATC 显示屏有效时，其屏幕点亮，表示该 ATC 显示屏可从其触摸屏上接受命令。当 ATC 显示屏无效时，其屏幕变暗，此时不会接受任何命令，但设备本身处于通电状态。

显示画面参考布局如图 2-5-3 所示。

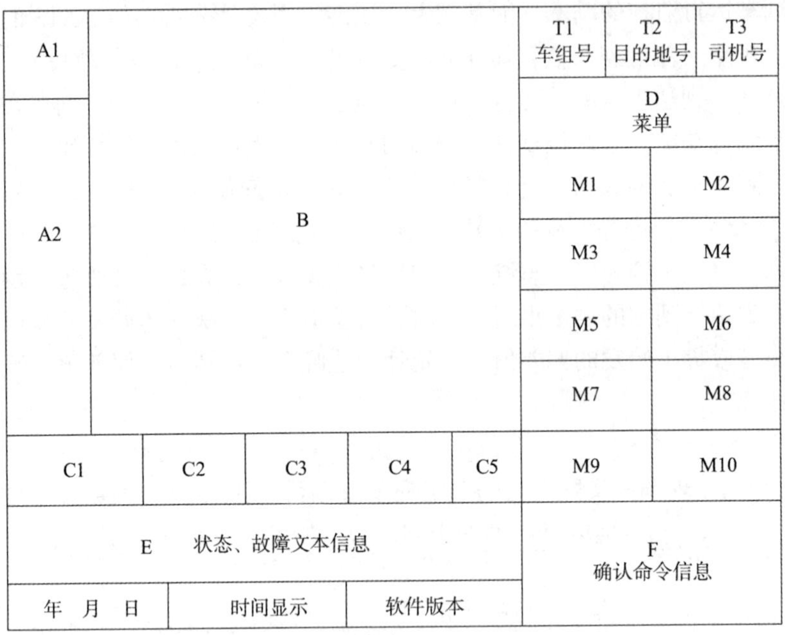

图 2-5-3　车载控制器信息界面组成

区域信息分类见表 2-5-7。

区 域 信 息 分 类　　　　　　　　　　　　表 2-5-7

区 域 代 号	区 域 信 息 内 容	区 域 代 号	区 域 信 息 内 容
A	目标信息（A1、A2）	E	监督信息文本显示区域
B	速度控制显示区域	F	确认命令信息区域
C	辅助驾驶信息区域（C1～C5）	M	驾驶模式及运行状态信息（M1～M10）
D	屏幕菜单区域	T	列车信息（T1～T3）

显示具体说明部分如下。

A1 制动符号。列车初始状态时，A1 制动符号显示为黑色矩形；列车制动请求时，显示橙色四方形，当在列车运行实际速度超过 ATP 推荐的速度但未达到紧急制动触发速度值时也显示橙色矩形。当列车实际速度达到紧急制动触发速度值时，将实施紧急制动，显示红色四方形。

A2 为目标距离、目标速度信息。显示至下一个限制点的目标速度、目标距离。举例显示如图 2-5-4 所示。

目标距离状态条采用三种颜色显示：浅绿、黄色和红色，具体定义见表 2-5-8。

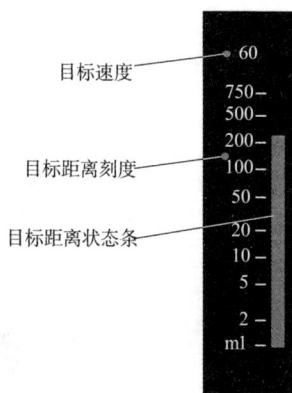

图 2-5-4　车载目标距离和目标速度信息

目标距离状态条颜色含义　　　　　　　　　　　表 2-5-8

目标速度 V （km/h）	目标距离 S （m）		
	$S > 300$	$150 \leqslant S \leqslant 300$	$S < 150$
$V \geqslant 60$	浅绿	浅绿	浅绿
$25 \leqslant V < 60$	浅绿	浅绿	黄色
$0 < V < 25$	浅绿	黄色	黄色
$V = 0$	浅绿	黄色	红色

B 为速度控制显示区域。显示列车运行的速度信息。列车运行的实际速度：在速度表上通过指针和数字两种方式显示出来。ATP 推荐速度：在速度表上采用黄色三角形表示。紧急制动触发速度：采用一个红色三角形表示。示例如图 2-5-5 所示。

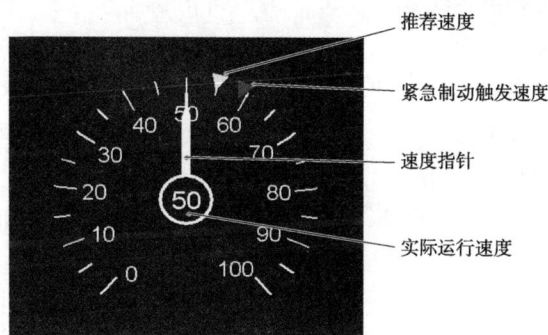

图 2-5-5　车载速度显示

C 区域为辅助驾驶信息区域（C1～C5），图例说明见表 2-5-9。

图 例 说 明　　　　　　　　　　　表 2-5-9

区域代号	区域信息内容	图 例		
C1	牵引 制动 信息	牵引状态	巡航状态	制动状态

续上表

区域代号	区域信息内容	图　例				
C2	驾驶模式信息	限制人工驾驶 **RM**	ATP 监督模式——点式 **CM-I**	ATP 监督模式——连续式 **CM-C**	AM——点式 **AM-I**	AM——连续式 **AM-C**
C3	列车完整性	列车完整性丢失		列车完整 暗色		
C4	列车制动系统状态	列车制动力减小				
C5	车载设备状态					
（其他略）						

任 务 实 施

1. 课堂提问与讨论

（1）描述 ATS 系统的基本组成。

（2）描述 ATS 系统的功能。

（3）讨论 ISCS 与 ATS 子系统之间的关系。

（4）讨论 ATS 系统的重要性。

2. 识读 ATS 控制台界面

请同学们仔细识读图 2-5-6 中的各个图形和符号，请 2 人一组，一人描述一人倾听，完成填空。

（1）这是_____市，_____号线的_____地铁车站的 ATS 控制台界面，从界面中可以看出 ATS 控制模式有两种，_____和遥控。从这两个控制模式的指示灯判断 ATS 是在工作状态吗？_____。天坛东门地铁站除了有上下行的正线线路外，还设置有一条临时停车线，对吗？_____。

（2）天坛东门站的下行出站信号机名称是_____，上行出站信号机名称是_____，该车站范围内有几个道岔？_____，编号分别是_____。请解释为什么没有 3 号道岔？_____。图中的信号机共有几种类型？_____。分别是：出站信号机、_____、_____、_____等。站台在哪里请指认，站台门在哪里请指认，尽头线车挡在哪里请指认，图中的三显示信号机有_____、_____、_____、_____。界面状态上有列车吗？_____。

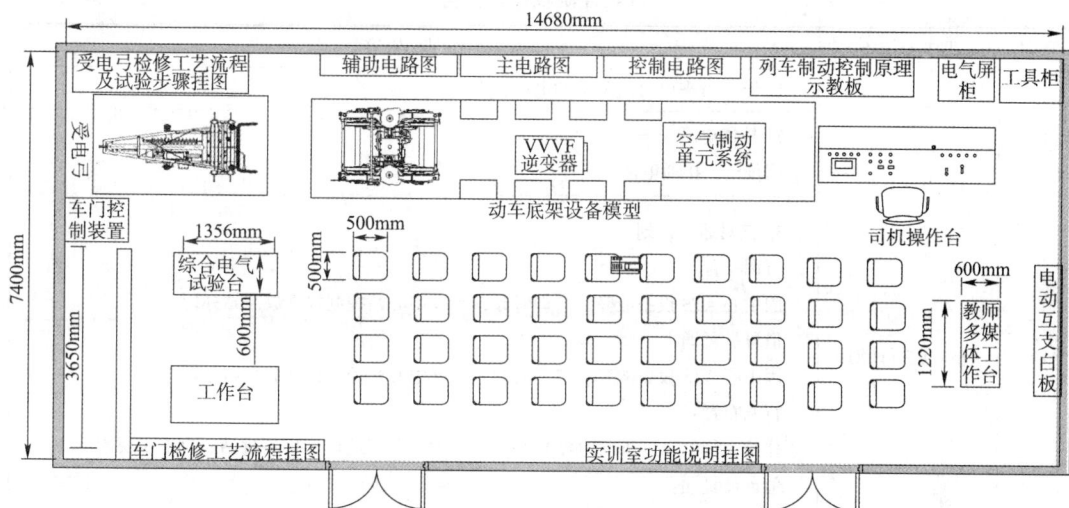

图 2-5-6 某站 ATS 控制台界面

3. 利用 ATS 控制台完成基本操作练习

在 ATS 实训室，利用软件系统，请同学们 2 人一组，一起研究利用 ATS 控制台进行接发车的基本操作，进行 ATS 模拟软件基本操作练习。每组进行操作考试，直到合格为止。

请仔细阅读以下情境与任务：接收控制权操作和组织列车按计划运行，分组进行演练和实训。以下具体内容以国家行车值班员大赛实训设备为例说明，可以根据实际实训设备操作加以修改，完成实训和演练。

调度员通知：中心 ATS 设备故障，要求车站接收控制权。

本次故障设置：×年×月×日，按照×号运行图组织运营，行车间隔为3min。×时×分会展中心联锁区因中心 ATS 故障，行车组织转为车站控制，由会展中心站行车值班员在行车调度员的指挥下组织本联锁区行车，要求实现按图行车。上行、下行方向如图 2-5-7 所示，接收控制权操作任务见表 2-5-10，组织列车按计划运行见表 2-5-11。

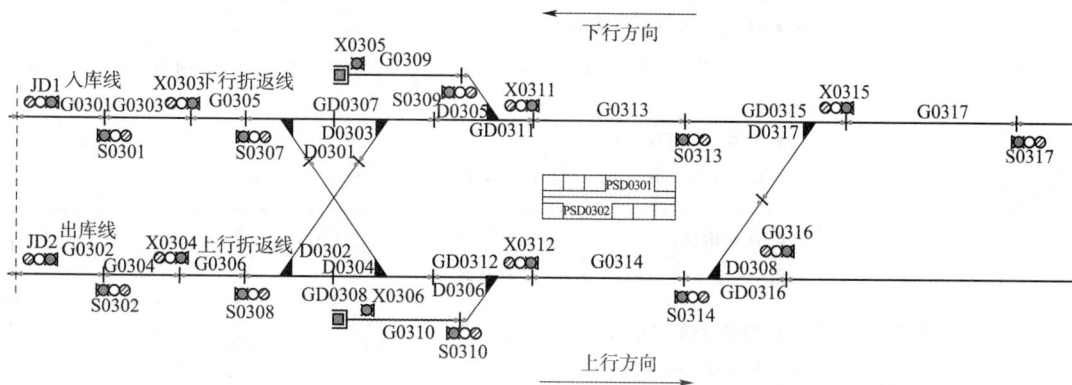

图 2-5-7 上行、下行方向

接收控制权操作任务

表 2-5-10

序号	工作子任务	作 业 内 容
1	核对运行计划	1. 调度员来电，值班员的电话铃声响
		2. 接通电话 值班员，接通电话
		3. 核对运行计划 行调布置： 因中心 ATS 设备故障，自即时起，会展中心站控制权下放车站办理 值班员复诵： 因中心 ATS 设备故障，自即时起，会展中心站控制权下放车站办理 行调布置： 你站上行站台（即将进站）列车××次，下行站台（即将进站）列车××次 值班员复诵： 上行站台（本站即将进站）列车××次，下行站台（本站即将进站）列车××次
		4. 结束通话 值班员，挂断电话
2	完成接收控制权操作	1. 确认进路未处于办理中 手指：ATS 信号控制台 口呼：控制台进路未处于办理状态，信号、道岔状态良好
		2. 接权站控：通过 ATS 信号控制台（非请求站控），接权站控
		3. 站控操作、手指口呼内容 （1）查看：ATS 信号控制台的站中控指示灯，确认中控灯显示 鼠标指：中控指示灯 口呼：目前 ATS 控制为中控 （2）操作：右击"站中控按钮"，选择"非请求站控" 鼠标指：非请求站控 口呼：选择"非请求站控" （3）操作：弹出"站中控转换"对话框，确认无误点击"应用"（在弹出框中，输入密码：1，再点击"确定"） （4）查看：ATS 信号控制台的站中控指示灯，确认站控灯显示，确认站控是否转换成功 鼠标指：站控显示灯 口呼：ATS 控制台为站控，转换完毕
3	汇报	1. 接通电话： 值班员点击"行调"按键，接通电话
		2. 报告行调："会展中心站已接权。" 行调回复：收到
		3. 结束通话：值班员，挂断电话

组织列车按计划运行   表2-5-11

序号	工作子任务	作 业 内 容
1	车站控制模式下的进路办理	根据列车运行计划，排列进路组织列车运行。（举例：排列S0314~X0316进路）
		1. 鼠标指：指相应进路始端信号机（S0314）
		2. 口呼：办理上14（上0314）至下16（下0316）进路
		3. 操作： 右键点击相应信号机（S0314） 选择"排列进路" 在弹出框中，点击需办理的进路名称（S0314~X0316） 点击"确定" 点击"执行"
		4. 鼠标指：指相应进路 （S0314~X0316进路）
		5. 口呼：相应进路已建立 （举例：S0314~X0316进路已建立）
2	车站控制模式下的自动进路办理	根据列车运行计划，设置相应信号机的自动通过模式
		1. 鼠标指：指相应信号机（X0315）
		2. 口呼：设置下15（X0315）信号机自动通过模式
		3. 操作：右键点击相应信号机（X0315） 点击设置"自动通过进路" 点击"确定" 点击"执行"
		4. 鼠标指：指X0315信号机自动通过图标（绿色箭头）
		5. 口呼：下15（X0315）自动通过模式已建立

复习思考题

一、填空题

（1）理想的城市轨道交通综合监控系统主要是以＿＿＿＿＿＿为核心，以电力监控系统SCADA系统为基础，而以环境与设备监控系统BAS为辅助。通常列车自动控制（ATC）作为城市轨道交通综合监控系统的一个＿＿＿＿＿＿子系统存在。

（2）＿＿＿＿＿＿系统已经成为国际主流技术，也正在成为国内城市轨道交通自动化系统的技术发展趋势。在ATS工作站上表示的信息一般包括：＿＿＿＿＿＿布置；站台显示；列车停站、扣车、跳停、人工停站时间设置、人工站间运行等级设置。

（3）通常列车自动控制（ATC）系统作为城市轨道交通综合监控系统的一个

_____子系统存在。

（4）在工作站上表示的信息一般包括：线路布置；_____显示；列车停站、扣车、跳停、人工停站时间设置、人工站间运行等。

（5）在系统维护员工作站的站场图显示_____区域内有各种灯，它们位于车站站场图的正下方。

二、简答题

（1）列车监控子系统与综合监控系统的关系如何？

（2）列车监控子系统的工作站界面信息有哪些？

（3）请描述车载列车监控界面的主要信息。

（4）请调研你所在的地铁列车监控子系统。

三、案例分析

图 2-5-8 是深圳某地铁的 ATS 显示，请同学们仔细读图并且对照本任务中正文部分介绍，对比分析 ATS 人机界面显示中有什么区别？

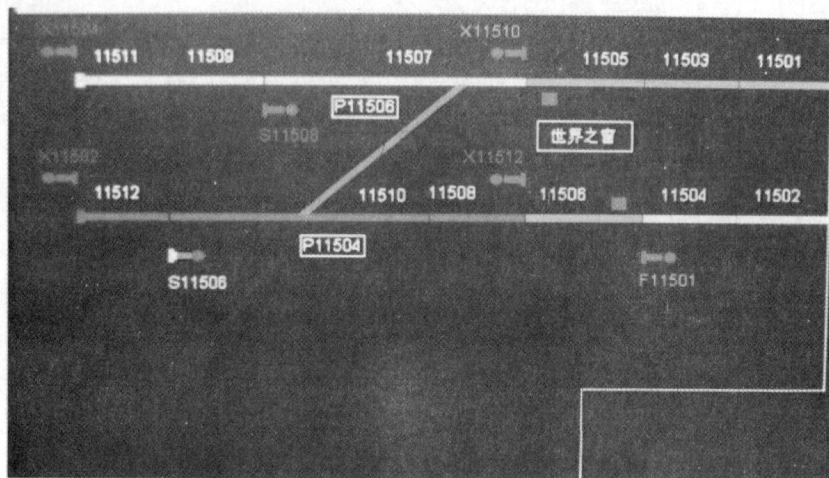

图 2-5-8　深圳某地铁 ATS 显示

项目三 学习客运相关的综合监控子系统

教学引导

本项目主要涉及综合监控系统中与客运组织密切相关的互联子系统。学习乘客信息系统（PIS）监控子系统的监控内容和设备运用，学习广播系统（PA）子系统的基本功能和操作运用，学习视频监控系统（CCTV）子系统对客流的监督和应急处置，学习自动售检票系统（AFC）监控子系统的基本功能、基本操作和应急处置等。

学习目标

（1）树立安全第一预防为主的理念，养成工作中尊重生命尊重规章的习惯。

（2）培养细心监控、耐心服务、专心专业的匠心精神。

（3）学会乘客信息系统（PIS）监控子系统的监控内容。

（4）掌握广播系统（PA）子系统的基本功能和操作。

（5）熟练运用视频监控系统（CCTV）子系统进行工作。

（6）能够进行自动售检票系统（AFC）监控子系统的基本操作和应急处置。

任务一 了解乘客信息监控子系统

情境导入

小王刚刚从职业院校城市轨道交通专业毕业，在上班的第一天，师傅正好接到乘客信息系统（PIS）监控子系统发生故障的信息，要求小王和班组其他成员一起，完成乘客信息系统（PIS）监控子系统故障的维修，并记录下维修过程。

📝 知识储备

乘客信息系统（Passenger Information System，简称 PIS）的基本概念是指城市轨道交通运营商采用成熟可靠的网络技术和多媒体传输、显示技术，在指定的时间将指定的信息显示给指定的人群。

乘客信息系统（PIS）是依托多媒体网络技术，以计算机系统为核心，通过设置在站厅、站台、列车的显示终端，让乘客及时准确地了解列车运营信息和公共媒体信息的多媒体综合信息系统；是地铁系统实现以人为本、提高服务质量、加快各种信息（如：乘客行车、安防反恐、运营紧急救灾、地铁公益广告、天气预报、新闻、交通信息等）公告传递的重要设施；是提高地铁运营管理水平，扩大地铁对旅客服务范围的有效工具。该系统是运营信息、公共媒体信息发布兼顾的系统，在正常情况下，两者共同协调使用，在紧急情况下运营信息优先使用。

现代城市轨道交通系统的运营管理越来越注重对乘客的服务，越来越以对人的服务为中心。一些著名的城市轨道交通十分注重"为乘客服务的乘客信息系统"的建设。城市轨道交通运营以车辆为中心的运营模式已发展为以乘客服务为中心的运营模式。

乘客信息系统在正常情况下，可提供列车时间信息、政府公告、出行参考、股票信息、广告等实时多媒体信息；在火灾及阻塞、恐怖袭击等情况下，提供动态紧急疏散指示。PIS 为乘客提供了上述各类信息，使乘客安全、高效地在城市轨道交通中行走，使车辆高效、安全地运营。

图 3-1-1、图 3-1-2 为乘客信息系统外观图。

图 3-1-1　乘客信息系统外观图

图 3-1-2　乘客信息系统终端外观图

一、PIS 的构成

从结构上 PIS 可分为：中心子系统、车站子系统、车载子系统、网络子系统、广告制作子系统。

从控制功能上分，PIS 可分为 4 个层次：信息源、中心播出控制层、车站播出控制层和车站播出设备。典型的 PIS 结构如图 3-1-3 所示。

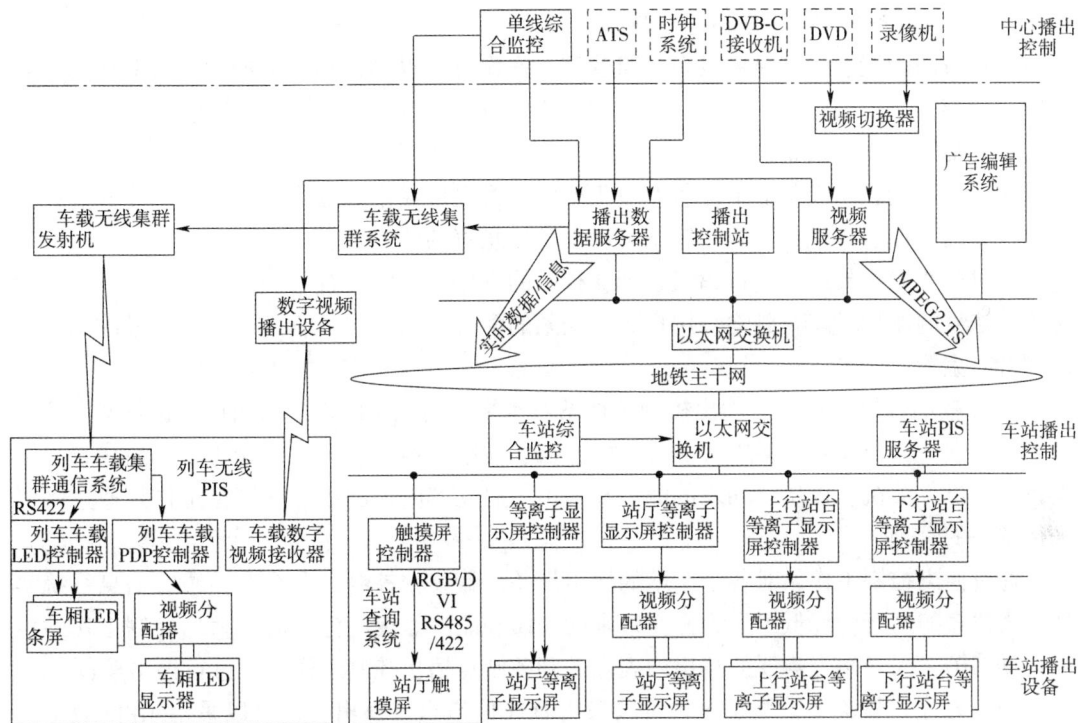

图 3-1-3 PIS 结构示意图

1. 中心子系统

中心子系统主要负责外部信息流的采集、播出版式的编辑、视频流的转换、播出控制和对整个 PIS 设备工作状态的监控以及网络的管理。

中心子系统主要设备有：中心服务器、视频流服务器、中心操作员工作站、中心网管工作站、播出控制工作站、数字电视（DVB-IP）设备、外部信号源和集成化软件系统等。整个控制中心设备构成了一个完整的播出和集中控制系统。同时，中心子系统还将提供多种与其他系统的接口。

（1）中心服务器。中心服务器主要负责创建数据并从车站子系统、广告中心子系统导入各种日志数据，包括告警日志、事件日志、用户操作日志、分类信息的播放日志、外部系统导入导出信息日志等。中心服务器将集中保存各种系统数据，其中包括：系统的工作模式参数、结构配置信息（中心、车站、广告和网络子系统）、各种自动维护程序的运行参数、用户配置信息、用户账号名称、用户密码、用户权限、用户组等。

中心服务器同时将承担本 PIS 与外部各系统的连接，如综合监控系统（含信号 ATS 信息）、地面交通信息系统和时钟系统等。

（2）视频流服务器。视频流服务器是向整个 PIS 发放网络视频流数据的设备。能够同时提供标清、高清数字视频广播、异步串行接口功能。可存储超过 1000h 的 MPEG-2 视频。用户可以从独立的存储服务器开始，简单地升级成共享网络化存储，支持多路视频通道和更大的视频存储量。

（3）中心操作员工作站。通过中心操作员站，具备超级管理员权限的操作员可以配置整个 PIS，包括各车站子系统的总体配置、各车站子系统工作站的配置、各车站子系统终端显示设备的配置、终端显示设备分组管理。操作员可以创建预定义的中心公共信息，包括紧急灾难信息、紧急疏散信息、地铁公司公共公布信息等，并可以控制 PIS 中的某一、某组、全部终端显示设备的实时信息窗口显示指定的信息内容。对于整个 PIS 中的某一、某组、全部终端显示设备的工作状态或工况的切换也可在中心操作员工作站上完成。终端显示设备的工作状态包括紧急告警状态和中心信息直播状态。

通过中心操作员站，具备超级管理员权限的操作员可以配置管理系统的用户账号，包括用户账号的添加/编辑/删除、用户账号权限的配置、用户组的管理、用户账号冻结，失效/激活/重置。

（4）播出控制工作站。播出控制工作站对本乘客信息系统内的播出设备进行集中的播出控制管理。播出设备包括中心的视频服务器、视频切换器、上载录像机、车站终端显示设备的开机、关机、播出。列表的编制和播出的启动都由控制中心的播控工作站通过网络进行统一的管理。

通过播出控制工作站对各个车站的播出设备进行集中控制，各个车站乘客信息系统实现无人值守的运行，降低了人为操作带来的失误和故障。夜间停播时，播出控制工作站可以自动将第二天各站点需要的播出列表发送到各站点播出控制工作站，进行播出准备。

（5）数字电视设备。数字电视可以采用 DS3 信道直接播出，也可以采用 MPEG-2 over IP 的方式通过 TCP/IP 网络播出。需要注意的是，一定要保证 MPEG-2 数据流的服务质量，不可以出现顺序错误。采用 MPEG-2 over IP 在城市轨道交通系统中可以节约传输信道，同时便于实现复杂的功能。

数字电视（DVB-IP）设备是将视频服务器以 MPEG-2 DVB-ASI 标准的 MPEG-2 进行 IP 封包，转换到可在标准 IP 网络上传输的数字信号设备，它支持多路复用，同时提供多个媒体通道进行传输，可完全满足对单个车站和所有车站 IP 广播的需求，是 PIS 中 IP 多播方式的核心技术和设备。

（6）网络设备。中心子系统实际上是基于以太网构架组成的。其网络的核心是一台具有三级交换功能的网络交换设备。

2. 车站子系统

车站子系统的主要构成：车站数据服务器、车站播控服务器、车站操作员工作站、屏幕显示控制器、网络系统和集成化软件系统等，车站子系统通过传输通道转播来自控制中心的实时信息，并在其基础上叠加本站的信息，如列车运行信息和各类个性化信息等。

所有这些设备分为控制和现场显示两部分。控制部分包括车站服务器/车站播控站、车站操作员工作站、TS 流解码器、PDP/LED 控制器、外部系统接口、网络部分等。现场显示部分包括所有的 PDP 屏和 LED 屏以及相应的显示控制器。

（1）车站服务器。上行与中心服务器同步播出时间表、版式和数据，下行则集中管理本站内的车站操作员站、所有显示控制器、终端显示设备。车站服务器能从中心服务器、广告中心服务器接收控制命令，集中转发至站内的终端显示设备显示控制器，进行解释执行。

（2）等离子显示控制器。每一个等离子显示屏配备一台显示控制器，以实现每一终端显示设备能够可靠自主地显示独立指定的内容，并且能智能地处理各种异常情况。等离子显示控制器既可以控制单个等离子屏，也可以控制一组等离子屏。

等离子显示控制器支持文本动画的显示，图像动画的显示，MPEG-2、AVI 影视文件的显示，各种常用文件格式文件的显示，网络视频流的显示，网页的显示，模拟时钟及数字时钟的显示。显示控制器支持动态分屏播放模式。屏幕的子窗口结构、布局配置、分辨率等能够根据时间表的预先设定，动态地改变。布局的改变不需要重新启动机器。

显示控制器支持 8 个以上的子窗口分屏播放模式，并且所有子窗口中播放的节目能够自动缩放至适合子窗口显示的尺寸。每一分屏子窗口能够独立播放各自的节目序列。每一分屏子窗口都能够播放所有系统支持的节目类型，如视像节目、图像效果节目、文本效果节目等。显示控制器中任一分屏子窗口可被设定，在指定的时间里播放任意指定通道的中心网络视频流信号。

一般情况下，显示控制器工作于正常播放状态。但显示控制器可远程接收中心操作员站的命令，被控制进入中心信息直播状态。

容错设计：网络发生故障时，显示控制器仍能正常工作。播放实时更新信息的子窗口立即切换显示疏导信息或默认指定信息，原来播放本地缓冲文件内容（如广告节目）的子窗口则继续正常播放。

显示控制器可以预先下载存储多个时间表，系统能够自动根据时间表的更新情况、生效时间、失效时间，选择正确的时间表进行解释播放。

显示控制器需提供网络接口，并通过 TCP/IP 协议，与车站服务器进行通信和数据交换。显示控制器可以根据时间表将一天/一周任意划分成各个时段，针对每一时段可以设置成任意指定的分屏布局。每一分屏子窗口又可以单独执行任意指定的时间表，并按时间表指定顺序，循环地播放各节目序列。

显示控制器播放的信息能根据不同的优先等级播放，高优先级的信息能够根据预定义的规则中止打断正在播放的低优先级信息，优先播放。

显示控制器能够每天自动触发系统自动维护程序，自动删除无用的节目数据，自动导出上传并删除显示控制器中的各种日志数据（告警日志、事件日志、节目播放日志）。

（3）液晶显示控制器。每个液晶屏都配备一个独立的显示控制器，以实现每一终端显示设备能够可靠、自主地显示独立指定的内容，并且能智能地处理各种异常情况。一般车站具有的液晶条屏、室内双基色屏和室外双基色屏、液晶全彩色显示屏、多媒体全彩色显示屏可实时播放视频节目，也可用来举行重要会议和发布重要信息。

（4）等离子触摸屏显示控制器。等离子触摸显示器控制播放车站播放的视频。不对屏进行触摸操作时，正常滚动显示来自车站服务器的信息；对屏触摸操作时，能实时互动地显示来自车站服务器的信息。

对屏触摸操作时，能实时互动地显示和查询信息，并且信息内容量可无限扩展。乘客可通过触摸此屏获得其潜在需求的各种指南。例如，城市轨道交通车站出口及地面地理及交通指南，城市轨道交通分段制收费票价查询，面向城市轨道交通乘客潜在需求的各种广告信息查询（宾馆酒店信息、旅游信息、购物信息等）。

（5）等离子显示屏。等离子显示屏由两片玻璃组成，其内部有接近一百万个像素。这些像素含有载满气体的微小蜂窝，而蜂窝顶部及底部均附有电极。有电流通过时，气体电离后产生紫外线从而激发红、绿及蓝色荧光粉，使其放射出可见光线，形成色彩鲜艳夺目的影像。

（6）液晶显示屏。液晶显示屏可用来显示文字、计算机屏幕同步的图形。它具有超大画面、超强视觉、灵活多变的显示方式等独具一格的优势，成为国际上使用广泛的显示系统，被广泛应用于金融证券、银行利率、商业广告、文化娱乐等方面。它色彩丰富、显示方式变化多样（图形、文字、三维、二维动画、电视画面等）、亮度高、寿命长，是信息传播设施划时代的产品。用于制造显示屏的发光二极管有单管、矩阵块、像素管三种规格，可以满足不同使用场合的要求。

3. 网络子系统

网络子系统是指城市轨道交通主干通信网提供给 PIS 的通道，该通道用来传输从 OCC 到各车站的各种数据信号和控制信号。中心局域网、广告中心局域网、车站局域网都是通过网络交换机连接本局域网内的各种设备，再由交换机经硬件防火墙设备连接至传输网上。

4. 广告制作子系统

PIS 的广告子系统设置在城市轨道交通大厦中。广告子系统主要提供直观、方便的用户界面，供业务人员/广告制作人员制作广告节目（如广告片、风光片和宣传片，并可承接城市轨道交通以外的一些广告制作），编辑广告时间表，控制指定的显示屏或显示屏组播放显示指定的时间表，并将制作好的素材经审核通过后通过网络传输到控制中心和各车站进行播出。

广告制作中心子系统主要包括：图像存储服务器、非线性编辑设备（用于节目的串编）、视频合成工作站（用于高端广告片、形象片的制作）、数字编辑录像机、数字编辑放像机、数字/模拟摄像机、网络系统、合同管理软件系统和屏幕编辑预览系统等。

5. 车载子系统

PIS 的车载子系统是指车辆段、城市轨道交通沿线、列车上的 PIS 设备。主要包括：车辆段 PIS 监控站、车辆段和车站 PIS 数字视频发送设备、无线集群通信系统、车载 PIS 数字视频接收设备、车载 LCD/LED 显示控制器。

已经应用的 PIS 车载系统获取信息的来源通常有两种方法：一是在列车上播放预先录制节目的 DVD 光盘，主要是广告信息；二是在固定的地点（如车辆段）通过有线或无线的方式向列车传输信息，行驶过程中列车 PIS 可播放这些信息；三是通过车载无线集群系统向列车传送信息，该方式可保证信息的实时性，例如，天气预报、文字新闻、其他信息等。

随着数字电视技术（DVB）的发展，采用移动数字电视技术进行数字化的视频图像接收成为了可能。2004 年 5 月 28 日，采用欧洲 DVB-T 数字地面电视广播系统标准的北京移动电视传输系统投入试运行，在北京公交系统的 1000 多辆公交车上实现了实时数字电视节目的接收和播放。该系统采用编码正交频分复用（COFDM）调制方式，在 8MHz 带宽内能传送多套电视节目，传输质量相当高，也用在了城市轨道交通的车载 PIS 上。

二、PIS 的功能

1. PIS 的总体功能

PIS 在正常情况下，提供列车时间信息、政府公告、出行参考、股票信息、广告等实时多媒体信息；在火灾、阻塞、恐怖袭击等情况下，提供紧急疏散指示。它的功能包括：紧急疏散功能、广告播出功能、区域屏幕分割功能、实时信息的显示功能、时钟显示的功能、终端显示屏的广泛兼容性、定时自动播出的功能、多语言支持功能、显示列车服务信息、集中网管维护功能、全数字传输功能、广播级的图像质量、灵活多样的显示功能等。

（1）紧急疏散功能。

①预先设定紧急信息。乘客信息系统可以预先设定多种紧急灾难告警模式，方便自动或人工触发进入告警模式。通过中心操作员工作站，操作员可以预先设定多种紧急灾难告警模式，如火警、恐怖袭击等，并设定每种模式的警告信息及各种警告发布参数。当指定的灾难发生时，由自动告警系统或人工触发，将 PIS 控制进入紧急灾难告警模式。此时，相应的终端显示屏显示发放乘客警告信息及人流疏导信息。

②即时编辑发布紧急信息。系统环境可能会发生非预期的灾难，并且需要 PIS 即时发布非预期的灾难警告信息，PIS 乘客信息系统软件可以即时编辑发布紧急信息。通过中心操作员工作站或车站操作员工作，操作员可以即时编辑各种警告信息，并发布至指定的终端显示屏。

（2）广告播出功能。系统可为城市轨道交通引入一个多媒体广告的发布平台，通过广告的播出，可以为城市轨道交通带来更多的广告收入。广告可以分为图片广告、文字广告和视频广告。广告的播出可以与其他各类信息同步播出，提高了系统的工作效率。

在广告中心子系统，可以预先编辑好各种商业广告节目，再通过广告审片/广告管理工作站，编辑时间表指定广告节目的播放顺序及播放位置，最后将时间表和广告节目数据发布至指定终端显示屏。

时间表播放机制包括：周时间表、日时间表、节目时间表。

商业广告的多媒体播放方式支持：DVD 视像播放、VCD 视像播放、AVI 和 GIF 等动画效果播放、文本动画显示、图像动画显示、网页显示、常用文件播放显示。

（3）多区域屏幕分割功能。等离子屏幕可根据功能划分为多个区域，不同区域可同时显示不同的各类信息。文字、图片和视频信息可分区域同屏幕显示，不同区域的信息可采用不同的显示方式，以吸引更多的观众。播出的版面可以根据城市轨道交通的不同需要而随时进行调整，各子窗口可以独立指定时间表。通过时间表的控制，每一子窗口可以单独用于显示列车服务信息、乘客引导信息、商业广告信息、一般站务信息及公共信息、多媒体时钟等，同时也可对某个信息进行全屏播放。播出区域可超过 10 个，极大地增加了信息的播出量，可以给观众耳目一新的感觉。

（4）实时信息的显示功能。屏幕上不同区域的信息可根据数据库信息的改变而随时更新。实时信息的更新可以采用自动的方式或由操作员人为地干预。实时信息包括新闻、天气、通告等。

通过车站操作员工作站或中心操作员工作站，操作员可以即时编辑指定的提示信息，并发布至指定的终端显示屏，提示乘客注意。操作员可以设定实时信息是否以特别信息形式或者紧急信息形式发放显示，发放高优先的信息可以即时打断原来正在播放的信息内容，即时显示。

（5）时钟显示的功能。PIS 可以读取时钟系统的时钟基准，并同步整个 PIS 所有设备的时钟，确保终端显示屏幕显示时钟的准确性。屏幕可以在播出各类信息的同时提供显时服务和日期显示。在没有安装时钟的地方或任何希望在终端显示屏上显示时钟的地方，通过时间表可以设置终端显示屏的全屏或指定的子窗口显示多媒体时钟。时钟的显示可以为数字方式，也可以为模拟时钟方式。

（6）终端显示屏的广泛兼容性。乘客信息系统软件，能够良好地兼容多种显示设备，包括视频双基色 LED 屏、视频全彩 LED 屏、双基色 LED 图条屏、带触摸功能的 PDP 屏和其他各种 PDP 屏。另外，本 PIS 也能良好地支持 LCD 显示屏、投影仪、CRT 显示屏、电视墙等各种当前流行的多媒体显示设备。

（7）定时自动播出的功能。乘客信息系统可以提供一套完整的定时播出功能。信息的播出可以采用播出表播出的方式，系统可以根据事先编辑设定好的播出列表自动进行信息播出。播出列表可以日播出列表、周播出列表、月播出列表的形式定制。

（8）多语言支持功能。乘客信息系统可支持简体中文、英文、繁体中文同时混合输入、保存、传输、显示，也支持微软 Windows 操作系统支持的国家语言文字的导入、保存、传输、显示。

（9）显示列车服务信息。车站子系统的车站服务器实时地从 ATS 接收列车服务信息，再控制指定的终端显示器显示相应的列车服务信息，如下一个班车的到站时间、列车时间表、列车阻塞、异常、特别的列车服务安排等。

（10）集中网管维护功能。为了确保系统的正常运行，乘客信息系统提供了完备网管功能。控制中心设置的中心服务器可实时监控各终端节点的状态（PDP、LED），车站服务器管理各自车站的 PIS（PDP、LED）。中心网管工作站提供基于地理位置分布图的管理界面，动态显示系统各设备的工作状态，实时监控系统，实现智能声光报警，并能自动生成网络故障统计报表，智能分析故障，以减少各个车站维护人员的设置。

（11）全数字传输功能。整个 PIS 从中心信号采集开始就采用全数字的方式，经过视频流服务器处理和 IP 网关的封包，转换成 DVB-IP 数据包进入同步数字体系（SDH）传输网传输，经过 SDH 传输网传输的数字视频流信号在被车站设备接收后直接通过 PDP 显示控制器和 LED 显示控制器解码，转换成数字视频接口（DVI）视频信号进行显示。

（12）广播级的图像质量。由于 PIS 从中央到显示终端的整个过程都是采用全数字的方式，从而避免了由于传输过程中过多的转换而造成图像质量的下降，真正做到广播级的图像质量。

（13）灵活多样的显示功能。所有车站的所有 PDP、LED 屏在整个 PIS 中都是相对独立的终端，因此，中央和车站操作员可以直接控制到每块屏的显示内容（车站操作员限本站），即根据需要在同一时间内所有的显示终端显示不同的信息。

对于中心下传的实时电视信号，每个车站都具有相对应的解码设备，即信号源同时进入车站子系统。加之中央和车站操作员灵活的图像编排显示功能，每路实时图像可根据需要在任意 PDP 屏和全彩 LED 屏上播放，窗口模式和全屏模式均可。

2. 系统支持的信息类型

系统支持的信息类型包括：紧急灾难信息、列车服务信息、乘客引导信息、一般站务信息和公共服务信息、商业信息等。

（1）紧急灾难信息：①火警、台风警报、洪水警报等；②紧急站务警告信息，如停电、停止服务等；③有关乘客人身安全的临时信息，如乘车安全须知；④逃逸、疏散方向指示，如紧急出口的指示。

（2）列车服务信息：列车时刻表；列车阻塞等异常信息；下班车的到站、离站时间；特别的列车服务安排信息。

（3）乘客引导信息：动态指示信息；逃逸、疏散方向指示；城市轨道交通服务终止通告；换乘站换乘信息；地面交通指示信息。

（4）一般站务信息和公共服务信息：日期和时钟信息；票务信息；公益广告信息；天气、新闻、股市等信息；地面公共交通汽车交通信息；公安提示。

（5）商业信息：视频商业广告；视频形象宣传片；图片商业广告；文字商业广告；各类分类广告。

3. 信息显示的优先级

乘客信息系统的设计中，应充分考虑每一类信息的显示优先级。高优先级的信息优先显示，相同优先级的信息按照先进先出的规则进行显示。按照要求，信息显示的优先级规则如下。

（1）信息类型的优先级按照如下顺序递减：紧急灾难信息、列车服务信息、乘客引导信息、一般站务信息及公共信息、商业信息。低优先级的信息不能打断高优先级信息的播出。比如发生紧急状况时，系统进入紧急信息播出状态，其他各类信息自动停止播出，直到警告解除，才能够继续进行播出。

（2）高优先级的信息可以中断低优先级信息的播出。发生紧急情况时，系统会紧急中断当前信息的播出，进入紧急信息播出状态。系统以醒目的方式提示乘客进行紧急疏散。同等优先级的信息按设定的时间播出列表顺序播出。紧急灾难信息为最高优先级信息，发生紧急情况时可以终止和中断其他所有优先等级的信息。

4. 媒体信息的显示方式

乘客信息系统采用了先进的图文处理技术，支持多种文字、图片、视频的显示方式，画面显示风格多样，同时支持同屏幕多区域的信息显示方式，极大地增加了各类信息量的播出量，满足了不同乘客对不同信息的需求。

（1）文本显示。支持多种文本格式，包括纯文本 TXT 文件、Word 文件、Excel 文件、RTF 文件、ASCII 文件格式、HTML 文件格式的显示、录入、保存。支持多语种文字的显示，支持简体中文、英文字符的显示。

用户可以自定义文字显示的属性，包括加边、加影、字体、大小的设置。支持多种文字显示方式，如底行滚动、闪烁显示、上下左右滑动、淡入淡出等效果。

（2）动画和图像显示。支持 TGA 动画图像序列的导入和播出。支持 FLASH 动画的播出。支持图片格式的导入和播出，如 .JPG，.TGA，.BMP，.PSD 等图片格式。图片的播出支持多种表现形式，如滚屏、淡入淡出、滑像、溶像、擦除等效果。图片的大小、长宽比用户可调。

（3）视频播放。系统支持多种视频媒体格式，包括 MPEG-2，MPEG-1，MPEG-4 等格式。支持中心子系统对各站的数字电视视频广播和本地视频素材的播出。视频窗口的位置和缩放可以自定义。支持多种信号源，如 DVD 播放机、VCD 播放机、有线电视端子、现场视频直播、数字电视 DVB 接口。

（4）时钟显示。支持数字式时钟显示和模拟式时钟显示。用户可以调整时钟位置、大小。用户可以自定义调整模拟时钟的指针、表盘的样式、颜色。

任务实施

1. 课堂提问与讨论

（1）描述乘客信息监控系统的基本组成。

（2）描述乘客信息系统的功能。

（3）讨论突发事件时的乘客信息系统的作用。

2. 头脑风暴

填写表 3-1-1，你见过的地铁乘客信息系统终端都有什么信息呢，还可以设计提供什么信息给乘客呢？多多益善。

头脑风暴　　　　　　　　　　　　　　　表 3-1-1

地铁乘客信息系统终端已有信息	设计提供什么信息给乘客

复习思考题

一、填空题

（1）从结构上 PIS 可分为：＿＿＿＿＿子系统、车站子系统、＿＿＿＿＿子系统、网络子系统、广告制作子系统。从控制功能上分，PIS 可分为 4 个层次，即＿＿＿＿＿、中心播出控制层、车站播出控制层和车站播出设备。

（2）中心子系统主要设备有：＿＿＿＿＿、视频流服务器、＿＿＿＿＿员工作站、中心网管工作站、播出控制工作站、数字电视（DVB-IP）设备、外部信号源和集成化软件系统等。

（3）通过播出控制工作站对_____个车站的播出设备进行集中控制，各个车站乘客信息系统实现_____人值守的运行，降低了人为操作带来的失误和故障。夜间停播时，播出控制工作站可以自动将第二天各站点需要的播出列表发送到各站点播出控制工作站，进行播出准备。

（4）车站 PIS 子系统所有设备分为控制和现场显示两部分。控制部分包括_____/车站播控站、_____工作站、TS 流解码器、PDP/LED 控制器、外部系统接口、网络部分等。现场显示部分包括所有的 PDP 屏和 LED 屏以及相应的显示控制器。

（5）上行与中心服务器同步播出时间表、版式和数据，下行则集中管理本站内的车站操作员站、所有显示控制器、终端显示设备。车站服务器能从_____、广告中心服务器接收控制命令，集中转发至站内的_____设备显示控制器，进行解释执行。

（6）显示控制器播放的信息能根据不同的_____等级播放，高优先级的信息能够根据预定义的规则中止打断正在播放的_____信息，优先播放。

（7）对等离子控制器屏触摸操作时，能实时互动地显示和_____信息，并且信息内容量可无限扩展。乘客可通过触摸此屏获得其潜在需求的各种指南。例如，_____指南，城市轨道交通分段制收费票价查询，面向城市轨道交通乘客潜在需求的各种广告信息查询（宾馆酒店信息、旅游信息、购物信息等）。

（8）PIS 的车载子系统是指_____、城市轨道交通沿线、列车上的 PIS 设备。主要包括：车辆段 PIS 监控站、车辆段和车站 PIS 数字视频发送设备、无线集群通信系统、车载 PIS 数字视频接收设备、车载 LCD/LED 显示控制器。

（9）PIS 在正常情况下，提供_____、政府公告、出行参考、股票信息、广告等实时多媒体信息；在火灾、阻塞、恐怖袭击等情况下，提供_____。它的功能包括：_____功能、_____功能、区域屏幕分割功能、实时信息的显示功能、时钟显示的功能、终端显示屏的广泛兼容性、定时自动播出的功能、多语言支持功能、显示列车服务信息、集中网管维护功能、全数字传输功能、广播级的图像质量、灵活多样的显示功能等。

（10）PIS 支持以下信息类型：_____信息、列车服务信息、_____信息、一般站务信息和公共服务信息、商业信息等。

（11）PIS 信息类型的优先级按照如下顺序递减：_____信息、列车服务信息、乘客引导信息、一般站务信息及公共信息、商业信息。低优先级的信息不能打断高优先级信息的播出。

二、简答题

（1）什么是乘客信息系统？

（2）PIS 可以分为哪几个子系统？

（3）中心子系统主要包括哪些设备？其各自功能都有哪些？

（4）车站子系统主要由哪些设备构成？其各自功能都有哪些？

（5）PIS 的功能有哪些？

（6）PIS 支持哪些信息类型？

三、案例分析

请阅读以下材料结合网络新闻报道，分析 PIS 的什么操作可能造成这样的事故？为什么不能及时更正呢？以后如何从技术和管理等方面避免类似的事故呢？

2012 年 10 月 8 日下午 4 时许，北京地铁 5 号线站点内信息显示屏出现异常，均显示"王鹏你妹"四个字。对此事，北京地铁运营有限公司表示，5 号线 PIS（乘客信息显示系统）正在进行调试和人员培训，出现异常是由于一学员误操作，将和旁边同事的聊天记录点击发布所致。

2012 年 10 月 8 日下午 5 时 16 分，北京地铁运营有限公司在其官方微博上回应称：5 号线车站 PIS 屏出现的蓝屏白字显示异常，据初步了解，有可能是系统故障或人员误操作，具体原因正在进一步核实。

对该回应，网友纷纷表示质疑。有网友表示，有的车站用报纸遮盖站台上的显示终端，如果是人员误操作还有必要用报纸遮盖？直接清除文字或者恢复不就行了？

天坛东门站一名工作人员透露表示，因为事发突然，大家以为只是短暂故障，所以忙着拿报纸贴上遮挡。另一名工作人员则表示，按照规定，各地铁站不能随意关闭乘客信息显示系统。

截至事发当晚 8 时许，各车站乘客信息显示系统已经逐站开始恢复。北京地铁运营有限公司再次在官方微博发布信息称：经调查核实，确认是由于地铁 5 号线 PIS 正在进行调试和人员培训，由于一学员误操作，将和旁边同事之前调侃的话点击发布。给您带来的不便，在此深表歉意。

任务二　使用公共广播子系统

情境导入

某日下午，在 4 号线某地铁车站突然有值班人员广播："现在广播寻人启事，请大家留意一位老人，上身穿深色衣服，白鞋，口齿不清，现在与家人在乘坐地铁过程中走散，家人非常着急，请看到有上述特征老人者与工作人员联系，谢谢。"

[想一想] 地铁的广播系统有怎样的功能呢？

知识储备

一、公共广播监控系统与综合监控系统关系

1. 综合监控系统与 PA 子系统互联

一般，广播系统作为综合监控系统的互联子系统存在，它们之间存在较多的联系。

以下以北京某条地铁线路为例，综合监控系统（ISCS）与 PA 的接口界面如图 3-2-1 所示。

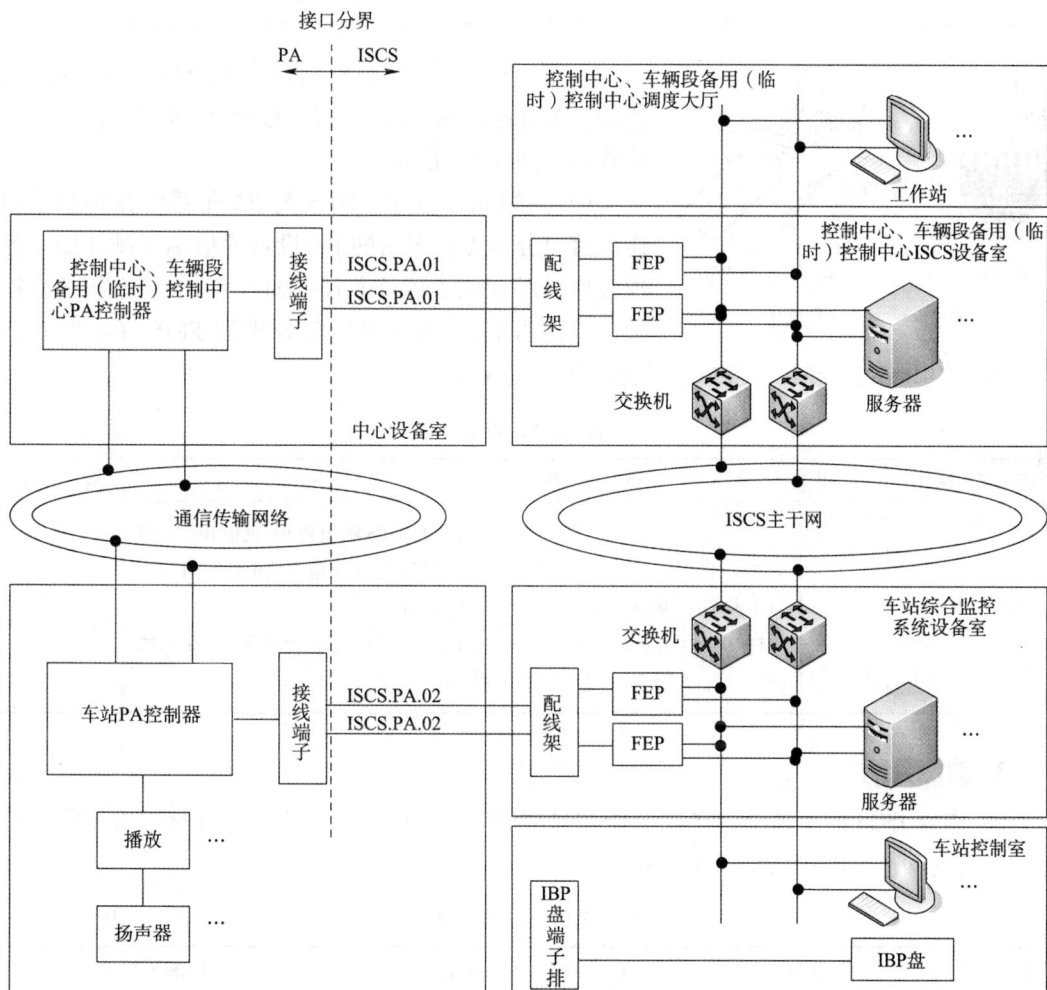

图 3-2-1　PA-ISCS 关系图

2. 接口

（1）接口 01 描述。ISCS 与 PA 子系统在控制中心、车辆段备用控制中心相连，接口分界点在控制中心、车辆段备用控制中心的 PA 设备通信端子排外侧。

物理接口采用 RS422 接口方式，ISCS 对 PA 子系统的直接接口设备为 ISCS 提供的 FEP。PA 为 ISCS 提供独立的 RS422 接口。接口 01 具体描述见表 3-2-1。

接口 01 描述 表 3-2-1

物理接口编号	接口位置		PA 系统	ISCS	接口类型
ISCS.PA.01	控制中心、车辆段备用控制中心	PA 设备通信端子排外侧	提供车站 PA 侧的 RS422 形式串行接口	提供从 ISCS 机柜到 PA 机柜 RS422 串行接口带标志的屏蔽通信电缆并负责该电缆的敷设、成端及连通等	串行接口，RS422

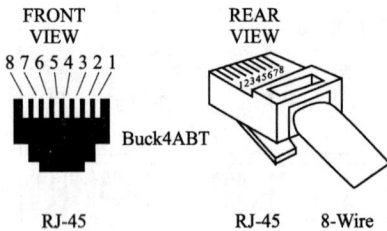

图 3-2-2 RJ-45 标准接口

一般，从 PA 设备通信出口处至 ISCS 直接接口设备的电缆连接的接口方式采用 RJ-45 标准接口，其连接器外形如图 3-2-2 所示。

（2）接口 02 描述。ISCS 与 PA 子系统在各车站相连，接口分界点在车站的 PA 设备通信端子排外侧。物理接口采用 RS422 接口方式，ISCS 对 PA 子系统的直接接口设备为 ISCS 的前置通信处理器 FEP。PA 为 ISCS 提供独立的 RS422 接口。接口 02 具体描述见表 3-2-2。

接口 02 描述 表 3-2-2

物理接口编号	接口位置	PA 系统	ISCS	接口类型
ISCS.PA.02	车站	PA 设备通信端子排外侧	提供车站 PA 侧的 RS422 形式串行接口	提供从 ISCS 机柜到 PA 机柜 RS422 串行接口带标志的屏蔽通信电缆并负责该电缆的敷设、成端及连通等 注：ISCS 前置通信处理器机柜采用底部进出线方式	串行接口，RS422

3. 功能分配

PA 作为 ISCS 的子系统，接收 ISCS 的控制指令，实施对全线各车站的广播和监督控制。二者的功能分配描述见表 3-2-3。

PA 与 ISCS 功能分配 表 3-2-3

接口	功能描述	由 PA 提供	由 ISCS 提供
01	中心、备用中心对全线各车站广播进行监控	接收 ISCS 的控制指令，将命令下发到各车站	给中心的 PA 控制器发控制指令
02	车站 ISCS 采集本站广播设备的运行状态	准备好实时数据，及时响应 ISCS 的查询命令	每 500ms 向车站 PA 控制器发送 1 次查询命令
02	车站本地广播控制	接收 ISCS 的控制指令	给 PA 控制器发控制指令

而 ISCS 和 PA 系统之间的所有车站的通信接口包含 PA 所有的设备。ISCS 提供设备类表模板格式，其表头格式见表 3-2-4。

设备类表模板格式 表 3-2-4

设 备 名 称							DI/DO						
序号	修订号	站点	位置	设备类型	信号描述（不超过15个字符）	点类型	状态0	状态1	状态2	状态3	是否报警	报警状态，（仅对需报警的输入量）	告警等级

表 3-2-4 中，修订号第一次为 001，每修订 1 次加 1。站点指设备地点，某些设备仅在车站，或仅在中心，或仅在停车场才有。位置是指设备的安装位置。点类型包括 DI，DO，AI，AO 四类，其中 DI/DO 根据开关量的比特数分为 DI1、DI2，DI2 类型的开关量用 2b 表示，有 00，01，10，11 四个状态。点状态：DI1/DO1 仅有 0 和 1 两种状态，DI2/DO2 有 0，1，2，3 四种状态，有更多状态的可以自行添加。是否报警是指是否需要在 ISCS 工作站上报警。对于需要报警的 DI 量，填需要报警的状态。告警等级分为 1，2，3，4 四类，第 1 级最紧急，第 2 级次之，第 4 级为提醒类的最次要的报警。

二、ISCS 的 PA 监视功能

1. ISCS 实现的 PA 的接口功能

（1）广播范围选择。全线广播、任意一个车站广播、任意车站的相同选区进行一个或多个广播。

（2）中心广播终端。中心广播终端采用图形化界面，界面一般显示内容有：主界面以图形方式显示全线各站的名称及位置，同时显示各站的状态，可否进行广播以及广播的占用情况：①该站未开通；②该站已开通，设备正常，可进行广播操作；③该站有设备报警，或与中心无联系及设备出现严重故障，无法对此站进行广播；④广播区被占用，话筒播音状态；⑤广播区被占用，语音播音状态；⑥广播区被占用，线路播音状态。各种状态采用不同的方式表示出来。

具有话筒广播、语音广播、语音段选择、线路广播等信源选择图标，可单选、组选、全选全线各站各广播区进行话筒、语音、线路广播，并且有快捷方式选中所有站的所有广播区。有"选站广播"和"选区广播"功能，在打开界面时，可选择任意站的任意广播区，界面有"信源选择"部分，以进行话筒广播、语音广播或线路广播等。在选择语音广播时，有要播放的语音段的选择框，有"全开"按钮选中所有站的所有广播区，以及"关闭"按钮关闭正在广播的广播区。

对于"语音广播"，有在固定时间（自由设定时间）对选择的广播区播出预先录制的广播内容的功能；有周期性广播功能，当播放重复次数达到规定次数，或操作员发出"关闭"命令时，停止重复播音；具有全线、单站、分区等广播使用方式的选择图标；具有各级广播占用指示和选区占用的指示；能显示出广播的优先级；有编组广播功能。

选择"编组广播"后出现用户预先设定好的编组号"编组1～编组n"，选择编组号后，能出现该编组所包含的各广播区，有"信源选择"部分，以进行话筒广播、语音广播或线路广播等，在选择语音广播时，有要播放的语音段的选择框，有"广播"及"关闭"的按钮。

具有监听选择图标，可对广播权限内的各广播选区进行监听，监听音量可调，所有广播控制命令均应加入操作等级识别码，以便广播系统判别广播优先等级。

所有的广播操作均有相应指示，单击某个站的站标显示该站的情况，包括车站PA设备实时运行状态、车站广播区划分、优先级、信源等。

①可显示车站广播区划分，并显示各广播区的占用/空闲状态。

②优先级状态：显示相应优先级值及名称。

③信源显示：显示此站正在广播的信源。

④单击该站的广播区，可选择此站此广播区进行广播，并且应有快捷方式选中该站的所有广播区。

2. 车站功能

（1）广播范围。本站所有选区广播、多个选区广播、单个选区广播。

（2）车站广播终端。车站广播终端采用图形化界面，包括以下内容：显示本站PA设备实时运行状态。包括：①可显示车站广播区划分，并显示各广播区的占用/空闲状态；②优先级状态，显示相应优先级值及名称；③信源显示，显示此站正在广播的信源。

具有话筒广播、线路输入广播、语音广播、语音段选择等信源选择图标，有"播放""暂停"等按钮，单选、组选、全选本站各广播区进行话筒、语音、线路广播。有各选区、全站等选择图标，可自由选择广播区或快捷方式选中所有广播区进行广播。有各级广播占用指示和选区占用的指示。有编组广播功能。具有监听选择图标。所有的广播操作均有相应指示。

三、广播系统操作

ISCS提供控制中心及车站的广播系统示意图，如图3-2-3所示。ISCS提供的中心广播用于广播分区的选择控制及广播方式控制和监听，并监视全线PA的各区及站占用工作状态及操作员身份和PA的设备报警。

1. 广播区选择

ISCS提供的广播区选择功能，用于选择某个广播区，供操作员监控。广播区的选择包括6种基本操作：单一广播区选择、某个车站的所有广播区选择、全线某广播区选择、某几个车站的几个分区的广播区选择、多种广播区的选择方式的组合、全部广播区的选择。

（1）单一广播区选择。在广播区框中单击任意处于未选中状态的广播区图符，被点击的广播区变为选中状态，如图3-2-4所示。

（2）某个车站的所有广播区选择。点击广播区框中上方背景色为灰色的车站按钮，该车站按钮背景色变为绿色，该车站所有广播区变为选中状态。

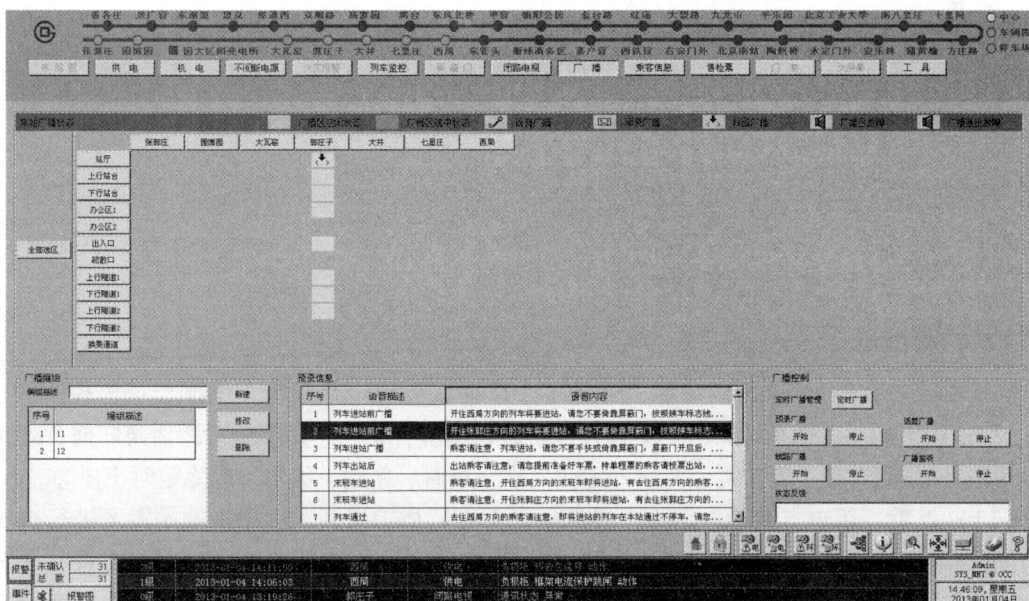

图 3-2-3　某线控制中心 PA 系统图界面

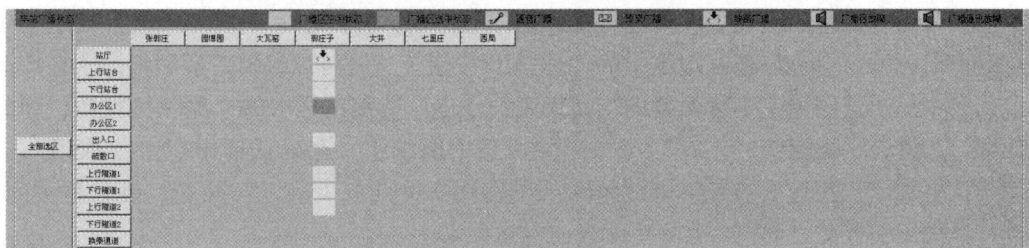

图 3-2-4　单一广播区被选中的状态

（3）全线某广播区选择。点击广播区框中左侧背景色为灰色的分区按钮，该分区按钮背景色变为绿色，全线所有车站该广播区变为选中状态。比如选中上行站台，那么全线所有车站上行站台广播区被选中。

（4）某几个车站的几个分区的广播区选择。点击广播区框中上方多个背景色为灰色的车站按钮。该多个车站按钮背景色变为绿色，该多个车站所有广播区变为选中状态。点击广播区框中左侧多个背景色为灰色的分区按钮，该多个分区按钮背景色变为绿色，该多个车站的该多个分区内的广播区即变为选中状态。图 3-2-5 为所选的几个车站几个分区的广播区图。

（5）多种广播区的选择方式的组合。进行单一广播区选择，单个广播区变为选中状态；进行某个车站的所有广播区选择，某个车站的所有广播区变为选中状态；点击广播区框中左侧背景色为灰色的分区按钮，某个车站的某个分区的广播区为选中状态；还可以进行多种广播区的选择方式组合广播。

（6）全部广播区的选择。在广播区框中单击左上角的"全部选区"按钮（灰色背景），"全部选区"按钮背景色变为绿色，所有广播区变为选中状态。

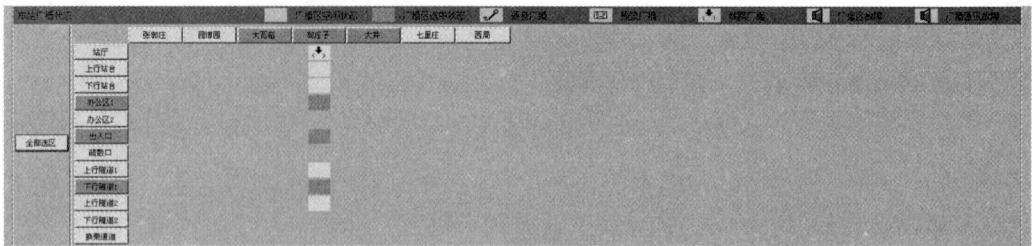

图 3-2-5　中心 PA 几个车站几个分区选中图

2. 广播编组

ISCS 提供的中心广播编组功能，可将多个广播区设成一个编组，供操作员监控。ISCS 中心广播编组功能包括 6 种操作：①查看、新建、编辑、删除广播编组；②话筒广播；③预录广播；④线路广播；⑤广播监听；⑥定时广播、查看、新建、编辑、删除定时广播等。

（1）查看、新建、编辑、删除广播编组。①在广播编组列表中单击选中需要进行查看的广播编组，上方广播区中仅有所属该广播编组中的广播区被选中，这时可以查看。②选择需要进行编组的广播区后，在编组描述框中输入一个不存在的编组名称，点击广播编组框中的"新建"按钮，广播编组列表中出现新创建的广播编组，这时可以新建广播编组。③在广播编组列表中单击选中需要进行修改的广播编组，在广播区中增加或减少处于选中状态的广播区后，点击广播编组框中的"修改"按钮，这时可以编辑广播编组。④在广播编组列表中单击选中需要进行修改的广播编组，点击广播编组框中的"删除"按钮，弹出确认框："确认要删除吗?"，这时可以删除所选广播编组。在确认框中点击"取消"按钮，确认框关闭，所选广播编组未被删除，在确认框中点击"确定"按钮，确认框关闭，所选广播编组被删除。

（2）话筒广播。ISCS 提供的中心话筒广播功能，通过话筒发布广播，能准确显示广播状态。

以中心行车调度值班员登录 HMI，在导航栏上点击"广播"按钮。在广播区框中选择需要进行话筒广播的广播区，然后点击话筒广播的"开始"按钮。所选广播区开始话筒广播。

这时将鼠标移动到所选的且正在进行话筒广播的广播区上，鼠标所在的广播区旁出现 Tip 提示："优先级状态：第 3 级（中心行车调度员）"。

可以任意取消几个正在进行话筒广播的广播区的选择，选中几个正在进行话筒广播的广播区，然后点击话筒广播的"停止"按钮，仅有选中的广播区停止话筒广播。

（3）预录广播。ISCS 提供的中心预录广播功能，用于选择已经录制的广播进行发布，能正确显示广播状态。

以中心行车调度员登录 HMI，在导航栏上点击"广播"按钮，在广播区框中选择需要进行预录广播的广播区，然后点击预录广播的"开始"按钮，弹出信息框"未选择预录信息"。

在预录信息框中选择预录信息，预录信息框中仅能选中一条记录，且被选中的记录为蓝底白字显示。点击预录广播的"开始"按钮，所选广播区开始预录广播。这时将鼠标移动到所选的且正在进行预录广播的广播区上，鼠标所在的广播区旁出现 Tip 提示"优先级状态：第 3 级（中心行车调度员）"。

项目三 学习客运相关的综合监控子系统

任意选择几个正在进行预录广播的广播区，可以取消预录广播，点击预录广播的"停止"按钮，仅有选中的广播区停止预录广播。未选择且正在进行预录广播的广播区仍然预录广播。

（4）线路广播。ISCS 提供的中心线路广播功能，用于选择 DVD 等外部设备的内容进行发布。

以中心行车调度员登录 HMI，在导航栏上点击"广播"按钮，在广播区框中选择需要进行线路广播的广播区，然后点击线路广播的"开始"按钮，所选广播区开始线路广播。这时，将鼠标移动到所选的且正在进行线路广播的广播区上。鼠标所在的广播区旁出现 Tip 提示"优先级状态：第 3 级（中心行车调度员）"。可以任意取消几个正在进行线路广播的广播区，选中广播区然后点击线路广播的"停止"按钮，仅有选中的广播区停止线路广播，未选择广播区仍然进行线路广播。

（5）广播监听。ISCS 提供的中心广播监听功能，用于监听某个广播区正在播放的内容。

以中心行车调度员登录 HMI，在导航栏上点击"广播"按钮，在广播区框中选择需要进行广播监听的一个广播区，然后点击广播监听的"开始"按钮，广播监听开始。

（6）定时广播。查看、新建、编辑、删除定时广播。ISCS 提供的中心定时广播功能，可用于查看已经存在的定时广播，新建一个定时广播，设定相应的播放周期和次数，删除已经建立的定时广播。

在广播页面中点击"定时广播"按钮，从定时广播框中的定时广播任务列表中选择某个定时广播任务，所选择的定时广播任务所在行显示为蓝底白字，上方的广播区框中仅有该任务所包含的广播区被选中。点击定时广播框下方的"新建"按钮，在广播区框中选择需要进行定时广播的广播区，或者通过点击左侧广播编组列表中已定义的广播编组进行广播区选择，然后点击定时广播框下方的"新建"按钮。

在"预录广播"下拉框中选择一条预录广播，通过时、分、秒下拉框设置定时广播任务的开始时间。在"间隔时间"文本框中输入，或者通过右侧的增加/减少按钮，调整每次播放预录广播的间隔时间，间隔时间可以设置为 10～60s 之间的任意值。在"重复方式"复选框中勾选需要重复的日期，完成定时广播任务重复周期的设置。

在"任务名称"文本框中输入一个不存在的定时广播任务名称，再点击下方的"保存"按钮。弹出信息框"定时广播任务创建成功"，点击信息框中的"确定"按钮，信息框关闭。定时广播列表中出现新创建的定时广播任务，如图 3-2-6 所示。

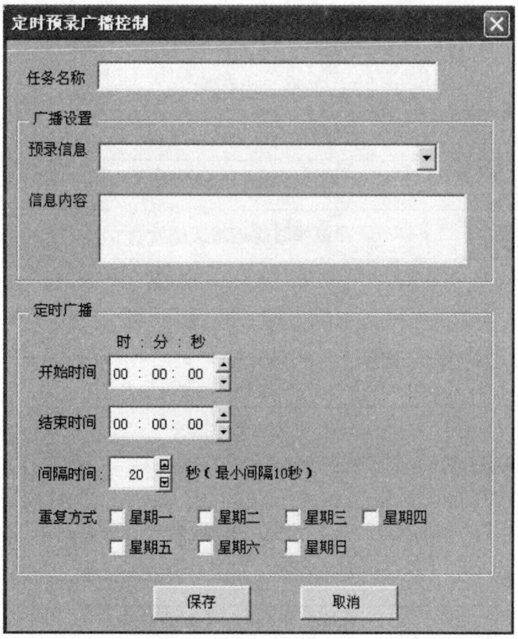

图 3-2-6　新建定时广播

打开"事件"页面，有相应新建定时广播的操作日志记录。

车站和车辆段广播。ISCS 提供的车站广播系统主要监视本站 PA 的各区及站占用工作状态及操作员身份和 PA 设备报警。车站和车辆段广播基本操作同控制中心，只是权限较少。

任 务 实 施

1. 课堂提问与讨论

（1）讨论与交流一：广播系统与 ISCS 的接口多少合适？

（2）讨论与交流二：广播系统在 ISCS 中的作用和地位？

（3）讨论与交流三：广播系统什么情境下需要多种语言？

2. 广播词的创作

请同学们收集整理不同情况下不同场合的广播用语。请同学们考虑和创作各种各样的突发状况下的广播用语。

请同学们制作成声音文件为大家展示你的创作。

3. 完成表3-2-5 的填写

不同情境下广播内容设计　　　　　　　　　　表 3-2-5

情　　境	广播内容和背景音乐
早晨车站开始运营了	
安检通道前	
车站站台上列车还没有来	
站台上列车即将到达	
有寻人启事	
有列车不停车通过车站	
早高峰时段站台广播	
早高峰时段进站安检处	
上午约 11 时，人少时段	
大雨天车站入口	
地铁车站突发事件，车站疏散	
列车故障需要清客	
……	
……	
……	

复习思考题

一、填空题

（1）一般，广播系统作为综合监控系统的_____子系统存在，它们之间存在较多的联系。

ISCS与PA子系统在控制中心、车辆段备用控制中心相连，接口分界点在控制中心、车辆段备用控制中心的PA设备通信端子排外侧。

（2）PA物理接口采用_____接口方式，ISCS对PA子系统的直接接口设备为_____。PA为ISCS提供独立的RS422接口。

（3）PA作为ISCS的子系统，接收ISCS的控制指令，实施对全线各车站的_____和监督控制。

（4）中心广播终端采用图形化界面，界面一般显示内容有：_____的名称及位置，同时显示各站的状态，可否进行广播以及广播的_____情况。①该站未开通；②该站已开通，设备正常，可进行广播操作；③该站有_____，或与中心无联系及设备出现严重故障，无法对此站进行广播；④广播区被占用，话筒播音状态；⑤广播区被占用，语音播音状态；⑥广播区被占用，线路播音状态。

（5）车站广播范围可以选择本站所有_____广播、_____个选区广播、单个选区广播。车站广播终端采用图形化界面，包括以下内容：显示_____状态。包括：①可显示车站广播区划分，并显示各广播区的_____状态；②优先级状态，显示相应优先级值及名称；③信源显示，显示此站正在广播的信源。

（6）ISCS提供的中心广播用于_____的选择控制和_____控制和监听，并监视全线PA的各区及站_____工作状态及操作员ID和PA的设备报警。ISCS提供的广播区选择功能，用于选择某个广播区，供操作员监控。广播区的选择包括6种基本操作：单一广播区选择、某个车站的所有广播区选择、全线某广播区选择、某几个车站的几个分区的广播区选择、多种广播区的选择方式的组合、全部广播区的选择。

（7）ISCS提供的中心广播编组功能，可将多个广播区设成一个编组，供_____监控。ISCS中心广播编组功能包括6种操作：_____广播编组；话筒广播；_____广播；线路广播；广播监听；定时广播、查看、新建、编辑、删除定时广播等。

（8）ISCS提供的车站及车辆段广播监听功能，用于监听_____正在播放的内容。

（9）在"预录广播"下拉框中选择一条预录广播，通过_____框设置定时广播任务的开始时间。在"间隔时间"文本框中输入，或者通过右侧的_____按钮，调整每次播放预录广播的间隔时间，间隔时间可以设置为_____秒之间的任意值。在"重复方式"复选框中勾选需要重复的日期，完成定时广播任务重复周期的设置。

二、简答题

(1) 广播系统（PA）与综合监控系统（ISCS）关系是怎样的？

(2) ISCS 的 PA 监视功能有哪些？

(3) 广播系统操作主要有哪些？

三、案例分析

阅读下列一组地铁新闻，并调研你所在的城市地铁广播系统的内容，设计一组24小时的全天日常广播内容，并分析如何在广播监控子系统中设置、播出？请设计5种突发事件情形，并给出紧急广播信息内容，说明车站如何紧急广播？

新闻一：大连地铁今起新增文明乘车宣传广播

(2019 年 11 月 20 日　大连晚报记者唐枫)

[本报讯]"乘客您好，车厢内禁止饮食、乞讨、占座、丢弃杂物，以及电子设备外放声音等不文明行为。"今天起乘坐地铁的您是否注意到地铁列车上广播语音呢，没错，为更好地提升地铁服务质量，倡导市民文明乘车，共建和谐文明乘车环境，大连地铁集团于近期对地铁1、2号线列车广播内容进行调整，新增文明乘车宣传广播。据了解，部分列车已完成新增广播上传工作，所有列车上传工作将于11月20日全部完成，地铁3、12号线也将陆续进行广播上传工作。

前不久，交通运输部印发了《城市轨道交通客运组织与服务管理办法》，明确了地铁客运服务、乘客行为规范等方面的具体要求，将于2020年4月1日起施行。《办法》中明确，乘客不得在地铁内传销产品或从事营销活动，乞讨、卖艺及歌舞表演，大声喧哗、吵闹，使用电子设备时外放声音等。大连地铁新增的文明乘车宣传广播，是在大力倡导市民遵守乘车秩序、尊老爱幼的基础上，不断提升自身文明素质的又一重要体现。对于新增加的地铁广播内容，很多市民拍手称赞，纷纷通过微博、微信等方式为大连地铁点赞。

新闻二：杭州地铁首组童声广播正式上线——在文明出行路上画一道"彩虹"

(2019 年 12 月 10 日　来源：杭州日报)

[本报讯 (通信员 郝振宇 记者 李俪)]"文明礼让，先下后上，让我们的地铁更加有爱。""亲爱的小朋友们，让我们共同遵守文明乘车秩序，爱护公共设施，不追逐，不打闹。"近日，这样一组童声广播回响在杭州地铁4号线市民中心站，或清脆或软萌的童声引得乘客纷纷点赞。

据了解，杭州地铁针对安检、扶梯、垂梯、乘车等关键环节，录制了专门的童声广播，这也是杭州地铁首次在车站广播中引入童声。童声广播推出后，立即受到了乘客的欢迎，不少乘客表示，小朋友的声音格外有趣，在上下班路上听到这样的童声，不仅注意力会从手机上移开，更加关注安全细节，心情也会变得特别好。

任务三 应用视频监控子系统

情境导入

2019年10月某天，地铁某换乘车站里有一位年轻人一路跑着去换乘，在他即将登上换乘的列车时，两名地铁公安人员出现在他面前，请他配合一下，结果经过询问，这名年轻人刚刚抢劫了别人的东西，我们不禁要问，那两名公安人员为什么能够看出来这名年轻人的破绽呢？是地铁车站的CCTV帮了忙，地铁工作人员通过监控发现该人有抢劫的嫌疑，利用视频追踪，配合公安人员抓捕了犯罪嫌疑人。CCTV看来作用不小呢！它还有哪些功能呢？

知识储备

一、CCTV概述

视频监控子系统简称CCTV监控子系统。CCTV监控子系统为中心调度员、车站值班员、列车司机等提供有关列车运行、防灾救灾、乘客疏导等方面的视觉信息。

一般情况下，CCTV监控子系统采用车站、控制中心两级相对独立的监控方式，正常情况下以车站值班员控制为主进行视频监控，控制中心调度员可任意选择上调各车站的任一摄像头的监控画面。在紧急情况下则可以根据需要转换为以控制中心调度员控制为主的视频监控。

CCTV监控系统可以为车站值班员提供对站厅的售票亭、自动售票机、闸机出入口、自动扶梯出入口、站台、机房等主要区域的监控；可以为列车司机和站台工作人员提供对应站台旅客上、下车的情况；为控制中心的行车、环控、电力等调度员或值班员提供对各个车站或机房的监控点画面。控制中心调度员可根据其权限选择调整各车站摄像机的监控图像，并能对该摄像机的云台和电动镜头进行控制。控制中心和车站的控制具有录像功能。

在一个城市有多条地铁线路的情况下，上层的线网管理中心可以设置为线网CCTV中心，根据需要调看各线路监控画面，从而形成车站、控制中心和线网管理中心的三级视频监控系统。

CCTV是城市轨道交通运行、管理、调度的配套设备，是综合监控系统中相对独立的一个互联子系统。CCTV使城市轨道交通中各工种的管理、调度人员能实时地看到现场情况，可以根据实际情况进行判断，下达调度指挥命令。CCTV由中心控制设备、车站控制设备、图像摄取、图像显示、录像，及视频信号传输等设备组成。

CCTV的基本功能需求如下。

（1）CCTV 监控系统监控画面的质量，应达到广播级标准清晰度电视或 DVD 的质量标准。车站值班人员、控制中心调度员应能对监控图像进行选择显示，以自动循环显示方式或画面分割方式调看已设置分组的图像，或调看某一监控点的图像。

（2）系统可实现控制中心、车站和司机的三部分监控。三部分监控应是自成系统的，控制中心应有权调看车站级的监控点图像或回放历史图像。

（3）车站级用户包括车站值班员和防灾值班员，能任意地选择、控制本车站中任意一台或是一组摄像机的图像，并切换到相应的监视器上。

（4）控制中心的用户包括行车调度员、环控调度员、电力调度员、维修调度员、公安值班人员应能选择、控制全线所有车站内的任意一台或一组摄像机的图像，并切换在其相应的监视器上。

（5）通过合理安排 2～4 台站台定焦摄像机的位置，给列车司机提供能观察到全站台乘客上下列车情况的监控画面，用以控制车门和站台门的开闭，防止夹伤乘客。站台摄像机无控制功能，其输出的视频信号采用无线传输方式传至列车驾驶室的监视器上。

（6）控制中心和车站的监控画面能进行选择与控制，可采用人工切换或自动扫描方式，平时循环或分割画面显示。

（7）安防、门禁、烟雾等告警可与图像切换功能、摄像头控制进行联动。即报警时，环控（防灾）调度员所监控的画面自动切换至告警点相关的摄像机画面。若采用一体化摄像机，在安防告警时，摄像机的摄像头自动对准报警点并自动监听现场的声音；在门禁告警时，摄像机的摄像头自动对准被非法开启的门；烟雾告警时，摄像头自动对准烟雾告警区域等。若同时出现多处告警，则监视器循环显示事故现场。

（8）各级用户的监视器是独立分设的，数量根据用户的需要而确定。

（9）各个车站配置有硬盘录像设备，各摄像机的监控画面均需进行自动录像，并能保存一定的时间，以备日后调看。在控制中心也配置有硬盘录像设备，用以录制切换到中心监视器上的图像。控制中心行车调度员使用的监控设备具有人工或自动录像和放像的功能。

（10）视频监控系统的车站监控区域，按上下行站台区及站厅区（进出口、电梯、闸机、自动售票等）划分。

（11）CCTV 采用彩色摄像机。分为带有云台、电动镜头的一体化摄像机和不可控制的定焦距的固定摄像机。车站值班员或控制中心调度员可通过操作控制键盘对一体化摄像机进行遥控，控制摄像机的角度、焦距、光圈和距离。

（12）车站一级视频监控系统的视频信号采用射频同轴电缆连接，控制信号采用屏蔽 2 芯线连接；车站至控制中心的上行视频信号和下行控制信号，通过专用传输系统进行传输。

（13）各监视器显示的图像上应叠加有车站名称、监控区域名称、摄像机编号，以及摄像日期和时间等信息，维护人员可以更改以上信息。

（14）主要设备应具有人工或自动检查功能，自动部分包括：自测试、自诊断、故障寻迹等自检功能,并可上传故障告警信息,或由控制中心集中采集监测结果。

二、CCTV 的组成

CCTV 由摄像机、控制部分、传输部分、监视器、报警部分和网管部分等 6 部分组成。

1. 摄像机

车站摄像机的种类总共有 3 种,包括可调焦旋转式云台、枪式摄像机、半球摄像机。可调焦旋转式云台可实现调整焦距、360 度旋转;枪式摄像机的焦距和摄像位置固定;半球摄像机则是一种固定式摄像机。这 3 种摄像机如图 3-3-1 所示。

a)云台   b)枪式摄像机   c)半球摄像机

图 3-3-1 摄像机

云台是承载一体化摄像机进行水平和垂直方向转动的装置,它可有以下几种选择:室内或室外使用的平台;不同承重的平台,可根据摄像机和防护罩的总质量来选择;几种控制方式的平台,一般有电源端口和控制端口。

所使用的摄像头有 3 种,包括模拟摄像头、数字摄像头和网络摄像头。有带夜视(红外线)摄像功能的摄像头,也有不带此功能的摄像头。

模拟摄像头多数采用电耦合感光器件。此类摄像头输出的是模拟视频信号,故可通过视频电缆直接显示所摄图像。模拟摄像头要与计算机配合工作时,需要在计算机机内插入视频捕捉卡或外置视频捕捉器进行 A/D 转换。

数字摄像头多数采用互补金属氧化物半导体(CMOS)感光器件。数字摄像头将模拟摄像头和视频捕捉单元结合在一起,输出的是经压缩编码的数字视频信号,输出可通过通用串行总线(USB)接口直接插入计算机,由该计算机显示所摄图像,或通过该机进入 IP 网络由远端的计算机显示所摄图像。

网络摄像头多数采用电耦合感光器件。网络摄像头类似于数字摄像头,其不同点在于数字摄像头输出直接连接计算机的 USB 接口,而网络摄像头输出直接连接计算机局域网的以太网接口。网络摄像头价格较高,多数用于企业的监控系统,地铁中越来越多使用这种摄像头。数字信号处理芯片仅用于数字或网络摄像头,该芯片对模拟视频信号进行压缩编码。

2. 控制部分

CCTV 分为网络 CCTV 和模拟 CCTV。控制部分是整个 CCTV 的核心,由主控制台、副控制台与远端解码器组成。

系统主控制台也称主机,对系统中各个设备进行控制。其主要功能为是视频信号的放大与分配、图像信号的校正和补偿、视频网络控制、图像信号的切换和分割、图像信号的记录、摄像机及其辅助部件的控制。

如图 3-3-2 所示，主控制台由视频网络控制器、视频切换器、画面分割器、帧场切换处理机、视频放大器、视频分配器、时间/日期发生器、字符叠加器、录像机等设备组成。

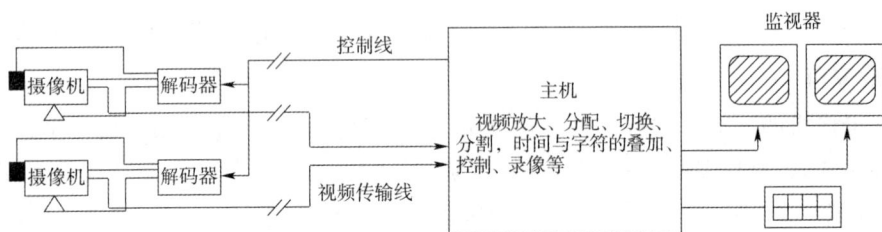

图 3-3-2　控制台设备组成框图

3. 传输部分

CCTV 的前端设备与主机设备通过传输系统进行通信。该系统一方面将前端摄像头、监听头、报警探测器或数据传感器捕捉到的音视频信号及各种探测数据传送到主机；另一方面将主机的各种控制指令传送到前端多功能解码器。因此，CCTV 的传输系统应该是双向的。因上下行带宽不对称，故上下行传输，一般使用不同的传输介质来实现。例如：上行用同轴电缆传送视频信号；下行用屏蔽双绞线传送控制信号。城市轨道交通的监控系统，往往借助已有的通信传输线路或 IP 网络来传输控制中心与各车站之间的各种 CCTV 监控信号。

电缆直接传输是 CCTV 中最基本的传输方式。在局域性质的 CCTV 中，从前端设备到主机的距离通常在 1000m 之内，故从前端设备到主机之间一般都通过电缆直接传输。

从前端到主机之间有时需要多种电缆，例如：摄像头与主机之间的连接采用视频同轴电缆连接；音频头与主机之间的连接采用屏蔽双绞线连接；报警探测器需要电源为 +12V、输出为开路或短路的开关信号，报警探测器与主机之间的连接采用非屏蔽 4 线连接，其中 2 线用于报警探测器至主机传送信号、2 线用于主机至报警探测器传送电源；前端解码器与主机之间的连接采用非屏蔽 2 线连接，但推荐采用屏蔽 2 线连接；前端解码器与云台、电动镜头之间的连接采用较短的多芯电缆连接，其中全方位云台需 6 芯，电动可变镜头需 4 芯。

视频电缆常选用 75Ω 的同轴电缆。常使用型号为 SYV-75-3 和 SYV-75-5 的细缆，对视频信号无中继传输距离为 300～500m。当传输距离更长时，可选用型号为 SYV-75-7、SYV-75-9 或 SYV-75-12 的粗缆。在实际使用中，粗缆的无中继传输距离可超过 1000m。视频信号实际传输距离，取决于摄像头、同轴电缆和监视器的质量。不同线径的同轴电缆对视频信号的衰耗程度不同，线径越粗，衰耗越小。

4. 监视器

监视器用于显示由各监控点摄像机送来的视频信号，是视频监控系统中不可缺少的设备。对于几个摄像机的小系统，有时只需要一个监视器，由人工或自动选择画面，或分割多窗口显示。对于具有数十个或上百个监控点的大型视频监控系统而言，通常需要数个或数十个监视器。在大型视频监控系统的控制中心大厅中，还配置有庞大的电视墙，如图 3-3-3 所示。

在出现网络视频监控系统以后，监视器已不再是视频监控系统的必备设备，可直接利用计算机的显示器浏览所选择的摄像画面。

若根据显示原理分类，监视器可分为阴极射线管显示器、液晶显示器和等离子显示器三类。

（1）阴极射线管显示器是一种使用阴极射线管的显示器。该种显示器随着尺寸的增加，显示效果提高。

图 3-3-3　电视墙

（2）液晶显示器使用的显示器件材料为液晶，采用薄膜晶体工艺。其自身显示方式为数字方式，但通常都有模拟视频接口，模拟信号在其内部经 A/D 转换器转换成为数字显示驱动信号。有些液晶显示器可直接与具有数字输出接口的图形适配器连接。

液晶显示器的像素是固定的，例如：15 英寸液晶显示器的像素大多为 1024×768；17 英寸液晶显示器的像素大多为 1280×1024（1 英寸＝2.54 厘米）。液晶显示器的主要缺陷是视觉太窄。其最佳观看角度为正面，当在侧面观看液晶显示器时，图像会变暗，色彩会漂移。

（3）等离子显示器是新一代的显示器。其优点是图像清晰逼真、高亮度、宽视觉、刷新速度快、光效高、屏幕薄、工作温度范围宽和易于制成大屏幕；其缺点是工艺要求高、制作成本高、耗电。等离子显示器近年来已进入高档次的视频监控中心。

等离子显示器是一种利用惰性气体放电发光的显示器件。其基本发光元件为等离子管，将大量的等离子管规律地排列形成屏幕。等离子管发光原理与日光灯一样，每个等离子管内充有氖氙等混合惰性气体，当等离子管两极加上高压时，气体放电发出紫外光。该紫外光照射到涂在管壁上的 3 种类型的荧光材料上，分别发出红、绿、蓝 3 种基色。与彩色显像管原理相同，每组 3 个等离子管即形成一个三基色像素，数百万个 3 基色像素规律地排列，即形成等离子显示器的屏幕。

5. 报警部分

视频监控系统通常还具有环境监控信号的采集、编码、传输与报警功能，并具有报警与视频监控联动的功能，包括安防报警、消防报警、视频报警、警视联动、设备联动等。

（1）安防报警。系统可配置各种安防报警装置，如红外报警器，超声、次声报警器，微波、激光报警器，双鉴探测器，电子围栏，玻璃破碎探测器，振动报警器，报警开关等，报警信号直接输入前端编码器。

（2）消防报警。系统也可配置各种消防报警器，如等离子、光电烟雾探测器，感温报警器等，报警信号可直接输入报警主机，也可先接入专用消防主机，消防主机再通过串行通信口将报警信号传输到报警主机。

（3）视频报警。视频报警包括视频丢失报警和视频运动报警两种。一旦摄像机损坏、被窃或断线等，引起视频信号丢失，就会引起报警；对于设定的视频报警区域，一旦有运动目标进入或图像发生变化，也会引起报警。

（4）警视联动。一旦出现警情，如有非法闯入或发生火灾，则系统立即启动现场警笛，并自动切换到相应摄像机，对有预置功能的摄像机，还能自动转到相应预置监控点。

（5）设备联动。系统能与其他监控设备联机，接收这些设备的告警、故障等信号，视频监控系统的报警信号也能送给动力监控系统。

6. 网管部分

网管部分的功能包括用户管理、系统网管、系统日志、控制权协商、信息查询等。

（1）用户管理。用户的增减、用户的授权、用户优先级等，均由系统管理员完成。

（2）系统网管。系统服务器自动完成系统的管理，包括设备在线监测、连接管理、自我诊断、网络诊断等。

（3）系统日志。对于系统中的操作，如系统报警、用户登录和退出、报警布防和撤防、系统运行情况等，都有系统日志记录。

（4）控制权协商。当多个用户同时控制一个前端时，为了避免控制混乱，只能有一个用户对该前端有控制权，这是通过管理员预定的优先等级或网上自动协商完成的。

（5）信息查询。登录用户可查询系统的使用和运行情况，如在线用户名单、前端运行状态、报警信息等。

三、CCTV 的分类

CCTV 可分为模拟视频监控系统、数字视频监控系统和网络视频监控系统三种，不同视频监控系统采用不同的技术与组网方案。

1. 模拟视频监控系统

在模拟视频监控系统中，控制中心和各车站 CCTV 的组网方式以及控制中心与车站间的视频信号传输均采用模拟方式。摄像头与监视器之间传输的是模拟视频信号，图像的分配、切换和分割等均由硬件设备来完成。

各车站与控制中心之间的视频信号传送，采用点对点模拟光纤传输方式。各车站与控制中心之间将占用 1~2 条光纤进行点对点模拟视频信号的传送。车站 CCTV 将控制中心调度员所选择的监控点图像经频分复用和光电转换后，送控制中心；控制中心 CCTV 将收到的视频信号反变换后，送选择该图像调度员的监视器。其复用、传输技术类似于所用的模拟有线电视的复用、传输技术。

在模拟视频监控系统中，最主要的设备为视频网络控制设备和视频矩阵设备。

其中的视频网络控制设备接收本地控制键盘控制指令和上级控制信号。该设备可以控制信号的优先级（一般控制中心调度员优先级高于车站值班员，行车调度员的优先级高于其他调度员）；控制视频矩阵设备选择输出图像；控制一体化摄像机的动作；控制画面分割器的分割画面数；控制录像机的录、放像。

其中的视频矩阵设备相当于一台由键盘控制的视频交换机，视频切换矩阵根据视频网络控制设备输出的控制信号，选择所需的监控点图像进行显示或送上一级视频监控系统。

在车站，各摄像机采集到的视频信号通过视频电缆连接到车站视频矩阵，车站值班员通过键盘控制视频矩阵的输出，选择所需要的监控点图像进行监控。

控制中心调度员操作键盘所产生的控制信号，通过控制中心与车站的视频网络控制设备，可控制分别隶属控制中心与车站上下两级的视频矩阵设备，从而选择任何车站监控点图像的上调。

模拟视频监控方案虽然在城市轨道交通还有应用，但占用的光纤资源多，光纤辅助设备复杂，导致管理维护困难，且扩容难度大，不符合监控领域的发展方向。

2. 数字视频监控系统

在数字视频监控系统中，控制中心和各车站 CCTV 的组网方式仍采用模拟视频技术，只在硬盘录像以及车站与控制中心的视频传输采用了数字技术。

随着地铁专用光纤传输网的容量不断提高，地铁中普遍利用地铁专用数字传输网将模拟视频信号从站点传到控制中心。因数字传输网无法传送模拟视频信号，为了将模拟视频信号从各车站传到控制中心，需要经过压缩编码器进行模/数转换、成帧后，才能传送。

因控制中心与各车站均采用模拟视频信号组网，故控制中心与各车站的硬盘录像设备需要配有相应的压缩编码器。

由上述可见，数字视频监控系统与模拟视频监控系统的区别仅在于：车站与控制中心之间所传送的，前者是数字视频信号，而后者是模拟视频信号。数字视频监控系统是地铁视频监控系统中用得较多的一种方案。

3. 网络视频监控系统

网络视频监控系统是新近崛起的、以计算机通信与视频压缩技术为核心的新型监控系统。

在网络视频监控系统中，控制中心和各车站闭路电视的组网方式均采用计算机局域网组网方式。并通过地铁专用传输网所提供的分组传输通道，将地铁各视频监控系统的局域网连接成为广域网。带有编码器的网络摄像机或连接有多台模拟摄像机的视频网关；带有解码器的数字监视器以及录像硬盘等均接入控制中心或各车站的以太网或异步转移模式（ATM）的局域网。各车站闭路电视局域网与控制中心闭路电视局域网通过地铁专用传输系统的分组传输通路直接相连。

在 CCTV 中可以利用摄像头、话筒和计算机，通过其内置的音频或视频采集卡（或芯片）完成音频或视频信号的采集、压缩编码、数字处理、打包与成帧，形成网络视频流送计算机网络。也可以利用内置压缩编码、数字处理芯片，以及以太网接口芯片的网络摄像机，将网络视频流直接输出至计算机网络。

处于同一计算机局域网或广域网的任何一台联网的授权计算机，用户通过输入 IP 地址可以浏览任意一台联网摄像机的监控画面；监听该摄像机内置话筒传来的声音；通过键盘控制该摄像机的云台和电动镜头，获取不同角度与距离的监控图像。这样，控制中心的调度员只要输入各车站摄像机的 IP 地址，即可选择调看任何车站监控点的图像，并控制一体化摄像机的动作。各车站值班员可在其控制键盘中输入所选摄像机的 IP 地址调看监控点图像，并可用软件进行图像分配和分割。

基于网络的视频监控系统还可利用网络来传送告警信号，包括：现场的门禁、烟雾等开关信号及各种传感器所采集的模拟信号。

网络视频监控系统具有扩展灵活、摄像机安装位置随意，可用任意地点联网的 PC 机浏览监控点图像，传输和存储全部数字化或网络化，监控功能更加丰富完善和极易安装与使用等优点。网络视频监控系统在建设投资、技术先进性、组网灵活性和可扩展性等方面都优于其他两种方案，所以，网络视频监控方案是在 CCTV 中最有前途的一种方案。

拓 展 知 识

网络摄像机

网络摄像机由摄像头、视频压缩编码或数字处理单元、计算机网络接口、通信控制接口等组成。网络摄像机还内置 Web 服务器，以支持联网计算机通过客户端的 Web 浏览器显示监控画面。

网络摄像机具有以下接口。

（1）以太网接口。直接连接计算机网络，与以太网的物理连接一般采用 RJ-45 型接口。该接口除了将摄像机自身的网络视频信号输出至计算机网络外，还将外部（背板）输入的报警信号、传感器输出信号、通信控制信号、来自其他模拟摄像机的视频信号等转换为以太帧输出至计算机网络。

（2）控制接口。来自 RS-485 总线的控制信号，通过网络摄像机的控制接口，连接一体化摄像机的内置解码器，该解码器输出信号用以控制云台和电动镜头的动作。

（3）编程接口。装有网络摄像机编程软件的 PC 机，通过该 RS-232 编程接口，可在视频信号中加入时间、日期与标志字幕；可对网络摄像机的监控点编组与扫描动作进行预置。

（4）报警接口。报警接口可设置为常开型或常闭型触点接口，可连接各种类型的报警器。

（5）传感信号接口。传感信号接口输入传感器的模拟信号，该信号经 A/D 转换、打包、成帧后，通过以太网接口接入计算机网络。

（6）模拟视频输出接口。网络摄像机带有模拟视频输出接口，用于连接本地监视器。

（7）模拟视频输入接口。有的网络摄像机带有数个模拟视频输入接口，外接模拟摄像机的视频信号经处理后，可直接通过网络摄像机的以太网接口接入计算机网络。

四、地铁线路 CCTV 组成案例

天津某城市轨道交通线路 CCTV 包括：车站子系统、控制中心子系统、公安子系统、车辆段、停车场子系统。

1. 车站子系统

车站子系统设备包括：视频前端设备、综合控制室设备、通信机房设备、消防室设备、站长室设备等。

经统计各站摄像机至通信设备室的最大距离小于或等于300m，因此，车站摄像机采用双屏蔽视频同轴电缆及带屏蔽数据线缆连接通信机械室，完全可以达到优质的图像和控制效果。其中对于前端设备的视频传输采用SYVV-75-5-1双屏蔽视频同轴电缆；控制信号则采用屏蔽双绞线，电源电缆采用RVV3×2.5。

车站监控子系统的核心设备是视频网络控制器，控制器主要用于判别访问视频资源的控制信号的权限、视频图像的选择、视频网络管理及时间同步等，当本系统有两个或更多个操作端同时访问同一解码器或同一路图像时，通过车站视频网络控制器进行判别，来确定哪个具有优先控制权。

车站视频网络控制器能接收和解释操作员（一般为调度员或车站值班员）的指令，根据操作员控制键盘发出的控制指令，执行图像切换、显示（轮巡、分割等）和动作（云台/镜头动作）功能。

车站监控子系统的组网结构如图3-3-4所示。

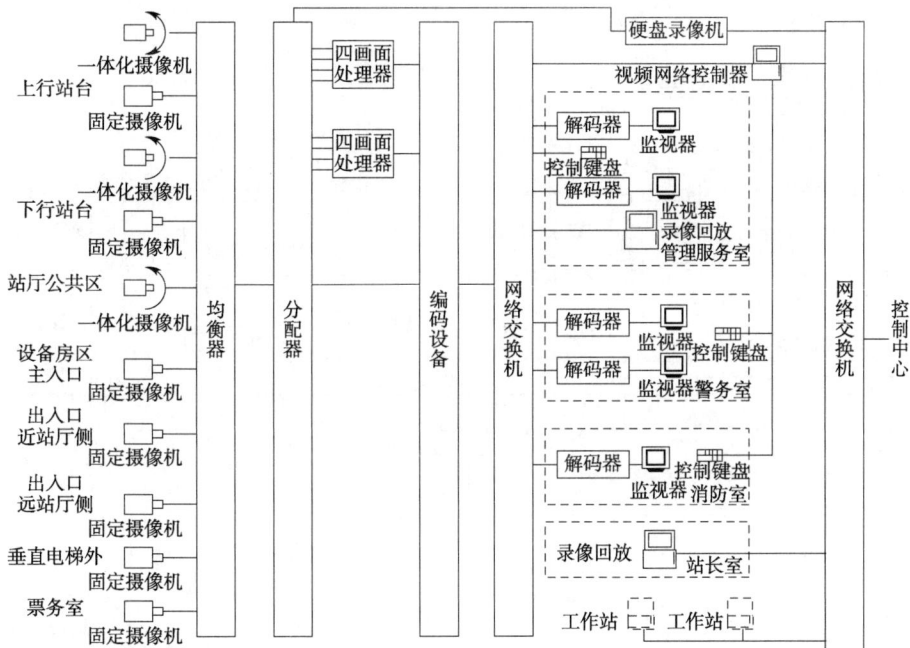

图3-3-4 车站监控子系统的组网结构

由3-3-4图可见各站厅、站台摄像机输出的模拟视频信号连接视频分配器，该分配器输出的一路视频信号直接送编码器（相当于视频网关）编码；另一路视频信号经过四画面合成器合成后，也送编码器编码。各摄像机的压缩视频编码信号与四画面压缩视频编码信号，经分组、成帧与统计复用后，形成分组码流接入车站视频监控局域网。在该车站局域网上同时连接有视频解码器和监视器。

视频网络控制器输入车站各控制键盘的控制指令和来自控制中心的控制信号，其选择输出的控制信号通过车站局域网选择监控点画面、控制摄像机动作和录像机的录像与回放。

车站值班员可通过控制键盘选择调看本站各摄像点画面以及控制摄像机与录像机的工作。

2. 控制中心子系统

控制中心子系统是视频监控系统的核心，管理着整个系统的视频资源和网络系统，主要设备配置如下。

控制中心调度大厅内行车调度、环控调度、维修调度、车辆调度以及总调度台上，分别设置 LCD 彩色监视器和控制键盘，若采用工作站（带有专用应用软件的 PC 机）方式，则可通过软解压方式浏览车站（车辆段）及列车上图像；弱电综合设备房设视频机柜，主要包括（并非全部）视频分配器、解码器等。在控制中心通过操作员工作站进行远程录像搜寻、回放；弱电维修中心设视频应用服务器和视频网管终端设备，预留至应急中心的视频接口、控制键盘接口。控制中心（备用）的综合应急控制台上设置 LCD 彩色监视器和键盘，便于在主设备故障等应急情况下调度员实时切换图像和监控。控制中心子系统的组网结构如图 3-3-5 所示。

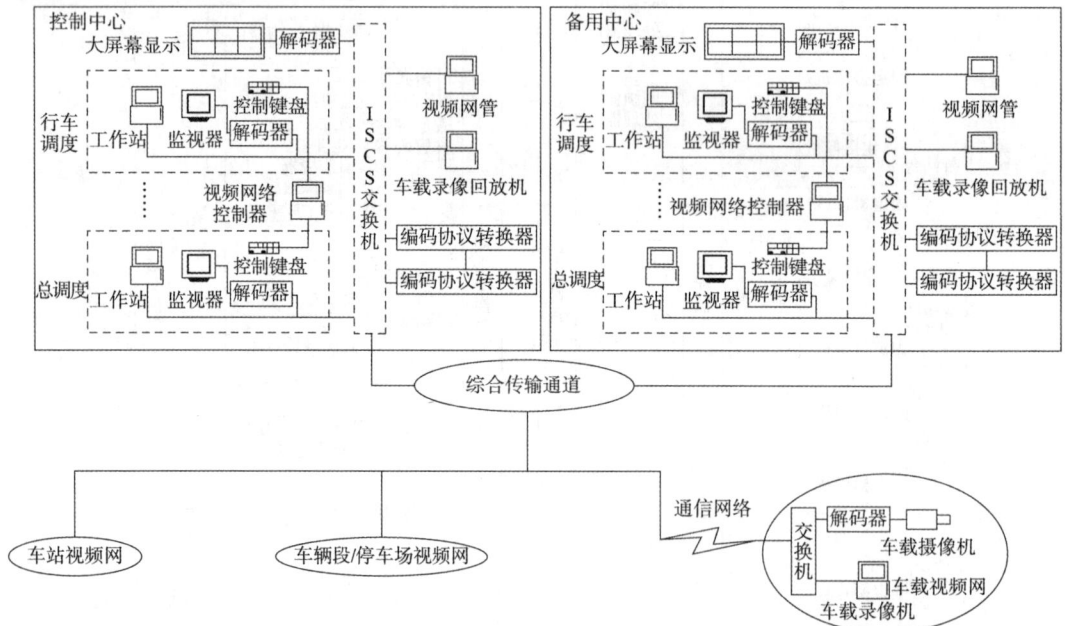

图 3-3-5　控制中心子系统的组网结构

由图 3-3-5 可见，控制中心视频监控局域网与车站视频监控局域网两者相比较，省略了前端设备，增加了网管服务器和电视墙，其他部分基本相同。

3. 公安子系统

公安控制中心机房设解码设备及以太网交换设备，值班室设 LCD 彩色监视器，提供专用的控制键盘（含搜寻、回放功能）。

4. 车辆段/停车场子系统

车辆段/停车场设备包括车辆段/停车场前端设备、信号楼值班室设备、停车库运转室设备、综合设备室设备等。车辆段/停车场主要提供本地视频监控功能。

车辆段/停车场出入口处设置固定摄像机、一体化带云台摄像机；停车、列检库内设一体化带云台摄像机，每股道设 2 台；试车线设一体化带云台摄像机；为安防用，对应于车辆段、停车场全自动无人区和人工驾驶区划界的门禁处设置固定摄像机。

在信号楼值班室和停车库运转值班室各设置 LCD 彩色监视器、控制键盘；信号楼弱电综合设备室配置 19 英寸标准机柜，柜内主要包括编解码器、彩色图像分割器、视频分配器、均衡器等，并设网络数字式硬盘录像机（带光盘刻录）、维修用监视器 1 台、维修用控制键盘等。

五、CCTV 功能

CCTV 功能包括：监控功能、图像选择与控制功能、优先级设置功能、字符叠加编辑功能、录像及回放功能、报警联动功能、视频传输控制功能、换乘站的视频共享功能、定时开关机及远程控制功能、车载监控功能、系统管理功能、用户管理功能等。

1. 监控功能

监控功能包括中心和车站两级监控。

（1）车站/车辆段监控功能。CCTV 可以实现车站监控、控制中心/公安控制中心的两级监控功能。车站本地监控。车站上下行站台的摄像机图像经视频编码器后送至视频交换机，再经解码器输出后，实现司机、站台监察亭值班员、车站控制室值班员、警务人员共同监视站台功能。

车站值班人员可通过控制键盘或工作站，切换和控制本站任何一路监控点的视频图像。同时，站台和站厅层的视频信号经四画面合成器合成后，也进入视频局域网，提供给车站值班人员调看。

（2）控制中心监控。控制中心各调度员利用控制键盘或工作站，可选择任意上调各站多路图像进行监控，控制中心总调度（或行车调度）可以将各站监控点的图像任意地切换到调度大厅的电视墙上。这在紧急情况下，对首长的现场抢险指挥特别有效。

公安中心监控。公安中心可选择各车站的任意图像进行监视和控制。

2. 图像选择与控制功能

（1）车站图像选择与控制功能。车站综合控制室值班员通过视频网络控制器，可实现对本站图像的选择与控制。可按预先设定将一个轮巡组内的所有监控图像在设定的时间间隔内，按编制的顺序进行轮询切换；也可在一个监视器上轮巡显示一组或全部的摄像机画面；也可根据需要将相关图像组成四画面处理器合成显示。不同的监视器可以轮询相同或者不同的轮询组，切换间隔时间可灵活设置和调节。

在值班员操作终端的车站平面布置图上，不仅可以显示所有摄像机的位置，也可显示摄像机的工作状态。值班员点击所需监控点摄像机图标，即可在显示屏上显示所点击摄像机的视频图像。

车站值班员可以通过操作终端或手柄按键式操作台进行对一体化摄像机的控制，包括变焦、调光圈和云台转动等。在视频切换时图像信号能保持其连续性，对于高速变化的图像，其画面质量也不会发生边缘模糊等现象。

车站和控制中心对一体化摄像机的控制可以按时间先后顺序（即先来先控）原则设定，也可按不同权限设定控制的优先级。当车站节点的操作终端或手柄按键式操作台发起指令后，视频网络控制器首先判别该指令的权限以及优先级，符合选择/控制条件后，输出控制信号完成图像的切换及对一体化摄像机的控制。在车站操作终端，还可显示控制中心控制球形一体化摄像机的占用情况。

（2）站台监控。在站台上设监视器供司机监视相应站台乘客上下车的情况，站台视频图像经画面合成器将本站台多路摄像机信号合成一路视频图像后直接传送至相关站台机车停车位的监视器。同时，部分站台图像经画面合成器后还传送至站台监察亭的监视器。

（3）控制中心图像选择与控制功能。控制中心通过传输系统上传调度员所选的监视点图像。即在控制中心控制键盘的控制下，经控制中心和车站的两级网络视频控制器选择所需画面上调，并由控制中心视频解码器解码成模拟视频图像直接发至监视器显示。控制中心可对全线所有图像进行监控。

在调度员操作终端（工作站）的本线摄像机布置图上，不仅可以显示所有摄像机的位置，也可显示摄像机的工作状态。调度员可以点击所选监控的摄像机图标，即可在监视器或大屏上显示所选视频图像。调度员也可通过手柄按键式操作台实现对全线监控摄像机的选择与控制。

（4）公安中心的图像选择和控制功能。公安中心通过本地视频控制终端向控制中心视频网络控制器发出调看的指令，中心视频网络控制器解析该控制指令、判别其优先级别和目的地址，经由车站视频网络控制器选择和控制相应监控点图像，并经传输系统将图像传送至公安中心的指定端口的解码器和监视器。

3. 优先级设置功能

各车站的所有视频信源具有对控制中心、公安中心共享的能力。优先级别的设置并不影响任何一个操作端调看某一路图像，或者几个操作端同时调看某一路图像（利用 IP 网的组播功能）。但当优先级高的操作端在控制时，优先级低的操作端将无法控制该路图像（不能控制该摄像机动作调节监控点画面，但能观看）；当优先级低的操作端在控制某一路图像时，优先级高的若也要对该路图像进行控制，则优先级高的操作端将取得控制权。对于优先权一样的操作端（如控制中心的两个列调操作端、综合控制室的操作终端与手柄按键式操作台）若同时对某一路图像进行控制，则按时间先后取得控制权。以上操作端的优先权的分配与实施，均通过车站及控制中心的视频网络控制器实现。

本系统可对各操作端的控制权限进行灵活设置，可以按时间先后次序进行设置，也可按优先权进行设置，本系统可以为操作端设定 1~8 级的优先级。

车站视频网络控制器在同时接收运营值班操作台和公安操作台发出的操作指令后，按照运营和公安优先级别不同设置的视频摄像机组，进行组别控制权限比较，公安操作员对公安优先的摄像机有较高的权限级别，运营操作员则对运营优先的摄像机有较高的权限级别。

4. 字符叠加编辑功能

所有视频信号首先通过具有字符叠加功能的视频分配器进行字符叠加，叠加的字符可以是中文，也可以是英文。

5. 录像及回放功能

在本方案中各车站设置多台数字硬盘录像机，对所有视频图像进行 24h 不间断录像，图像保存时间可长达 14d，所有存储录像资料可利用光盘进行备份。同时，数字硬盘录像机还具有自动覆盖过期记录文件的功能。

数字硬盘录像机具有通过网络进行回放的功能。可在控制中心实现全线数字硬盘录像机的统一回放和管理功能。在控制中心和车站各设置 1 台录像回放机，控制中心的调度员、维护人员或车站值班员可以根据其权限，选定某个时间段、某个车站、某台摄像机录制图像的远程（车站值班员限于本车站）回放。在回放的同时并不影响正常录制。回放图像显示录像时间、地点等信息，并能存入外接存储设备。图像格式为标准通用格式，导出后可在任一 PC 机上进行回放。

根据经验，录像需配置 2000G 硬盘（即 4 个 500G 的硬盘）。录像文件可通过硬盘录像机的 USB 接口，采用硬盘、光盘等多种方式进行备份，图像格式为标准通用格式。

6. 报警联动功能

在本线路中还预留车站安防监控与告警功能，即在车站视频网络控制器接收到门禁、防灾报警系统、安防系统传来的报警信号后，除在综合控制室进行声音报警外，综合控制室监视器自动切换显示报警点固定摄像机图像或附近一体化摄像机图像。若有多个报警信号被同时收到，这些相应的画面以轮询方式显示在有关的监视器上。

系统具有报警全自动联动功能，系统收到报警后可以自动启动事先设置的一系列操作，对相应报警进行响应。

系统提供了与报警、消防、门禁等系统进行集成的协议接口及必要的透明数据通道，可以与其他系统联动，构成了完整的安防系统管理控制平台。

7. 视频传输控制功能

（1）视频单播和组播。在基于 TCP/IP 的网络环境中，数据流量有 3 种类型：单播、广播和组播。其中单播是最常见的流量方式，可视为点到点的通信。视频编解码器之间通过单播的方式进行视频流的传输，具备稳定可靠、延时小的特点。但是单播在某些应用环境下，也有它的缺点，典型情况是当多个监视器需要同时观看同一幅图像。在这种应用条件下，同一个发送端、同一个视频流，会有多个接收者。虽然视频流的内容、时间完全一样，但每个单独的接收者和发送者之间都需要建立点对点通信信道，这样显然会带来大量的网络流量，消耗大量的网络带宽。

地铁运营过程中一旦有紧急情况的发生，会有一幅关键图像需要多点观看的需求。如果本线监控中心与公安监控中心及上层监控中心所有的监视器和大屏都同时需要显示一幅图像时，即使网络带宽充裕，视频编码器由于其网络吞吐量的能力有限，有可能无法同时发出大数量的单播视频流，在这种情况下必须启动组播传输方式，确保此幅关键图像的正常传输。组播的缺点是其工作原理较为复杂，而且传输设备必须具备复制图像支持组播的功能。

根据组播和单播的技术性能，以及视频传输的要求，CCTV 对车站的视频图像在编码器端进行组播，车站、控制中心及公安中心的用户视频解码器 IP 地址加入这个组，一次性把 IP 包从视频编码器发送到每个解码器。

车载视频实时传播要求以及组播对传输设备的支持能力要求，在车载视频编码器端则采用多点单播的方式，将车载视频图像以多点对单点方式传输到控制中心。

（2）安全控制。网络的安全性一直是用户所关心的问题，虽然视频监控网络不直接与互联网连接，但如何能够确保其安全性，也是监控方案必须考虑的问题。

数字视频传输与控制系统主要是要保证视频流和控制命令在传输、存储、交换过程中的机密性、完整性和确证性。

城市轨道交通传输子系统属于一个独立的网络，但是也无法避免非授权的用户通过以太网端口进行非法接入。由于系统内的数字视频流采用国际标准的 MPEG-2 编码方式，非授权用户可以很容易地进行网络窃听，截获传输网中视频流图像。更严重的是通过连接盗用和数据篡改等手段，非授权用户可以在网络上发送经过篡改的数字视频流，将监控图像进行篡改或将不真实的视频图像传送到控制中心及应急中心的显示器上。

为了确保视频监控网络的安全性，一般建议采取举措如下。

①具备完善的人员管理机制，确保移动介质（光盘、U 盘等）在非授权状况下不能植入系统。

②数字视频流及控制命令可以以加密方式在传输系统中进行传输，确保视频信号控制命令的安全性与控制信号的完整性。

③网络控制器、视频管理台、视频编解码器在建立连接时使用权限及身份认证机制，具备完全的握手协议，防止连接盗用。

④视频编码器可以发送经过加密的数字视频流，使其无法篡改或模仿。

⑤所有的用户名及密码经过加密后存储在系统中，以防止非授权用户的盗用。

⑥具备将系统全部信息自动备份功能，在网络遭受破坏时，能够在最短时间内使系统恢复正常运行状态。

（3）网络风暴的防止及抑制。传输子系统为一个具备冗余机制的高可靠网络，但有可能因为一些不可抗拒或偶然因素导致网络的不稳定。承载在传输子系统上的 IP 网络由于其本身的传输特色为非收敛性网络，其应答和重发机制有可能在网络流量达到一定的上限后呈爆炸性的增长，形成网络风暴。网络风暴一旦形成，会导致整个 IP 通道不可用，甚至有可能影响传输系统上的其他业务。数字视频监控系统作为传输子系统的最大带宽用户，必须具备有网络风暴的防止及抑制机制。

为了防止及抑制网络风暴，建议采取如下举措。

①视频编解码器及视频管理平台能够提供多种方式对网络风暴进行防止及抑制。

②数字视频流的传输采用 UDP 模式，避免 TCP 的重发机制。

③支持组播协议，避免使用不安全的广播协议。

④支持 VLAN 划分及跨网段数字视频的传输。

⑤视频编码器周期性的探测视频解码器及网络状态，若视频编码器发现无法与对端视频解码器进行通信，则停止发送数字视频流。一旦网络或视频解码器恢复正常状态，视频编码器自动重新启动数字视频流的发送。

（4）视频信号传输流程。

①本地传输。站台、站厅、出入口、电梯等摄像机模拟视频传输信号通过视频电缆、均衡器后直接传送至字符叠加器。上下行站台视频图像从字符叠加器输出后输入分配器，分配器输出一路视频经多画面处理器、视频编码后，接入以太网交换机；分配器输出另一路视频直接经视频编码器接入以太网交换机。站台、站厅、出入口、电梯等其余视频图像经字符叠加后直接经编码器接入以太网交换机。交换机输出的图像，包括单路图像和多画面合成图像两种类型。编码器的图像输出端使用组播方式，车站、控制中心以及公安中心可以任意点播车站的每一路图像，互相不受干扰。车站管理服务室和警务室以及消防室通过控制键盘调看的图像经解码后，转换成模拟图像在监视器上显示。

停车场的监控图像经编码后，接入以太网交换机，可供车辆段管理办公室以及中心点播。车载视频经编码后，接入车载以太网交换机，经无线传输后，进入控制中心的视频监控网络。

②远程传输。控制中心（主）调度大厅内行车调度、环控调度、维修调度、车辆调度，以及总调度台上，分别设置 LCD 彩色监视器和键盘，通过加入车站视频组播组来浏览视频图像。

传输子系统多数采用多业务传送平台/同步数字体系（MSTP/SDH）传输设备，以自愈环的方式提供冗余功能，从而保证系统的高可靠性。通过 MSTP/SDH 的 IP 技术在传输系统上建立共享的以太网通道，以总线的方式为数字视频传输提供共享带宽。

由于数字视频传输既占有传输系统的大量带宽资源，又要求很高的实时性，视频编/解码器必须具备极强的网络适应性和亲和性，必须具备与多种传输机制的接口能力。视频编/解码器的网络功能也是系统的重要指标之一。

监控中心及车站级视频系统都是通过网络端口与传输系统进行连接的。视频监控系统所占用的传输系统带宽取决于监控中心需要同时浏览的图像路数及同时进行录像回放的路数。

（5）控制信号传输流程。

车站综合控制室和控制中心需要在监视器或大屏上显示某一路图像或控制某一路一体化摄像机，均需要通过操作端进行操作，操作端、车站视频网络控制器、控制中心视频网络控制器、摄像机之间通信的质量将直接影响到本系统是否能够正常使用。本系统控制信号主要由本地控制信号和远程控制信号组成。

①地控制信号。本地控制主要是指本站综合控制室操作端、维护终端等通过车站视频

网络控制器对本地视频图像进行控制。车站摄像机的控制有两种方式：一种是摄像机的控制与编码信息共用一个 IP 传输通道，客户端在控制云台等设备时，需与编码器建立 TCP/IP 连接；第二种是在视频网络控制器端添加多串口设备（采用 RS-485 电路数据传输通道传输），直接通过串口设备与摄像机物理连接。一般，多串口设备不需要建立网络连接，效率要高一些。

②远程控制信号。远程控制主要是指控制中心通过中心和车站视频网络控制器、控制信号解码器、一体化摄像机对各站视频图像进行的控制。

若控制中心的某个操作终端发出控制信号需要在监视器或大屏上显示某一路图像时，该控制信号通过该中心与车站视频网络控制器以及视频编解码器直接调看图像。若当控制中心的某个操作终端发出控制信号，需要对监视器或大屏上的某一路一体化摄像机的图像进行控制，则首先将控制命令发送至中心视频网络控制器以及该路图像所在车站的视频网络控制器进行权限判定，若需要控制的那路图像没有被其他操作端控制或被比操作端权限低的操作端控制，则通过车站视频网络控制器和一体化摄像机直接对该路图像进行控制。

8. 换乘站的视频共享

本系统的通信协议将完全开放，以实现各条线路的视频监控系统之间的互控功能。

对于换乘站的共享视频图像通过数字化方式传送。换乘站的摄像机模拟视频经编码后，数字视频流进入以太网交换机，以视频组播的方式提供给其他线路的监视器进行浏览。视频数字流通过光传输系统传送至相应轨道线的通信机房，再利用相应轨道线的接收设备接收视频流，通过解码器将其转换为模拟视频信号直接连接视频分配器，或者利用工作站的软解压的方式，输入摄像点 IP 地址直接浏览图像，以实现换乘站的视频共享目的。

9. 定时开关机及远程控制功能

为延长摄像机、监视器的使用寿命，本系统具有对这些设备设置定时开关机的功能。闭路电视机柜内的电源分路器内置控制电路，可手动或自动控制电源的开闭，在自动状态下，电源分路器通过视频网络控制器输出的开关量信号驱动，实现定时和远程电源开闭功能。

摄像机、监视器在每天运营结束后，可以设置电源自动关闭，在第二天运营前设备电源能顺序分组自动开启，具有缓启动功能；可以根据运营组织的需要，在系统维护管理终端、本地设备维护管理终端以及控制终端上，调整当天电源开关机时间，必要时可以手动开关设备。

控制中心调度员根据需要，通过系统维护管理终端，实现对各车站 CCTV 内相关设备远程电源控制。

系统维护管理终端、本地设备维护管理终端、控制终端都可进行人工电源开关的操作，也可以设置为自动开关并输入自动开关的时间设置。

10. 车载监控功能

车载监控系统是指在列车内安装的视频监控系统。

（1）系统初始化功能。

①初始化操作。车载 CCTV 通电后，系统处于空闲等待状态。

②激活车载 CCTV。当列车某一端的驾驶室被激活时，CCTV 自动被激活。此时，列车管理系统（TMS）发送相应的信息至 CCTV 的车载服务器，指示开始进行车载视频监控系统的运作。

③测试和诊断。CCTV 激活后，系统对所有连接设备进行监测，例如对车载摄像机、车载网络视频编码器、车载视频服务器等设备进行诊断和通信监测，并把所收集到的相关信息进行存储。

（2）视频采集功能。

车载图像采集设备包括车载摄像机和车载网络视频编码器。

在列车的乘客车厢前后两端，分别配置一台固定摄像机（定焦），用于监控列车车厢内的情况，采用对角线安装，两个固定摄像机进行对射，可以完全覆盖整节车厢（包括贯通通道）。每个摄像机监控 1 侧车门的状况和紧急对讲点附近场景。车厢中间为重叠区域，更便于查看乘客状况；车头/尾外侧各设 1 台固定式摄像机，安装在列车的两端的外部，提供轨道和隧道内的图像。摄像机共计 14 台，其中 12 台监控车厢内的情况，2 台监控车厢外的情况。

车厢内部摄像机能满足在列车车厢常规照明和紧急照明条件下提供清晰的图像。车厢外部摄像机能在轨道和隧道常规照明和紧急照明条件下提供清晰的轨道和隧道的图像，并能快速适应隧道照明和车站照明的变化。

在每个车厢的摄像机附近安装一台网络视频编码器，车厢内 2 台摄像机输出的模拟视频信号通过网络视频编码器进行压缩编码；每节车厢内设 1 台以太网交换机（与车载 PIS 合用），编码视频图像通过车载局域网传输到列车两端的车载视频服务器。两端驾驶室内各设置 1 套车载视频服务器（含存储设备），管理、存储车载图像信息；并能控制摄像机图像从车载系统向轨旁无线设备的传输，支持同时传输 1～14 个摄像机的图像。

（3）视频监控功能。

控制中心（主、备）可以通过操作员操作界面或专用的操作控制键盘选择正线运营的任意一列车的任意一个摄像机图像。通过操作员工作站，可以选择车辆摄像机号，被选图像经 WRF 传输至控制中心。

当控制中心（主、备）监控列车图像时，调度员可拥有如下选择权（各调度员的选择保持相互独立）；车辆单个摄像机图像；列车中所有图像的轮巡图像。

图像在监视器上除了显示正常的监控图像外，还能显示摄像机号、车辆号、日期、时间等信息。监控模式选择可包括人工选择或者自动（周期循环），可实现轮流切换 14 个列车内外摄像头的视频图像，以供控制中心或公安中心观察车厢内外状况。

（4）录像及存储功能。

车载 CCTV 视频图像录像功能通过车头/尾的网络录像机（NVR）来实现。

在正常列车运行环境下，车载服务器将以 25 帧/秒速度连续记录来自车载系统的全部

14 路图像，确保视频图像的高质量。所有的 14 路图像，在列车两端服务器同时进行录制，互为备份。

录制可选择全时段 24h 不间断录像，也可在收到来自 TMS 的唤醒指令后开始录制。

车辆上录像时间不小于 3 天的要求，按每天存储 20h 计算。所需硬盘空间为 680GB。

当视频连续存储超过 3 天后，系统则将自动覆盖最早存储的图像。

列车两端驾驶室的两台车载服务器采用 Active/Active 双机互备的形式工作，系统采用对称式结构，在首尾两端车室内安装完全相同的两套设备，互为备用。车载视频编码器分别向两台车载视频存储服务器提供视频码流，车载视频服务器接收网络视频码流并进行转发和存储。

（5）主备用车载服务器倒换功能。

正常工作状态下，车头/车尾两台车载服务器处于双机互备的形式，同时对车厢内的所有视频数据流进行存储，但只有一台进行无线转发。当其中一台发生设备故障时，另一台则会接管其转发工作。

（6）联动功能。

车载 CCTV 能接收来自乘客紧急对讲装置、紧急开关装置、烟感探测器、温度监测器等警报数据信息从列车管理系统（17MS）送往车载 CCTV。

车载 CCTV 自动将警报位置处摄像头所采集的图像传至控制中心，并使该图像自动切换到相应调度操作员的监视器上。

对告警触发时所采集的图像，系统可以使用标签技术将其做特别标示。用户可以通过 CCTV 控制器的智能查询功能，快速从硬盘录像机查找和回放这些特殊标志的图像。

当报警源被解除时，CCTV 将自动复位到原先的工作状态。

（7）设备告警。

车载 CCTV 可在 Windows 平台上安装统一网管，可以收集来自该系统中运行设备的告警信号，并通过以太网交换机向车载 TMS 传送；同时，通过车-地无线传输通道，可以接收来自控制中心的配置命令，包括视频切换命令、传输参数的设置等。

（8）车载网管软件。

车载 CCTV 以加密方式在传输系统中进行传输，确保视频信号和控制命令的安全。车载网管软件的主要功能有：系统维护；列车机能监测和基础标定；诊断数据库中的数据上传；定型处理和计算后的环境参数的显示；索引和应用维护；环境参数显示和异常事件复位；上传诊断数据库和下载环境参数；数据输出，向客户机快速下达系统诊断指令；诊断数据库参数配置；信息打印。

网管系统能够诊断到最小可更换单元的故障。可以显示：出现故障的车厢及位置；故障的影响；可能导致故障的设备。

故障与网管信息可以通过网络与通信技术，将信息可靠地传输到控制中心的地面工作站并正确接收。远程维护终端可对收集的故障信息进行查询，并进行相关的处理。

11. 系统管理

（1）配置管理。系统配置管理的内容如下。

①对前端编解码器的现场初始化设置：设置内容包括设备 IP 地址、服务器 IP 地址、设备编号、逻辑名等。

②设备参数的设置和修改：可通过现场或远程设置修改设备参数，设备参数包括网络参数、编号名称、时间、字符、报警接口、报警联动参数、解码器型号、图像参数、安全等级、图像报警、自动复位设置。

③对存储服务器的初始化设置：设置各路图像的存储位置，安全等级。

④对数字显示终端的初始化设置：如分组切换、顺序切换显示方式的设置，报警信息的自动显示和报警状态的自动切换设置。

⑤对中心控制台的初始化设置：建立和编辑控制区域的摄像机布置图信息；设备入网、配置、注销、查询、启停；支持动态 IP 地址分配；支持设备远程重启、自动恢复、人工恢复；软件升级；配置文件读写、备份、保护；详细的操作日志。

（2）状态管理。系统状态管理的内容如下。

①可外接总线和直接报警设备，如红外探头、紧急按钮等。

②可外接直接报警输出设备，如警灯、警笛等。

③完成报警信息联动控制，即当其中一个报警器出现警情时，其设置为联动的继电器开关动作，并在设为报警联动的图像上叠加相关文字信息。

④能够监测总线上外挂设备的工作状态，当总线发生故障或总线设备消失后，能够及时向中心管理服务器报警。

⑤可进行报警联动功能设置，如报警联动图像、报警联动开关、报警联动字符。

⑥可进行报警参数设置，如报警设备定时开关时间、报警蜂鸣时间、最小报警间隔时间、报警方式。

⑦可设置多个报警器对应为一路图像或一个报警器对应多路图像。

⑧可实现图像丢失报警、图像遮挡报警、图像框定区域的变化移动报警。根据现场报警信息和图像遮挡报警完成对图像的报警字符叠加。

中心控制服务器负责监测各系统设备的信息，判断各系统设备是否工作正常，提供系统故障处理的管理，包括系统运行日志，系统异常报警，故障点定位等，并提供一定的故障监测手段。设备故障告警，告警级别设置，故障捕获、告警、倒换，设备切换，告警消除报告，定位、诊断、辨认，告警日志管理。

（3）性能管理。系统性能管理的内容如下。

①系统提供完善的系统设备管理功能，对系统设备及运作情况进行监控，提供系统负荷程度及系统并发流量的监测。

②超出流媒体服务器分发容量的访问请求，给予提示并拒绝访问。

③自动获取网络结构和配置。

④性能统计数据的形成和保存。

⑤系统安全管理。

⑥分级管理，按用户、用户组、区域、任务划分进行管理。

⑦支持不同等级用户的权限的分配及收回。

⑧支持用户与不同服务功能之间的权限绑定，各项服务功能如监控、操作、录像等均可进行不同等级的权限管理。

⑨支持密码设定和修改。

⑩通过输入账号和密码确认用户的身份，进行远程管理。

⑪远程访问的显示和许可，根据操作人员权限，用户可以选择一个或多个远程访问，在主页面上显示其操作内容。并随时可终止其中一个或全部远程控制请求。

⑫各系统设备和中心管理服务器时间自动同步。

⑬建立整个系统的摄像机、图像文件、现场报警信息、图像报警标记的详细索引表，供控制中心操作人员和授权的远程用户查询调用。

⑭日志管理功能，记录系统所有设备和操作人员进入、退出系统的时间和操作情况。

⑮操作人员管理功能，对操作人员的上下班进行登记和建立日志，便于将来查询。

⑯对系统管理员、操作员账号、密码和操作控制权限的初始化设定。

⑰实现用户之间的严格权限隔离。

⑱支持视频流的加密及加强用户认证的控制，以免非法用户使用。

12. 用户管理

用户管理涵盖：用户权限管理、账务管理以及用户的增删改、查询、认证、授权、锁定、解锁、访问记录等。

用户管理的内容：支持不同等级用户的权限的分配及收回；支持用户与不同服务功能之间的权限绑定，各项服务功能如监控、操作、录像等均应可进行不同等级的权限管理；支持对用户的监控图像质量、中心存储空间大小等与服务功能有关的各项参数的设定及管理；支持用户密码等用户一般属性的修改；支持用户自服务功能，包括用户自开内部账号及对内部账号的授权及管理；支持用户操作权限优先级的管理；提供友好灵活的系统级用户服务功能管理界面以及用户自服务界面。

六、CCTV 基本操作

1. CCTV 基本操作人员

ISCS 与 CCTV 共同约定摄像机控制的操作员包括：TCC 调度员（经临时特殊授权）；中心防灾值班员；车站防灾调度员；中心行车调度员；车站行车值班员；中心电力调度员；中心 AFC 调度员；TCC 调度员；换乘站值班人员；公安派出所调度员；公安车站值班员；公安公交总队调度员及其他公安部门人员；其他操作员。

2. CCTV 基本操作

CCTV 画面被划分为两类：车站和 OCC 画面。控制中心 CCTV 人机界面可以提供的显示内容方式有：单画面显示、四画面显示、九画面显示、序列显示、大屏幕显示、大屏幕序列显示等。CCTV 基本操作以北京某条具体线路为例说明：初次进入时，控制中心 CCTV 功能界面如图 3-3-6 所示。

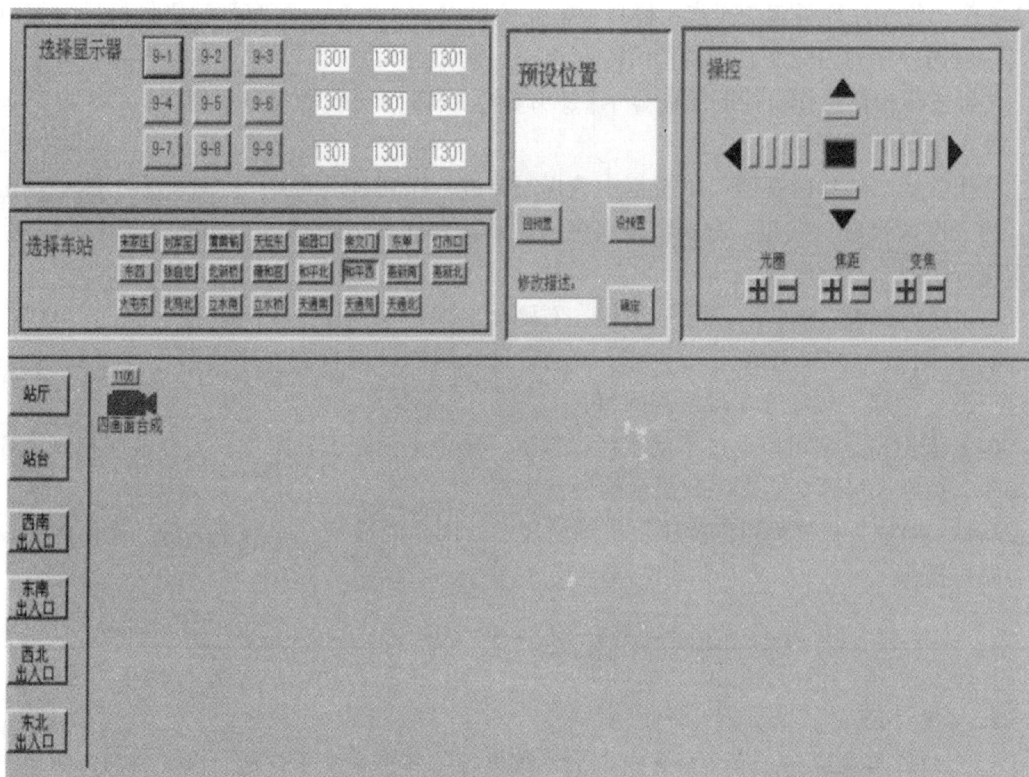

图 3-3-6 控制中心 CCTV 功能界面

（1）单画面显示。单画面显示的调用一般是采用手动选择摄像机的操作，可以进行摄像机水平 360°、上下 180°俯仰、变焦等调节操作，选中平面图中的位置等操作。

当操作员选择需要的监视器后，点击"单画面显示"按钮，右侧显示单画面显示功能界面。

然后操作员可在"单画面显示"框内选择车站摄像机，或选择车站后点击在平面地图内的摄像机图符进行摄像机选择。选择摄像机后，点击"确定"按钮激活。

点击"确定"按钮后，所选摄像机的图形即显示在指定的监视器上。

通过选择车站，可进行一次性的全部摄像机全部归位。平面地图显示每个摄像机的状态，并显示占用操作员的级别。双击平面图上的摄像机图符，相当于直接选中该摄像机。

（2）四画面显示和九画面显示。四画面显示和九画面显示的调用可以通过手动选择摄像机和点击选中平面图中位置的操作来实现。九画面显示的调用同四画面显示操作类似。

四画面显示：当操作员点击"四画面显示"按钮后，右侧显示出四画面显示功能界面。然后操作员可在"四画面显示"框内选择车站摄像机或选择车站点击在平面地图内的摄像机画面进行四画面显示设定。

（3）序列显示。序列显示通过编辑、控制序列显示的操作实现。

操作员可添加/修改序列显示，并保存在 CCTV 中。在中心，可编辑的序列数目最多为 245 个，每个序列最多 255 步，操作员需要提供以下 3 种信息：车站、摄像机、持续时间（一般同一序列内，所有步的持续时间相同，默认为 5s）。

两种按钮提供操作员控制序列显示："开始"按钮，发出序列显示指令；"停止"按钮，停止序列显示指令。

操作员从"选择监视器"下拉框中选择需要进行序列显示的某个监视器后，然后点击下方的"序列管理"按钮。右侧将列出序列显示操作区域，包括以下功能：始执行序列、停止执行序列、新增序列。

点击序列列表右侧的"新增"按钮，右侧会出现"序列设定"列表框，通过"新增""编辑""删除"按钮可以完成序列步骤的管理。用户可以自定义序列名称和序列内容，通过点击"存储"按钮来实现序列的保存。

（4）大屏幕显示可以通过手动选择摄像机、选中平面图位置实现；大屏幕序列显示通过编辑、控制大屏幕自定义序列显示的操作实现。

车站 CCTV 人机界面可以提供：单画面显示、四画面显示、序列显示等。操作同控制中心基本操作。

任 务 实 施

1. 课堂讨论

（1）讨论与交流一：有名乘客在乘坐地铁出行过程中丢失了钱包，乘客找到地铁工作人员要求查看 CCTV，乘客有权查看 CCTV 吗？

（2）讨论与交流二：CCTV 的发展是否比较快呢？你从哪些方面得到此结论。

（3）讨论与交流三：CCTV 与 ISCS 的关系是什么？

2. 调研地铁 CCTV 的设备组成，完成表 3-3-1。

调研表 1   表 3-3-1

城市和线路名称	CCTV 摄像头种类	CCTV 摄像头型号	CCTV 摄像头数量	摄像头分布示意图

请同学们调研你所在城市的 CCTV 的组成和功能，完成表 3-3-2。

调研表 2   表 3-3-2

城市和线路名称	CCTV 摄像机	CCTV 控制台位置	车站监视器画面数量	报 警 信 息	功 能 描 述

3. CCTV 的基本操作

地点：实训中心车站控制室和控制中心实训室。

请同学们分组，5人一组进行 CCTV 中央级基本操作的训练。

请同学们分组，5人一组进行 CCTV 车站级基本操作的训练。

（1）查找站台 A 端画面。

（2）查找站厅 B 端画面。

（3）查找直梯画面。

（4）查找自动扶梯画面。

（5）查找出入口画面。

（6）统计共多少个画面可以查看。

复习思考题

一、填空题

（1）CCTV 监控子系统为_____、_____、列车司机等提供有关列车运行、防灾救灾、乘客疏导等方面的视觉信息。

（2）车站一级的用户包括_____和_____和防灾值班员，应能任意地选择、控制本车站中任意一台或是一组摄像机的图像，并切换到相应的监视器上。

通过合理安排 2~4 台站台定焦摄像机的位置，给列车司机提供能观察到全站台乘客上下列车情况的监控画面，用以控制车门和站台门的开闭，防止夹伤乘客。

（3）CCTV 由_____、控制部分、传输部分、监视器、报警部分和网管部分等 6 部分组成。

（4）在一个城市有多条地铁线路的情况下，上层的线网管理中心可以设置为线网CCTV，根据需要调看各线路监控画面，从而形成_____、_____和_____的三级视频监控系统。

（5）车站摄像机的种类总共有 3 种，分别为_____、_____、_____。一般摄像头与主机之间的连接采用_____连接。

各监视器显示的图像上应叠加有_____名称、监控区域名称、_____编号，以及摄像日期和时间等信息，维护人员可以更改以上信息。

（6）在一个城市有多条线路的情况下，上层的线网管理中心可以设置为_____监控中心，根据需要调看各线路监控画面，从而形成车站、控制中心和_____中心的三级视频监控系统。

（7）CCTV 可实现控制中心、_____和司机的三部分监控。三部分监控应是自成系统的，控制中心应有权调看车站级的监控点图像或回放历史图像。

（8）CCTV 由摄像机、_____部分、传输部分、_____、报警部分和网管部分等 6 部分组成。

（9）所使用的摄像头分为：_____摄像头、_____摄像头和_____摄像头。有带_____功能的摄像头，也有不带此功能的摄像头。

（10）CCTV 的前端设备与主机设备通过_____系统进行通信。该系统一方面将前端_____头、_____头、报警探测器或数据传感器捕捉到的音视频信号及各种探测数据传送到_____；另一方面将主机的各种控制指令传送到前端_____器。

（11）CCTV 的传输系统应该是_____向的。因上下行带宽不对称，故上下行传输，一般使用不同的传输介质来实现。例如：上行用_____传送视频信号；下行用屏蔽双绞线传送控制信号。城市轨道交通的监控系统，往往借助已有的通信传输线路或_____来传输控制中心与各车站之间的各种 CCTV 监控信号。

（12）_____传输是 CCTV 中最基本的传输方式。在局域性质的 CCTV 中，从前端设备到主机的距离通常在_____m 之内，故从前端设备到主机之间一般都通过_____传输。

（13）视频监控系统通常还具有环境监控信号的采集、编码、传输与报警功能，并具有报警与视频监控联动的功能，包括安防报警、_____报警、_____报警、警视联动、设备联动等。

（14）视频监控系统网管部分的功能包括_____管理、系统网管、系统日志、控制权协商、信息查询等。

（15）CCTV 可分为_____视频监控系统、数字视频监控系统和_____视频监控系统 3 种，不同视频监控系统采用不同的技术与组网方案。

（16）ISCS 与 CCTV 共同约定摄像机控制的操作员包括：TCC 调度员（经临时特殊授权）；中心防灾值班员；车站防灾调度员；中心_____员；车站_____员；中心电力调度员；中心 AFC 调度员；TCC 调度员；换乘站值班人员；公安派出所调度员；公安车站值班员；公安公交总队调度员及其他公安部门人员；其他人员等。

二、简答题

（1）CCTV 监控子系统的基本功能需要有哪些？

（2）CCTV 的组成包括哪几个部分？

（3）CCTV 如何分类？

（4）CCTV 的基本操作包括哪些？

三、案例分析

阅读以下江南时报一则新闻，请分析，地铁 CCTV 的主要作用是什么？在帮助乘客寻找丢失物品的过程中是如何操作的呢？

"视频监控：南京地铁安全出行的护航者"

2018 年 09 月 05 日 06：33 江南时报

随着网络化运营规模不断扩大，南京地铁各线客流快速上升，为保障乘客安全出行，南京地铁不断优化完善地铁监控系统。

据"12345"政务热线综合管理平台反映，乘客常常因物件丢失而向地铁方提出调看相应视频监控的需求。为了满足乘客的需求，南京地铁运营公司通过扩大视频监控覆盖面、加强视频监控检修力度等措施提高服务质量。

1.8 万个摄像头，全域覆盖提升安全系数

南京地铁运营公司 CCTV 拥有监控终端摄像头共计 1.8 万个，其中车站监控和安防监控安装的摄像头有 1.4 万个，分别实现对车站出入口、通道、楼梯、站台和票亭以及隧道区间、基地安防等地的实时监控；全线网列车车厢内安装有摄像头 4000 个，实现对车厢的实时监控，达到了地铁公共区域监控全覆盖，更好地加强了公共区域治安防范，提高乘客日常出行的安全系数。

2017 年 12 月 27 日，市民王先生下班回家后，突然发现随身携带的笔记本电脑遗忘在下午乘坐的地铁列车上了。由于电脑内存有重要文件，心急如焚的他发微博求助，南京地铁决定调取监控帮助乘客寻回电脑。

技术人员王涛立即联系该乘客询问其具体行程信息，但王先生提供的信息相当少，只有一个大概时间点、下车的车站以及当天的衣着及戴着口罩等信息，仅凭这些，王涛无法准确判断乘客乘坐的列车车次号以及车厢号，给调取准确的列车监控增加了难度。

经过整整 2 个小时的排查，当晚约 22：00，王涛联合控制中心信号班组终于确定了需排查的列车范围：当天 17：36 前后 15 分钟内经过新模范马路站上下行的 20 列车。

随着夜色渐深，1 号线列车陆续结束一天的奔波回归车库等待检修，王涛却严阵以待，准备着手调取 20 列车的 30 分钟车载监控视频，希望从这些视频中找出王先生的身影。夜间 3 个小时检修时间接近尾声，他排查了 14 列车依然没有找到。

第二天夜间，王涛继续调取监控排查剩余的 6 列车，终于在车体号 2324 车尾部车厢的监控里找到了乘客王先生的身影，并确定了笔记本电脑的去向，随后在地铁客运部门的协助下顺利找回了王先生遗失的笔记本电脑。

像这样通过调看视频监控为乘客寻回丢失物品或处理纠纷的事件并不在少数。张磊表示，2017 年，通过调取监控成功为乘客寻物 600 余件，2018 年至 2019 年寻物 400 余件；2017 年通过调取监控协助处理客伤事件 40 余件，2018 年至 2019 年协助处理客伤事件 50 余件。此项服务举措用实际成绩赢得了乘客的广泛好评。

任务四　了解自动售检票监控子系统

情境导入

小李刚刚从高职轨道专业毕业，在上班的第一天，师傅正好接到自动售检票系统（Automatic Fare Collection，简称 AFC）监控子系统发生故障的信息，要求小李和班组其他成员一起，完成 AFC 监控子系统故障的维护，并记录下维护过程。

知识储备

城市轨道交通自动售检票系统是指基于计算机、通信、网络、自动控制等技术，实现城市轨道交通售票、检票、计费、收费、统计、清分、管理等全过程的自动化系统。

在城市轨道交通运营中，高效、安全、可靠的售检票系统有着举足轻重的作用，是为乘客提供方便、快捷、优惠出行的保障，也是运营商运营收入的保证。AFC 系统以其高度的智能化设计，扮演着售票员、检票员、会计、统计、审计等角色，数据收集和控制系统实现了票务管理的高度自动化。每个城市轨道交通车站都设有 AFC 系统设备，其分布范围遍历了车站站厅乘客活动的主要区域，它不但为乘客提供自动售票和自动检票服务，把握着城市轨道交通票务收入的经济命脉，也为城市轨道交通运营公司的科学管理提供可靠的数据，是现代城市轨道交通先进性的重要体现。

一、AFC 系统结构

在中华人民共和国国家标准《城市轨道交通自动售检票系统技术条件》（GB/T 20907—2007）中，将 AFC 系统结构分为五个层次，分别为车票、车站终端设备、车站计算机系统、线路中央计算机系统、清分系统，系统结构如图 3-4-1 所示。

各层次必须实现如下功能和要求。

第一层车票是乘客所持的车费支付媒介，规定了储值卡和单程票 2 种类型的物理特性、电气特性、应用文件组织及安全机制等技术要求，以及手机支付媒介手机软件。

第二层车站终端设备 ST（Station Terminal）安装在各车站的站厅，直接为乘客提供售检票服务的设备，规定了车站终端设备及其运营管理的技术要求。

第三层车站计算机系统 SC（Station Computer），其主要功能是对第二层车站终端设备进行状态监控，以及收集本站产生的交易和审计数据，规定了系统的数据管理、运营管理及系统维护管理的技术要求。

第四层线路中央计算机系统 CC（Central Computer），其主要功能是收集本线路 AFC 系统产生的交易和审计数据，并将此数据传送给城市轨道交通清分系统，以及与其进行对账，规定了对该线路的车票票务管理、运营管理及系统维护的技术要求。

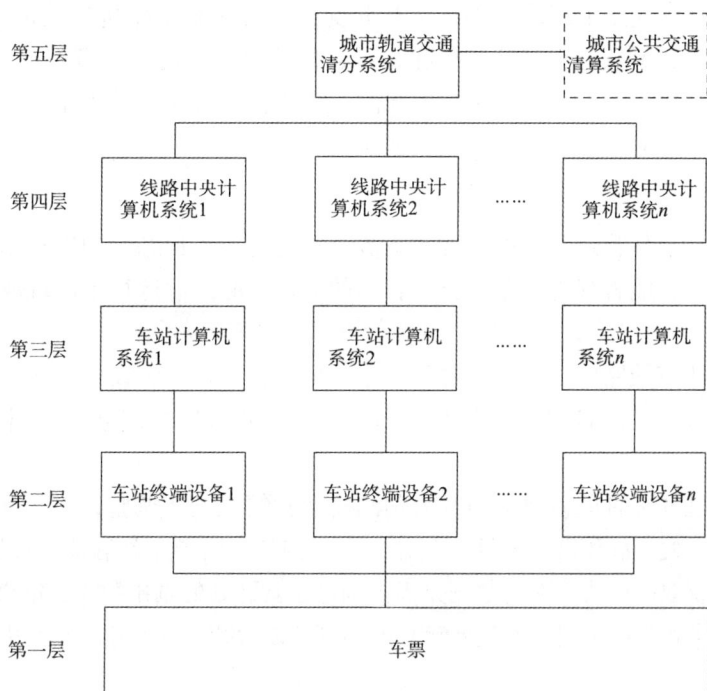

图 3-4-1 AFC 系统结构图

第五层清分系统 CCS（Central Clearing System），其主要功能是统一城市轨道交通 AFC 系统内部的各种运行参数、收集城市轨道交通 AFC 系统产生的交易和审计数据并进行数据清分和对账、同时负责连接城市轨道交通 AFC 系统和城市一卡通清分系统，规定了对车票管理、票务管理、运营管理和系统维护管理的技术要求。

其中方框内的第一层是乘客与 AFC 系统的媒介，第二层到第三层为车站设备，第四层到第五层为后台管理设备。

ISCS 与 AFC 系统在监控对象和功能上差异较大，ISCS 监控地铁全线各子系统的主要设备工作状态和重要告警信息，并进行相关必要的联动控制；而 AFC 系统只需监视自身设备，但必须显示全部设备信息和全部告警。ISCS 与单条线路的 AFC 系统的对接联调，是为了实现 AFC 系统向 ISCS 后台发送的线路 AFC 系统设备最新数据与 AFC 系统数据表中存储数据实时一致，并实时显示在 ISCS 的人机界面上，供地铁用户监控使用。

二、AFC 设备监控子系统的分类与功能

地铁自动售检票设备监控子系统分为线路监控、车站监控和设备监控。各级别互不干扰，各司其职。设备监控是对设备的状态、模式、故障、报警等进行实时监控。

在网络化运营情况下，线路和车站的监控业务并无变化，但考虑到清分中心的监督职能以及其对设备总体运作情况统计的需求，车站需将运行信息上传至线路，线路则需将设备总体运作情况上传至清分中心。

线路监控显示该线路上所有车站的运行状况，运行状态主要包括正常、关闭、故障、维修、离线、降级、紧急等；车站监控除显示运行状况外，还包括车站的正常运营模式、降级运营模式和紧急运营模式，以及响应线路下达的各项命令；设备监控包括所有设备及其模块运行状态，并对上级下达的命令快速响应。

1. 线路监控

线路监控包括事件管理、状态管理和客流显示的功能。状态管理以车站为单位，显示各车站的运行状态，能直观地判断线路中各站的运行情况，对运行中出现故障的站点按级别进行显示。

事件管理对所有线路中上报的事件信息进行汇总，了解所有设备的运转情况，对紧急事件的及时上报能够帮助监控人员迅速、准确地定位到某个或某类设备，并对其进行处理。

客流显示通过客流的实际情况和客流预测对运营情况进行调整，以达到地铁客流的优化，保证地铁的最大收益和最好的社会效益。实时调整和引导车站客流，设置设备的常开/常关模式和进/出/双向模式。客流数据是提供制订运营计划的基础数据，准确显示出本系统各类设备处理各类客流的情况，对运营计划的制订及以后新系统的建设具有指导意义。

2. 车站监控

车站监控实时地动态显示车站内所有设备的状态，车站监控功能主要包括车站模式、车站命令、设备命令，上传数据等功能，设备在车站的中央区域摆放，并且按照设备类型进行分组。所有设备的摆放位置由其物理摆放位置决定，要么水平摆放在中央区域的上边或下边（或上下边都摆放），或垂直摆放在左侧或右侧（或左右侧都摆放）。

设备状态显示正常、警告、报警、离线和停止服务等描述设备运行情况的状态，各状态显示时由颜色进行区分，简单、直观、明了。在所有的车站模式中，紧急模式拥有最高优先级。如果当前模式是紧急模式，车站和设备不能被改变成其他的模式。

车站具有正常关站、临时关站、紧急和退出紧急等命令，车站除响应自身的命令外，还对设备发送命令，设备接收的命令包括：停止服务、通道模式、下载黑名单、设置扇门、时钟同步，设备控制和设备状态等命令。

3. 设备监控

设备分为闸机、半自动售票机和自动售票机3类，设备动态显示实时设备事件，包括模块综合状态事件和设备详细事件。模块综合事件显示的是设备全部模块的综合状态。设备详细事件根据需求显示设备的全部事件或某个模块相关的全部事件。

设备监控可对单设备或多设备发送命令，接到命令的设备需要立即响应，并做出与命令相关的物理动作，并对需要反馈的信息进行上传。命令发送时需要做到安全发送，对不符合标准的命令进行过滤或者拦截，保证设备运行的安全性和可靠性。

对闸机、半自动售票机和自动售票机的设备状态监控包括：设备信息、部件综合状态信息、设备图示信息和闸机事件信息。设备信息包括：设备名称、设备逻辑编号、设备总体状态。部件综合状态信息包括：设备部件名称及综合状态。图示信息包括：设备的图示、部件位置、部件状态。设备事件信息包括：设备上报的事件详细信息。部件综合状态包括：一卡通票卡综合状态、一票通票卡综合状态、设备操作参数综合状态、电源模块综合状态、扇门控制综合状态、票箱综合状态等。事件信息包括：发生时间、标记名、标志、级别和说明。

三、车站 AFC 监控子系统

城市轨道交通在每个车站都设有车站计算机系统 SC，与车站所有的终端设备连接，包括自动售票机（TVM）、半自动售/补票机（BOM/EFO）、加值验票机（TCM）、自动检票机（Gate），实现车站终端设备的状态监控、收集本站车站终端设备产生的交易、审计车站终端设备数据、控制车站终端设备。图 3-4-2 是某车站计算机系统 SC 的车站终端设备监控图，车站计算机系统 SC 与线路中央计算机系统 CC 连接，将车站内的所有车站终端设备的交易数据、状态上传，并接收线路中央计算机系统 CC 下传的票务数据、运行参数、运行模式等。

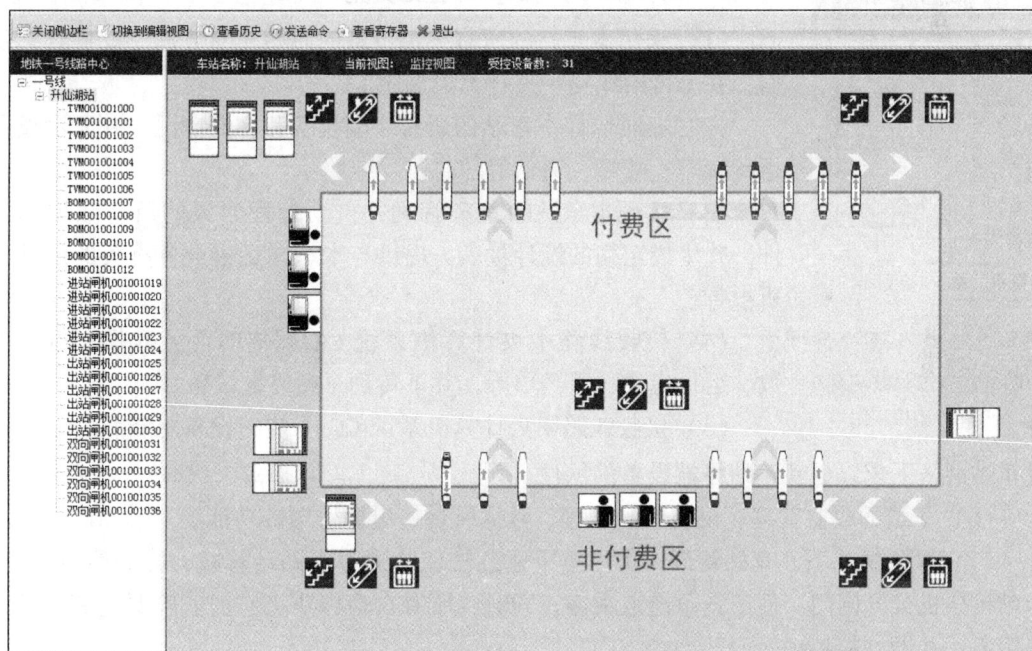

图 3-4-2　车站计算机系统 SC 车站终端设备监控图

终端设备图标通过颜色变化显示当前设备状态，绿色表示设备正常，黄色表示设备有一般故障发生，红色表示设备发生严重故障。

将鼠标放置在设备图标上时，显示设备编号等基本信息，如图 3-4-3 所示。

当用鼠标选中某一设备图标时，显示当前设备状态的详细信息，如图 3-4-4 所示。

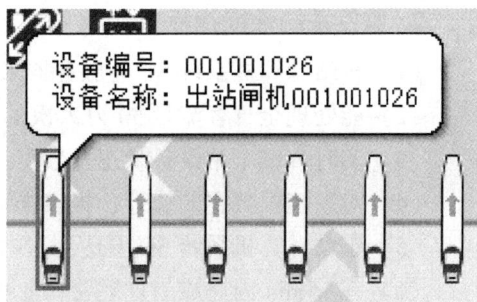

图 3-4-3　车站终端设备编号

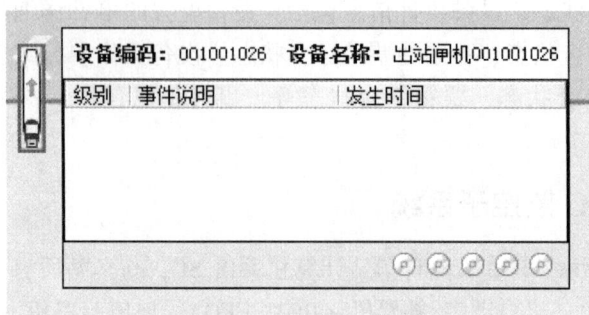

图 3-4-4　车站终端设备状态

点击监控界面左上方"切换到编辑视图"按钮，可切换至监控界面编辑功能。此时用鼠标可以拖动设备图标，并可以调整设备角度，如图 3-4-5 所示。

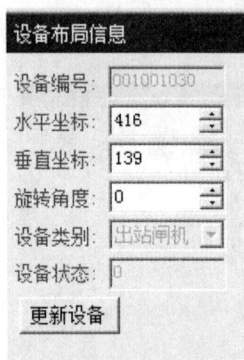

图 3-4-5　车站终端设备
编辑视图

1. 车站 AFC 监控系统主要功能

（1）采集本车站的所有终端设备的原始交易数据、设备状态数据，并上传给线路中央计算机系统 CC。

（2）实时监控本车站的所有终端设备和客流情况，并显示设备运行状态、故障、通信等信息。

（3）实现本车站的票务管理，自动处理当天的所有数据和文件，并生成定期的统计报表，提供与本车站运营业务有关的统计分析报告。

（4）接收线路中央计算机系统 CC 下传的票务数据、运行参数、运行模式、黑名单等，并下传到车站终端设备。

（5）接收线路中央计算机系统 CC 下传的设备更新软件，并通过车站网络下传以更新车站终端设备的软件。

（6）车站的收益管理、设备维护管理、数据管理、电源管理等功能。

（7）紧急情况下，车站管理人员可按下紧急按钮或通过车站计算机，控制所有的进、出站检票机打开闸门，便于紧急疏散乘客，同时，所有自动售票机、加值验票机等自动退出服务，并做好报警记录。

（8）保存 7 天以上的业务数据、系统数据、系统操作日志，并有数据备份。

2. 监控系统性能指标

（1）车站计算机系统 SC 的服务器采用工业级计算机，能支持 24h 不间断工作。

（2）能处理全日客流量 30 万人次的交易数据，每分钟处理 5000 条交易数据。

（3）实时查询车站设备状态及数据，查询速度小于 5s。

（4）对系统内数据的统计、报表查询速度小于 30s。

（5）车站计算机系统 SC 下达到车站所有终端设备命令速度小于 5s。

（6）在 15min 内完成当日运营作业程序的统计。

（7）断电时有系统和数据的自动保护功能。

3. 监控系统数据管理

车站计算机数据来源分为中央计算机下发给车站的数据、车站上传给中央计算机的数据、来自设备的数据、车站下发给设备的数据。

（1）中央下发给车站的数据：包括控制命令、软件、参数和配置信息、消息等。

（2）车站上传给中央的数据：车站报警信息、设备报警信息、交易数据、寄存器数据、车站计算机和设备状态信息、控制指令应答等。

（3）来自设备的数据：报警信息、交易记录、寄存器数据、状态信息、控制指令应答等。

（4）车站下发给设备的数据：控制指令、软件、参数和配置信息、消息等。

AFC 系统设备由于其高度的智能化及覆盖面，是现代城市轨道交通自动化的重要体现，是提高服务质量的重要保证。我国城市轨道交通 AFC 系统发展迅速，各地在 AFC 系统建设的同时努力提高系统的功能和性能，系统的规范化程度也在逐步提高，势必为城市轨道交通服务质量的提高起到决定性的作用。

──────────• 任 务 实 施 •──────────

1. 课堂提问和讨论

（1）城市轨道交通自动售检票系统 AFC 与城市轨道交通自动售检票监控系统的关系，是一回事吗？

（2）请讨论 AFC 的改进和监控发展。

2. AFC 监控系统的实训

请读图 3-4-2 完成填空和实训操作。

图中，可以进站的闸机有_____台，请在图上标注，可以出站的闸机有_____台。

请同学们仔细阅读以下材料，每组 10 人，根据内容进行演练。完成不少于 1000 字演练报告并提交。由于突发火灾，调度员通知车站 A、B、C、D 四个车站进行紧急疏散。车站值班员收到调度命令，立即广播，并且进行紧急操作，通过 AFC 监控子系统确认紧急操作有效，车站处于紧急疏散模式。过程参考如下。

调度员来电：车站 A、B、C、D 听令，由于突发火灾，四个车站紧急疏散，立即执行。

A 站：收到，车站紧急疏散，立即执行。

B 站：收到，紧急疏散，明白。

C 站：收到，立即疏散，明白。

D 站：收到，立即疏散，明白。

A 站值班员，报值班站长："调度命令立即疏散"。值班站长："立即执行疏散"。值班员立即紧急广播："（请同学们完善广播内容），循环紧急广播"。同时值班员启动 IBP 盘上的 AFC 子系统的钥匙从无效转到有效位，按下 AFC 的紧急疏散按钮，然后利用 ISCS 打开 AFC 监控子系统确认所有出站闸机已经开放。

B 站：工作内容同 A 站，执行紧急疏散。

C 站：工作内容同 A 站，执行紧急疏散。

D 站：工作内容同 A 站，执行紧急疏散。

车站的站务在值班站长的指挥下，站台、站厅、出口进行值岗，大声提醒疏散方向和注意安全。几分钟后各岗利用手持电台向值班站长汇报疏散完毕。

车站疏散完毕后，各站立即汇报调度员：××站疏散完毕请指示。

复习思考题

一、填空题

（1）城市轨道交通自动售检票系统（Automatic Fare Collection，简称 AFC）是指基于_____、通信、网络、_____等技术，实现城市轨道交通_____、检票、_____、收费、统计、清分、管理等全过程的自动化系统。

（2）地铁自动售检票设备监控子系统分为_____监控、_____监控和_____监控。各级别互不干扰，各司其职。设备监控是对设备的状态、模式、故障、报警等进行实时监控。在网络化运营情况下，线路和车站的监控业务并无变化，但考虑到清分中心的监督职能以及其对设备总体运作情况统计的需求，车站需将运行信息上传至线路，线路则需将设备总体运作情况上传至_____。

（3）线路监控显示该线路上所有车站的运行状况，运行状态主要包括：_____、关闭、_____、维修、离线、降级、紧急等；车站监控除显示运行状况外，还包括车站的_____运营模式、降级运营模式和_____运营模式，以及响应线路下达的各项命令；设备监控包括所有设备及其模块运行状态，并对上级下达的命令快速响应。

（4）线路监控包括_____、状态管理和_____功能。车站监控实时地动态显示车站内所有设备的状态，车站监控功能主要包括车站模式、车站命令、设备命令，上传数据等功能，设备在车站的中央区域摆放，并且按照设备类型进行分组。

（5）闸机监控。闸机的状态包括：_____信息、部件综合状态信息、闸机图示信息和闸机事件信息。半自动售票机监控。半自动售票机的状态包括：半自动售票机信息、_____信息、半自动售票机图示信息和半自动售票机事件信息。自动售票机监控。自动售票机的状态包括：自动售票机信息、部件综合状态信息、_____信息和自动售票机事件信息。

（6）AFC 监控系统性能指标包括：①车站计算机系统SC 的服务器采用工业级计算机，能支持_____h 不间断工作；②能处理全日客流量_____万人次的交易数据，每分钟处理_____条交易数据；③实时查询车站设备状态及数据，查询速度小于_____s；④对系统内数据的统计、报表查询速度小于_____s；

⑤车站计算机系统SC下达到车站所有终端设备命令速度小于_____ s；⑥在_____ min 内完成当日运营作业程序的统计；⑦断电时有系统和数据的_____功能。

二、简答题

（1）什么是 AFC 系统？其作用是什么？

（2）AFC 系统建设时必须着重考虑哪些方面内容？

（3）AFC 系统结构分为哪几层？其各自主要功能有哪些？

（4）监控系统的主要功能有哪些？

（5）监控系统如何管理数据？

三、案例分析

以下是西安地铁某线路的 AFC 设备监控子系统的一段描述，请分析 AFC 系统、ISCS、AFC 设备监控子系统三者之间的关系？

西安地铁 2 号线南段工程为 2 号线延伸线，包括三爻站、凤栖原站、航天城站、韦曲南站等 4 个车站。其 AFC 系统的网络架构需延续 2 号线一期工程的系统架构。南段工程每个车站形成各自的 AFC 局域网，车站终端设备间通过 2 层交换机进行网络连接，车站售检票设备交换机与车站级交换机（2 层交换机）采用环形工业以太网相连接，负责车站终端设备和车站计算机之间的数据交换。车站局域网通过通信传输主干网与 2 号线中央计算机系统（CC）建立数据传输通道。延长线新建的 4 个车站的上层中央计算机系统与一期工程 17 个车站都使用原中央计算机系统，与综合监控系统的数据传输也通过中央计算机系统中服务器相连，并通过同一小清分系统实现对一卡通及 1 号线 AFC 系统的数据交互。

AFC 与 ISCS 的接口：AFC 系统的 2 个核心交换机（核心交换机 A、B）分别通过防火墙直接连接到 ISCS 的内部交换机，实现客流和状态数据的传输。

AFC 内部核心交换机通过网线与通信服务器相连。通信服务器中装有实现 AFC 系统与 ISCS 数据实时互通的执行脚本，系统内部设置自动执行脚本任务，每日凌晨 3：00 自动执行脚本，生成数据实时同步日志并打包存放在指定目录，通过该日志可查看 AFC 与 ISCS 数据传输是否正常进行。另外，AFC 系统维护人员每日巡检时会登陆通信服务器对该脚本运行情况进行检查，通过执行相关命令来查询 AFC 与 ISCS 数据传输是否实时进行，若有异常，及时给予处理。

核交换机 A 中划分 2 个 VLAN，分别给 2 个 VLAN 配置相应的 IP 地址，并与综合监控进行协商，将对应接口的 IP 与 VLAN 接口 IP 划分在同一网段内，保证网络通信的基本条件。AFC 系统与 ISCS 连接预留 2 个接口，1 个已接入正式系统，另 1 个作为备用，若已用线路出现问题，则启用另一条线路。

项目四 进行综合监控系统运行维护和故障处理

教学引导

本项目着眼于综合监控系统的运行维护和故障处理。当城市轨道交通有突发状况出现时，操作人员常常进行综合后备盘的一些操作。本项目任务一将详细学习使用综合后备盘（IBP 盘）的基本操作，包含环境与设备监控操作、气体灭火应急操作、供电系统应急操作、站台门应急开放操作、信号操作紧急操作、自动售检票系统紧急疏散开放操作、CCTV 搜寻和广播操作，以及门禁紧急操作等。本项目任务二是总体上总结归纳城市轨道交通综合监控系统的结构、机构维护种类和常见故障。

学习目标

（1）学习掌握突发状况下，综合后备盘的基本功能和操作过程。
（2）能够了解综合监控系统的总体结构。
（3）能够了解综合监控系统的常见故障。
（4）能够了解综合监控系统的运营维护机制。

任务一　运用与操作综合后备盘

情境导入

经过一个学期的学习，小明和他的同学对城市轨道交通综合监控系统各方面的内容都有了系统清晰的认识，然而在实际工作中，各模块都会出现突发事件，在这种情况下应该如何操作呢？一些应急设备在实际操作中的使用要求以及如何使用呢？

本项目将详细讲述综合后备盘（IBP 盘）中所包含的各操作区，如环境与设备监控操作区、气体灭火操作区、供电操作区、站台门操作区、信号操作区、自动售检票操作区、

CCTV 操作区，以及门禁操作区等在实际运用过程中的具体操作方法和操作要求。

知识储备

地铁综合监控系统在车站控制室配置了综合后备盘（IBP 盘）。它是综合监控系统在车站级的后备手动操作系统，是当发生突发事件，包括发生设备故障时，车站工作人员使用的紧急操作盘。

车站综合后备盘的功能主要包括：紧急情况下自动扶梯的停止、启动控制功能；在紧急情况下具有切断三级负荷及照明电源的功能；环控通风排烟系统的紧急控制（模式控制）和消防联动控制模式；自动售检票系统（AFC）的闸机解锁或开启闸门的控制；站台门（PSD）系统的开关门控制；防淹门（FG）的关门控制；门禁系统（ACS）的解锁控制；列车自动控制（ATC）系统的紧急停车、扣车和跳停控制等。

在综合后备盘上，一般有 8~15 个监控操作区，主要包括环境与设备监控操作区、气体灭火操作区、供电操作区、站台门操作区、信号操作区、自动售检票操作区、CCTV 操作区、门禁操作区等。

一、环境与设备监控操作区运用与操作

1. 组成与作用

当列车因故无法继续运行而迫停区间时，车站须依据环控调度员的命令或指示，通过操作环境与设备监控系统（BAS）触摸屏启动相应风机完成对区间列车的通风。环境与设备监控系统操作区分别由钥匙开关、触摸屏、灯测试按钮组成，如图 4-1-1 所示，其作用如下。

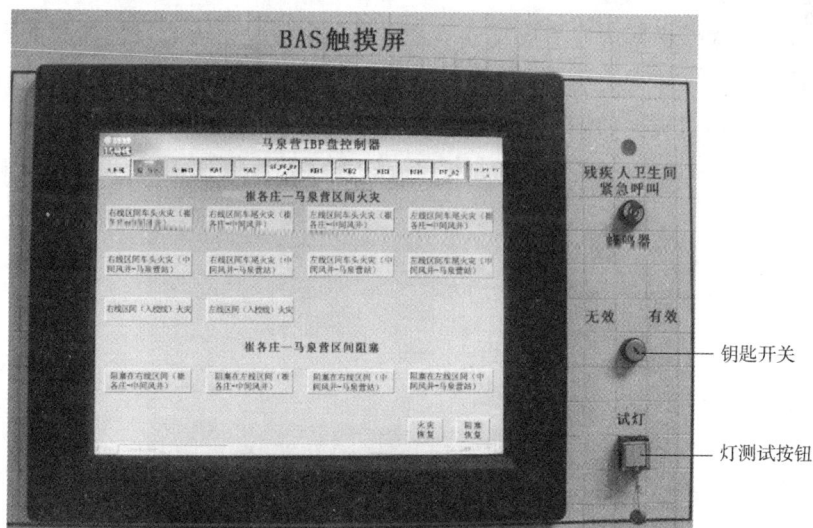

图 4-1-1 环境与设备监控系统操作区

钥匙开关：用于控制该操作区各模式开启操作的有效性。

灯测试按钮：按下则 BAS 所有指示灯均点亮，用于定期测试指示灯性能。此按钮只供专业技术人员测试时使用。若有残疾人呼叫功能，呼叫指示灯及蜂鸣器不受有效无效的控制。

2. 操作与注意事项

（1）阻塞模式的启用。

启用条件：须得到环控调度员的命令或指示后方可操作。

操作方法：将钥匙开关置于"有效"位，可以显示出当前火灾模式的状态，选择系统栏中任一按钮，可查看火灾模式控制显示画面，根据需要可用手指单击画面中按钮下方相应的火灾模式；模式启动后，可点击相应模式的对照表查看设备动作状态。图4-1-2是公共区模式相应设备动作状态。

公共区	望京西－望京	KA1	KA2	KA3	SF_PF_PY_A	PF_A2	KB1	SF_PF_PY_B

图4-1-2 公共区模式相应的设备动作状态

（2）阻塞模式的停止。

停止条件：须得到环控调度员的命令或指示后方可操作。

操作方法：在有启动按钮的界面上点击模式恢复按钮，即可停止全部设备。将钥匙开关置于"无效"位。

（3）注意事项。

在非使用情况下，钥匙开关应始终置于"无效"位；按钮防护罩应始终处于良好状态，操作完毕后，应及时将防护罩盖好，并通知相关工作人员加铅封。

二、气体灭火操作区运用与操作

1. 组成与作用

当车站气体灭火保护区内发生火灾或当二报出现误报时，可通过气体灭火操作区的相关按钮，启动或停止气体灭火装置。气体灭火操作区分别由钥匙开关、气灭控制按钮、放气指示灯、试灯按钮组成，如图4-1-3所示，其作用如下。

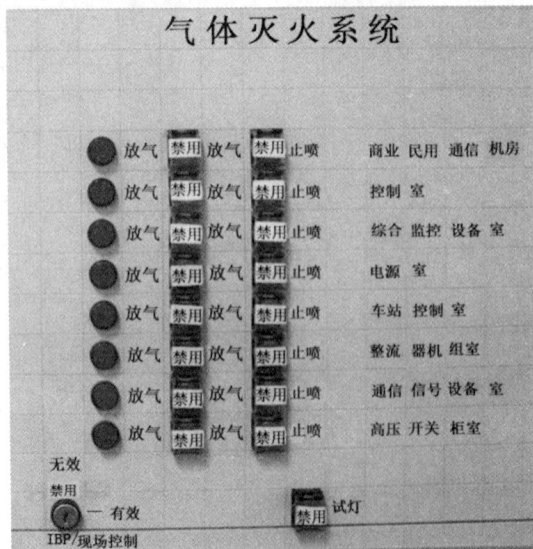

图4-1-3 气体灭火操作区

钥匙开关：用于控制该操作区各模式开启按钮操作的有效性。

气灭控制按钮：用于启、停气体灭火装置。当按压"放气"按钮后，气灭保护区内将释放灭火剂；当"放气"按钮被按下或出现二报时，30s内按压"止喷"按钮，气体灭火装置将被关闭。

气灭控制按钮指示灯：当按压"放气"按钮后，指示灯红色点亮；当按压"止喷"按钮后，指示灯绿色点亮。

试灯按钮：用于检测该操作区各控制按钮指示灯的状态，当按压该按钮时，状态良好的指示灯将点亮。此按钮只供专业技术人员测试时使用。

2. 操作与注意事项

（1）气灭控制。

启用条件：确认气灭保护区内发生火灾；当二报出现误报时，须在报警30s内迅速关闭气体灭火装置。

操作方法：①将钥匙开关置于有效位；②当确认保护区内发生火灾时，按压相应保护区的"放气"按钮；③当二报出现误报时，须在报警30s内迅速按压相应保护区的"止喷"按钮。图4-1-4即为钥匙开关从无效位置于有效位的动作。图4-1-5是不同保护区的"放气"按钮和"止喷"按钮。

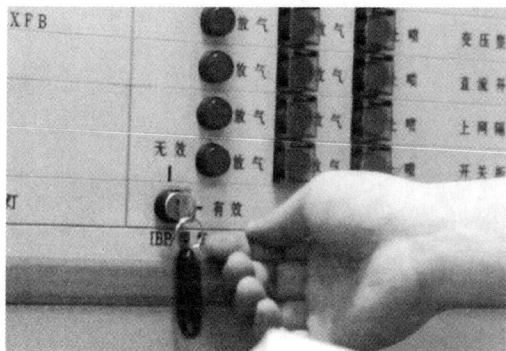

图4-1-4 钥匙开关置于有效位

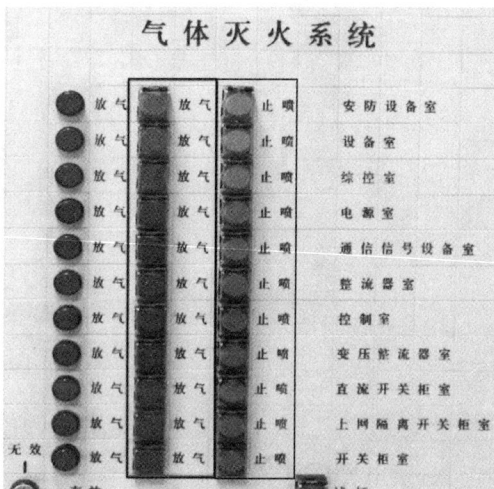

图4-1-5 不同保护区的"放气"按钮和"止喷"按钮

（2）注意事项。

①按钮防护罩应始终处于良好状态，操作完毕后，应及时将防护罩盖好。

②在操作"车站排烟风机启动/停止"按钮或"加压送风机启动/停止"按钮时，如"故障"指示灯亮灯，须及时上报环控调度员。

③气灭控制按钮的按压时间应不少于2s。

④当气灭保护区外的气体灭火装置处于"手动位"时，IBP盘上的气体灭火操作区的按钮将失效，当气灭保护区外的气体灭火装置处于"自动位"时，IBP盘上的气体灭火操作区的按钮才有效。

⑤非使用状态下，钥匙开关应始终置于"无效"位。

三、供电操作区运用与操作

1. 组成与作用

当发生危及人身安全及运营安全的特殊情况时，需对接触轨进行紧急停电时，可通过操作牵引供电系统控制相应区段的按钮，使该区段的接触轨停电。牵引供电系统控制分别由区段三轨断电控制按钮、三轨断电指示灯、钥匙开关所组成，如图4-1-6所示，其作用分别如下。

三轨断电控制按钮：用于对相应区段的接触轨进行停电。按压相应区段的"三轨断电控制"按钮后，相应区段的接触轨停电。

三轨断电指示灯：用于表示接触轨停、送电状态。当指示灯点亮时，表示相应区段的接触轨已停电，当指示灯灭灯时，表示相应区段的接触轨已送电。

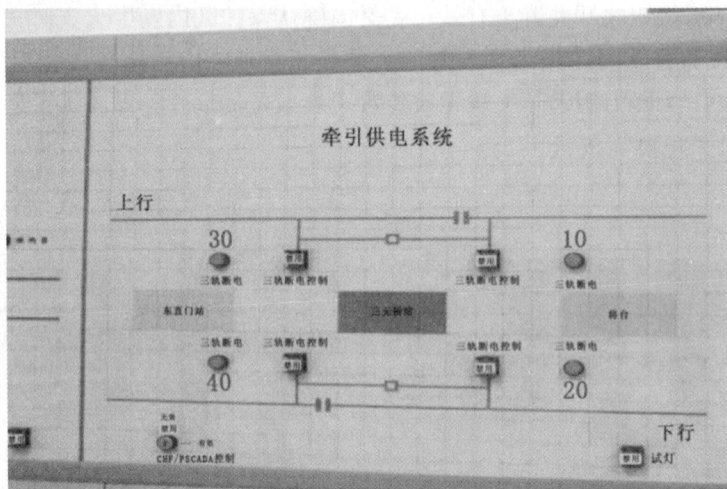

图4-1-6　供电操作区

钥匙开关：用于控制该操作区各分闸按钮操作的有效性。

2. 供电操作区操作

（1）紧急停电作业。使用条件是须得到环控调度员命令或指示后，方准进行操作。

使用方法：①将钥匙开关置于"有效"位；②根据需要接触轨紧急停电的线别及位置，按压相应区段的"三轨断电控制"按钮；③确认"三轨断电"指示灯亮灯后，方可松开该按钮，若指示灯未点亮，应及时上报环控调度员；图4-1-7是相应区段的"三轨断电控制"按钮；图4-1-8是确认"三轨断电"指示灯亮灯。④进行紧急停电操作完毕后，需将按压的"三轨断电控制"按钮再次按压进行复位，并向环控调度员汇报；⑤将钥匙开关置于"无效"位。

（2）注意事项。"三轨断电控制"按钮按下，确认相应区段接触轨停电后，须适时对"三轨断电控制"按钮进行复位，否则，变电站无法对相关区段进行送电作业。

图4-1-7 相应区段的"三轨断电控制"按钮

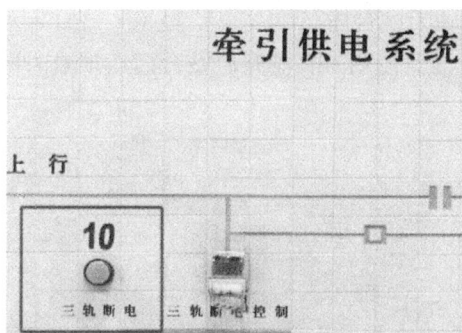

图4-1-8 确认"三轨断电"指示灯亮灯

四、站台门操作区运用与操作

1. 组成与作用

当发生火灾或其他特殊情况时，需对上下行的整侧全部的站台门进行紧急开启时使用。站台门操作区分别由上下行紧急开启按钮、上下行紧急开启到位指示灯、钥匙开关、试灯按钮所组成，如图4-1-9所示，其作用分别如下。

钥匙开关：用于控制该操作区域各模式开启按钮操作的有效性。

上行和下行紧急开启按钮：按压此按钮时，上行或下行整侧全部站台门立即开启。

上行和下行紧急开启到位指示灯：当站台门全部打开后，紧急开启到位绿色指示灯点亮。

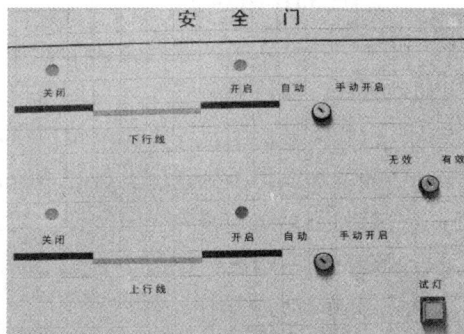

图4-1-9 站台门操作区

灯测试按钮：用于检测该操作区各模式按钮指示灯的状态，当按压该按钮时，状态良好的指示灯将点亮。此按钮只供专业技术人员测试时使用。

2. 操作与注意事项

（1）紧急开启站台门作业。使用条件：须得到现场指挥人员命令或行车调度员指示后，方准进行操作。

使用方法：①将钥匙开关置于"有效"位；②按压"上行/下行紧急开启"按钮，此时上行/下行整侧全部的站台门打开，如图4-1-10所示。③确认相应"紧急开启到位"指示灯点亮，方可松开按钮，若指示灯未点亮，应及时上报行车调度员。图4-1-11是"紧急开启到位"指示灯点亮。

（2）注意事项。

注意当列车未进入站台时，先操作互锁解除将列车接入站台后，再使用IBP盘或现场设备开启站台门。

注意紧急开启站台门作业完毕后，须将钥匙开关置于"无效"位。

注意使用IBP盘只能开启站台门，如需关闭站台门，须先将站台门"自动/手动开启"钥匙复位置于"自动"位，"有效/无效"位钥匙开关打到"无效"位，然后到站台使用

PSL 关闭站台门。

注意使用 IBP 盘开启站台门后须及时向行车调度员说明使用的理由。

图 4-1-10　"上行/下行紧急开启"按钮

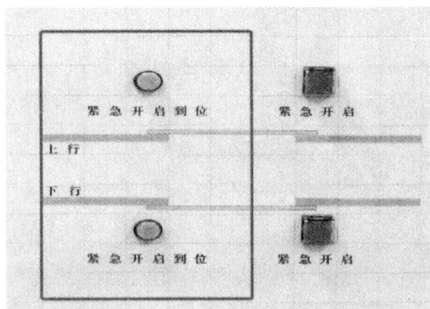

图 4-1-11　"紧急开启到位"指示灯亮

五、信号操作区运用与操作

1. 组成和作用

使用信号操作区"紧急关闭"按钮，通过关闭相应信号机或使信号系统停止向列车发出移动授权，而使列车停车。当信号控制台发生轨道区段计轴故障时，通过按压相关区段按钮，配合信号控制台计算机复位按钮对故障区段进行复位。

信号系统操作区分别由上行和下行站台紧急关闭按钮、上行和下行站台紧急关闭指示灯、上行和下行站台解除关闭按钮、切断警铃按钮、蜂鸣器、计轴故障解除按钮、钥匙开关、试灯按钮所组成，如图 4-1-12 所示。

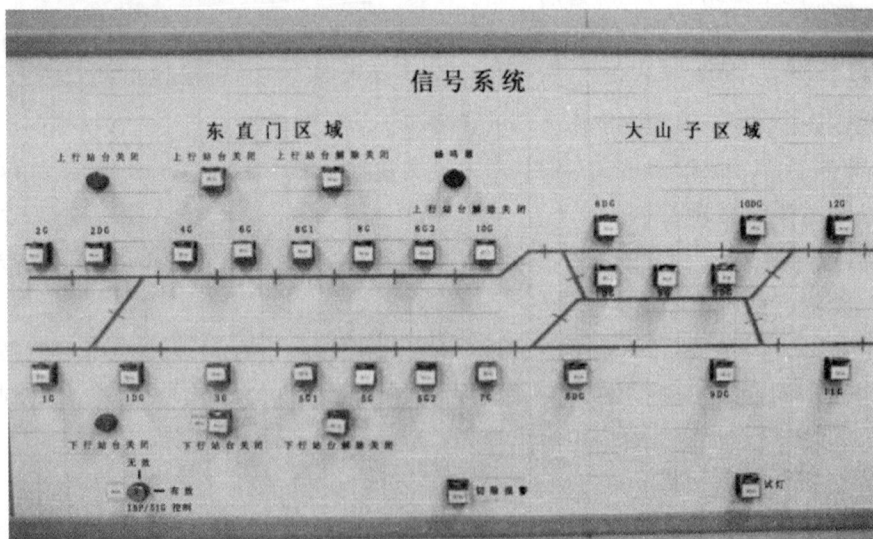

图 4-1-12　信号操作区

其作用分别如下：

（1）上行/下行站台紧急关闭按钮：关闭相应信号机或使信号系统停止向列车发出移动授权。

（2）上行和下行站台解除紧急关闭按钮：恢复相应信号机或使信号系统继续向列车发

出移动授权。

（3）切除报警按钮：当蜂鸣器报警后，使用该按钮停止蜂鸣器报警。

（4）上行和下行站台紧急关闭指示灯：当按压紧急关闭按钮后，相应关闭指示灯亮。

（5）蜂鸣器：按压紧急关闭按钮时，将伴有声音报警。

（6）计轴故障解除按钮：恢复计轴故障。

（7）钥匙开关：用于控制该操作区各模式开启按钮操作的有效性。

（8）试灯按钮：用于检测该操作区各控制按钮指示灯的状态，当按压该按钮时，状态良好的指示灯将点亮。

2. 信号操作区操作

（1）紧急关闭信号处置。将钥匙开关置于"有效"位；按压上行/下行"站台关闭"按钮。相应一侧站台关闭信号，红色指示灯亮灯并伴有声音报警，按下切断报警按钮后，切断声音报警；恢复时按压上行/下行"站台解除关闭"按钮，相应一侧站台关闭指示灯灭灯。

（2）信号故障紧急处置。使用条件：须得到行车调度员的命令或指示后方可操作；须确认计轴故障区段空闲后方可操作。使用方法：在信号控制台上点击"功能按钮"图标后，点击"计轴复位"按钮，按钮表示灯亮红灯；将钥匙开关置于"有效"位；按下相应的"计轴故障解除"按钮，对故障区段进行复位。图4-1-13是"计轴故障解除"按钮。

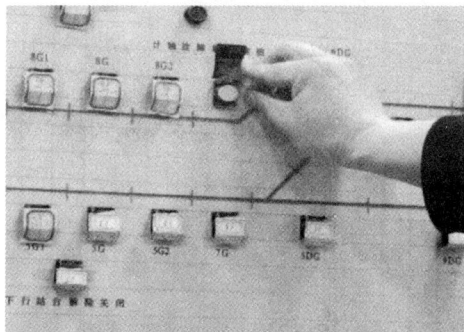

图4-1-13 "计轴故障解除"按钮

（3）注意事项。按压"站台关闭"按钮后，车站相应线别的出站信号机、防护信号机及复式信号机将关闭；按压"站台关闭"按钮后须及时向行车调度员说明按压的理由；使用"计轴故障解除"按钮时应确认该区段空闲，在按压信号控制台的计轴复位后60 s内按压相应的轨道区段按钮。

六、自动售检票操作区运用与操作

1. 组成与作用

当车站遇火灾或其他紧急情况时，通过自动售检票紧急操作区完成对车站内全部闸机门紧急开启、全部自动售票设备及自动查询设备暂停服务作业。

自动售检票紧急操作区分别由闸机紧急开启按钮、指示灯、钥匙开关、试灯按钮、蜂鸣器等所组成，如图4-1-14所示，其作用分别如下。

闸机紧急开启按钮：按压该按钮后，车站内所有闸机门将打开，所有自动售票机及自动查询机将暂停服务。

闸机紧急开启状态指示灯：紧急开启闸机后，绿色指示灯点亮。

钥匙开关：用于控制该操作区各模式开启按钮操作的有效性。

试灯按钮：用于调试检查时该区域表示灯的好坏。

蜂鸣器：在使用"闸机紧急开启"按钮后，蜂鸣器会报警。

2. 自动售检票操作区操作

（1）自动售检票机操作。使用条件：当车站遇火灾，或其他紧急情况下，须疏散站内乘客，依据现场指挥负责人的命令后，方准进行操作。

使用方法：打开"紧急开启"按钮的透明保护盖，按下红色按钮，车站的全部 AFC 终端设备进入紧急放行模式，闸机开启状态指示灯亮起，紧急按钮发出蜂鸣声；再次按下红色按钮，按钮弹起，闸机开启状态指示灯熄灭，车站所有 AFC 闸机、自动售票机、自动查询机恢复正常模式。"紧急开启"按钮如图 4-1-15 所示。

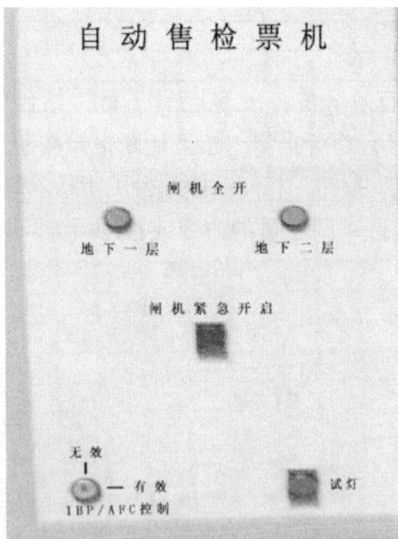

图 4-1-14　自动售检票操作区　　　　　　图 4-1-15　"紧急开启"按钮

图 4-1-16　CCTV
操作区

（2）注意事项。当使用该操作区时，IBP 盘上的紧急释放按钮会影响联动车站内所有闸机、自动售票机及自动查询机，启动按钮之前要联系相关人员。

按钮防护罩应始终处于良好状态，操作完毕后，应及时将防护罩盖好，并通知相关人员加铅封。

按压"紧急开启"按钮后，须及时向票务中心调度员说明按压的理由。

七、CCTV 操作区的运用与操作

1. 组成和作用

遇到 CCTV 无电时，需要启动 CCTV 电源，可通过 CCTV 紧急操作区的钥匙转换开关置于"开启"位置，对 CCTV 设备进行强启送电。CCTV 紧急操作区由钥匙开关、运行表示灯所组成，如图 4-1-16 所示，其作用分别如下。

钥匙开关：正常应放在"无效"位。当 CCTV 断电后，需要紧急恢复 CCTV 供电，启用后备电源的开关。

指示灯：将钥匙开关转到"开启"位时，指示灯亮，显示启动后备电源。

灯测试按钮：用于检测该操作区各模式按钮指示灯的状态，当按压该按钮时，状态良好的指示灯将点亮。

2. CCTV 操作区操作

（1）CCTV 紧急送电操作。使用条件：须得到环控调度员命令或指示后，方准进行操作。

使用方法：①需要重新启动 CCTV 系统电源让设备运行正常时，把 IBP 盘的钥匙开关旋转一下，CCTV 将重新送电；②确认"运行"指示灯点亮后，方可松开钥匙开关。若指示灯未点亮，应及时上报环控调度员。

（2）注意事项。通常情况下，钥匙开关应始终置于"无效"位。

八、门禁（ACS）操作区运用与操作

1. 组成与作用

当车站遇火灾或其他紧急情况下，通过门禁操作区完成对门禁系统紧急开启。门禁操作区分别由钥匙开关、运行表示灯所组成，如图 4-1-17 所示，其作用分别如下。

钥匙开关：正常应放在"无效"位。

指示灯：将钥匙开关转到"紧急释放"位时，指示灯亮，表示门禁全开状态。

试灯按钮：用于检测该操作区各模式按钮指示灯的状态，当按压该按钮时，状态良好的指示灯将点亮。

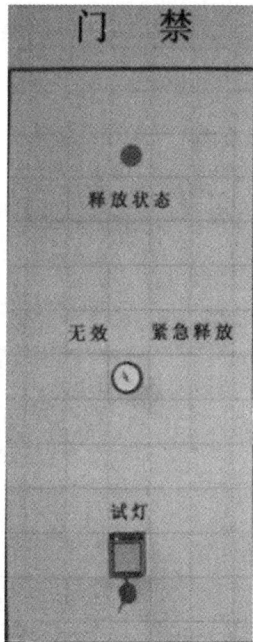

图 4-1-17 门禁操作区

2. 操作与注意事项

（1）门禁操作。使用条件：须得到现场指挥负责人的命令后，方准进行操作。

使用方法：需要门禁全开时，把 IBP 盘的钥匙开关旋转置于"紧急释放"位。确认"运行"指示灯点亮后，方可松开钥匙开关。

（2）注意事项。通常情况下，钥匙开关应始终置于"无效"位。

▶ 任 务 实 施 ◀

1. 课堂讨论

（1）交流与讨论一：综合后备盘上的功能设置合理吗？需要增加和减少哪些功能。

（2）交流与讨论二：综合后备盘的使用和车站应急预案的关系。

（3）交流与讨论三：讨论综合监控子系统中功能和综合后备盘上功能的优先关系。

（4）交流与讨论四：综合后备盘的功能和重要性。

2. 小组工作

3人一组进行以下材料的学习和讨论。以组为单位进行演练和汇报（表4-1-1），教师点评。

场景：站台A端火灾发生。

应急现象：值班员发现，综合监控系统（模拟器）显示站台A端2个烟感报警。

小 组 演 练 表　　　　　　　　　　表4-1-1

序号	作业程序	作业内容	注意事项
1	确认火灾报警	综合监控系统发出火灾报警信息 1. 作业：点击"综合监控系统—火灾报警—站台报警"查看报警烟感位置	1. 点击查找"火灾报警"界面，首先点击报警子系统，再点击站台
		2. 手指：烟感报警设备	2. 操作过程，执行眼看，手指，口呼；手指或手指位置不要错误
		3. 口呼：站台A端火灾报警	3. 口呼确认
		4. 对讲机报告值班站长：值班站长，站台A端火灾报警，请立即确认	4. 报警开始10s内及时通知值班站长现场确认
		5. 作业：操作综合监控系统—视频监控系统查看火情	5. 不能遗漏查看火情
		6. 手指：站台A端	6. 手指位置不要指认错误
		7. 口呼：站台A端着火	7. 口呼内容简练正确
2	组织灭火	对讲机通知：站务员、安检员、保洁员立即到站台A端灭火	及时通知站台人员灭火
3	确认火灾模式启动	1. 作业：点击"综合监控系统—机电模式"查看环控系统站台火灾模式联动执行成功	1. 及时点击查看"环控系统"界面确认
		2. 手指：站台公共区火灾模式	2. 手指位置不能错误
		3. 口呼：站台火灾模式执行成功	3. 口呼内容不能错误
4	汇报火灾情况	1. 接通电话：值班员，接通电话	1. 及时接通电话报告环调
		2. 报告环调：环调，会展中心站站台A端着火，正组织灭火，环控火灾模式已启动	2. 五项不能漏报一项
		3. 环调：收到	3. 汇报内容要点不要漏项或错误
		4. 报告行调：行调，会展中心站站台A端着火，正组织灭火，申请上下行列车不到达车站	4. 及时挂断电话
		5. 行调：收到	—
		6. 报告119、120：119、120，地铁会展中心站站台A端发生电气火灾，请支援灭火	—

续上表

序号	作业程序	作 业 内 容	注 意 事 项
4	汇报火灾情况	7. 报告公安：派出所，地铁会展中心站台 A 端发生电气火灾，请协助处置	—
		8. 报告120：120，地铁会展中心站站台 A 端发生电气火灾，请支援	—
		结束通话：挂断电话	—
5	组织疏散	1. 询问现场：值班站长，火灾是否可以扑灭	1. 及时询问
		2. 值班站长：控制室，火灾无法扑灭，立即组织全站疏散	—
		3. 复诵：火灾无法扑灭，立即组织全站疏散	3. 避免未复诵或复诵错误
		4. 确认广播：通过"综合监控系统"及耳听，确认"火灾紧急疏散广播"已循环播放	—
		5. 口呼：疏散广播未联动播放	5. 避免未口呼或口呼错误
		6. 人工双语广播：各位乘客请注意，由于车站出现紧急情况，请保持镇静，听从车站人员指引，迅速有序离开本站 Dear passengers, due to the emergency, please stay calm and follow the guidance of our staff to leave the station quickly	6. 及时人工广播，或广播语句清楚
		7. 确认闸机：通过视频监控系统确认闸机联动全开	7. 一定通过视频监控系统确认闸机全开
		8. 手指：闸机	8. 手指位置要正确
		9. 口呼：闸机已全开	9. 避免未口呼或口呼错误
		10. 确认门禁：通过IBP盘确认门禁已联动全开	10. 及时通过IBP盘确认门禁
		11. 手指：门禁指示灯	11. 避免未手指或手指位置不对
		12. 口呼：门禁已全开	12. 避免未口呼或口呼错误
		13. 确认电梯：通过综合监控系统—机电—电/扶梯确认扶梯全停，直梯已停在站厅层处于停用且开门状态（停用状态）	13. 避免未通过综合监控系统确认扶梯、直梯停梯正确
		14. 手指：扶梯、直梯	14. 避免未手指或手指位置不对
		15. 口呼：扶梯、直梯已停梯	15. 避免未口呼或口呼错误
6	汇报疏散情况	1. 报告行调：地铁会展中心站站台 A 端火灾无法扑灭，现组织全站疏散，申请关闭本站	1. 避免未报告或报告要点错误
		2. 行调：收到	—
		3. 疏散完毕（系统给出提示）	—

续上表

序号	作业程序	作业内容	注意事项
7	本岗位疏散	1. 报告行调：地铁会展中心站已疏散完毕，119、120、公安已到站，现场移交119处置	1. 避免未报告或报告要点错误
		2. 行调：收到	2. 消防战斗服2min内穿戴完好为满分
		3. 穿好消防战斗服	3. 消防战斗服穿戴要求：衣服和裤子拉链拉至顶部，魔术贴贴紧，裤子吊带套上，穿好消防靴，戴上消防头盔，戴好高温手套

复习思考题

一、填空题

（1）一般情况下，综合后备盘的操作包括：环境与设备监控操作区操作、_____操作区操作、供电操作区操作、站台门操作区操作、信号操作区操作、自动售检票操作区操作、CCTV操作区操作、门禁操作区操作。

（2）环境与设备监控操作区阻塞模式的启用条件是须得到_____的命令或指示后方可操作。操作方法是：将钥匙开关置于_____位，可以显示出当前火灾模式的状态，选择系统栏中任一按钮，可查看_____控制显示画面，根据需要可用手指单击画面中按钮下方相应的火灾模式；模式启动后，可点击相应模式的_____表查看设备动作状态。

（3）气灭控制启用条件：确认_____区内发生火灾；当二报出现误报时，须在报警_____s内迅速关闭气体灭火装置。操作方法：①将钥匙开关置于_____位；②当确认_____区内发生火灾时，按压相应保护区的_____按钮；③当二报出现误报时，须在报警30s内迅速按压相应保护区的_____按钮。

（4）气灭控制注意事项：注意按钮防护罩应始终处于_____好状态，操作完毕后，应及时将_____罩盖好。注意在操作"车站排烟风机启动/停止"按钮或"加压送风机启动/停止"按钮时，_____指示灯亮灯时，须及时上报_____调度员。注意气灭控制按钮的按压时间应不少于_____s。注意当气灭保护区外的气体灭火装置处于_____时，IBP盘上的气体灭火操作区的按钮将失效，当气灭保护区外的气体灭火装置处于_____时，IBP盘上的气体灭火操作区的按钮才有效。注意非使用状态下，钥匙开关应始终置于_____位。

（5）当发生危及人身安全及运营安全的特殊情况时，需对接触轨进行紧急停电时，可通过操作牵引供电系统控制相应区段的_____，使该区段的接触轨停电。牵引供电系统控制分别由_____按钮、_____灯、_____开关所组成，其作用分别为：三轨断电控制按钮用于对相应区段的接触轨进行_____电，三轨断电指示灯用于表示＿＿＿＿＿＿状态。当指示灯点亮时，表示相应区段的接触轨＿＿＿＿＿＿电，当指示灯灭灯时，表示相应区段的接触轨＿＿＿＿＿＿电。钥匙开关：用于控制该操作区各分闸按钮操作的有效性。

（6）紧急开启站台门作业使用条件：须得到现场指挥人员命令或＿＿＿＿＿＿指示后，方准进行操作。使用方法：①将钥匙开关置于＿＿＿＿＿＿位；②按压＿＿＿＿＿＿按钮，此时上行/下行整侧全部的站门打开；③确认相应＿＿＿＿＿＿指示灯点亮，方可松开按钮，若指示灯未点亮，应及时上报＿＿＿＿＿＿。

（7）紧急开启站台门作业注意事项：注意当列车未进入站台时，先操作＿＿＿＿＿＿将列车接入站台后，使用＿＿＿＿＿＿盘或＿＿＿＿＿＿开启站台门。注意紧急开启站台门作业完毕后，须将钥匙开关置于＿＿＿＿＿＿位。注意使用IBP盘只能＿＿＿＿＿＿站台门，如需关闭站台门，须先将站台门"自动/手动开启"钥匙复位置于"自动"位，"有效/无效"位钥匙开关打到"无效"位，然后到站台使用＿＿＿＿＿＿关闭站台门。注意使用IBP盘开启站台门后须及时向＿＿＿＿＿＿说明使用的理由。

（8）信号系统操作区分别由上行和下行站台紧急＿＿＿＿＿＿闭按钮、上行和下行站台＿＿＿＿＿＿指示灯、上行和下行站台解除关闭按钮、＿＿＿＿＿＿警铃按钮、蜂鸣器、计轴＿＿＿＿＿＿按钮、钥匙开关、试灯按钮所组成。

（9）信号操作区操作。①紧急关闭信号处置，将钥匙开关置于＿＿＿＿＿＿位；按压上行/下行＿＿＿＿＿＿按钮。相应一侧站台关闭，＿＿＿＿＿＿色指示灯亮灯并伴有＿＿＿＿＿＿报警，按下＿＿＿＿＿＿按钮后，切断声音报警；恢复时按压＿＿＿＿＿＿按钮，相应一侧站台关闭红色指示灯。②信号故障紧急处置，使用条件：须得到＿＿＿＿＿＿员的命令或指示后方可操作；须确认计轴故障区段＿＿＿＿＿＿后方可操作。使用方法：在信号控制台上点击＿＿＿＿＿＿图标后，点击＿＿＿＿＿＿按钮，按钮表示灯亮红灯；将钥匙开关置于＿＿＿＿＿＿位；按下相应的＿＿＿＿＿＿按钮，对故障区段进行复位。

（10）按压"站台关闭"按钮后，车站相应线别的＿＿＿＿＿＿信号机、＿＿＿＿＿＿信号机及复式信号机将关闭；按压"站台关闭"按钮后须及时向＿＿＿＿＿＿说明按压的理由；使用"计轴故障解除"按钮时应确认该区段＿＿＿＿＿＿，在按压信号控制台的计轴复位后＿＿＿＿＿＿s内按压相应的轨道区段按钮。

（11）自动售检票操作区操作使用条件：当车站遇＿＿＿＿＿＿灾，或其他＿＿＿＿＿＿情况下，须疏散站内乘客，依据现场指挥负责人的命令后，方准进行操作。使用方法：打开＿＿＿＿＿＿按钮的透明保护盖，按下红色按钮，车站的全部AFC终端设备进入＿＿＿＿＿＿模式，＿＿＿＿＿＿指示灯亮起，紧急按钮发出＿＿＿＿＿＿声；再次按下红色按钮，按钮弹起，＿＿＿＿＿＿指示灯熄灭，车站所有AFC闸机、自动售票机、自动查询机恢复＿＿＿＿＿＿模式。

（12）自动售检票操作区操作注意事项，当使用该操作区时，IBP盘上的紧急释放按钮会影响联动车站内所有闸机、自动售票机及自动查询机，启动按钮之前要联系相关人员。按钮防护罩应始终处于良好状态，操作完毕后，应及时将防护罩盖好，并通知相关人员加铅封。按压"紧急开启"按钮后，须及时向票务中心调度员说明按压的理由。

（13）CCTV操作区紧急送电使用条件：须得到_____命令或指示后，方准进行操作。使用方法：①需要重新启动CCTV系统电源让设备运行正常时，把_____盘的钥匙开关旋转一下，CCTV将重新送电。②确认_____点亮后，方可松开钥匙开关。若指示灯未点亮，应及时上报_____。通常情况下，钥匙开关应始终置于_____位。

（14）门禁操作使用条件：依据_____人的命令后，方准进行操作。使用方法：需要门禁全开时，把IBP盘的钥匙开关旋转置于_____位。确认_____指示灯点亮后，方可松开钥匙开关。通常情况下，钥匙开关应始终置于_____位。

（15）综合监控系统的运营机构包括_____、各车站、_____等。在线路控制中心设置有环控调度员、主要负责_____等。在线路控制中心设置有_____、主要负责全线电力的统一配给和运转监视等。城市轨道交通运营维修部门一般将_____综合监控系统及各监控子系统合并设置维修车间。

二、简答题

（1）综合后备盘的巡查内容有哪些？

（2）综合后备盘上有哪些系统的控制按钮？

（3）综合后备盘上的紧急操作注意事项有哪些？

（4）综合后备盘上指示灯都什么情况下点亮，请一一说明。

（5）综合后备盘按下按钮后没有相应动作怎么办？

（6）综合后备盘出现按钮灯或者指示灯不亮，蜂鸣器不响故障怎么处理？

三、案例分析

请上网搜索阅读地铁IBP盘操作手册，参考二维码，根据网络资料和以下线索，请分析：什么情况下对IBP盘上的机电设备和电力设备进行控制呢？你见过的IBP盘上有哪些钥匙开关和按钮呢？恢复原位应该是什么状态呢？

地铁IBP盘
常见操作手册

有地铁专家提示以下内容：

（1）需要在IBP盘上对机电设备、电力设备进行控制时，必须按相关规定办理。

（2）需要在IBP盘上对信号设备进行控制时，使用完毕后要及时恢复。

（3）IBP盘上的各种钥匙开关和按钮使用后会对车站相应技术设备进行控制，正常情况下使用或发生误动时，会对列车运行及车站运营组织造成直接影响。所以要谨慎使用。

（4）为保证尽快恢复运营，在突发事件处置完毕后，IBP盘上的各种钥匙开关和按钮要及时恢复原位。

任务二 综合监控系统运行维护和故障处理

情境导入

北京市地铁某车站在十九大会议期间，有组地铁志愿人员一直在车站帮助车站引导客流，维护客运秩序，这一天值班站长带领志愿人员参观了车站控制室，并给大家介绍了控制室里那个大大的综合后备盘，志愿者们知道了综合后备盘又叫紧急控制盘，可以实现以下控制功能：禁止列车进入站台；紧急启动主排水泵、消防水泵；紧急启动排烟风机；紧急切断接触轨电源；紧急打开车站闸机；紧急打开车站站台门等。

综合监控系统的这些设备日常的运行和维护是怎样的呢？

知识储备

综合监控系统的发展经历了三个基本阶段，第一阶段是混合半自动化监控系统。由电话调度系统加上分立电气元件控制设备再辅以手工操作就算是对设备监督和控制了。第二阶段是分立自动化监控系统。这阶段形成了 BAS、PIS、CCTV、FAS、AFC 等各专业分别建成的计算机多点监控。第三阶段就是综合自动化监控系统。随着监控技术的发展，建成统一的分层分布式计算机网络，统一的综合自动化监控系统软件体系，各专业资源共享、信息互联。

综合监控系统的发展趋势是：集成专业越来越多；信息化程度原来越大；专业间协调互动性增强。

先进的综合自动化监控系统的优势是：提供直接的信息界面，提供操作界面；为城市建立数字地铁提供基础数据；专业之间信息共享、协调互动，便于集中控制管理。

一、运行维护

1. 系统结构

一般来说综合监控系统的总体结构可以分为三层：最上层为信息管理层或称上位监控层，中间层为就地控制层，最底层为设备层。其中信息管理层包括中央级信息管理层和车站信息管理层。

信息管理层的功能主要包括对底层监控对象的监控功能、各接入系统的信息互通和协调互动功能、监控信息的汇总统计功能，以及系统的维护管理功能。该部分功能主要由综合监控系统来完成。

中间控制层的功能主要包括接收底层设备上传的监控信息、下传的控制命令和控制器之间底层联动等功能，该部分功能一般由相关子系统（比如 SCADA、BAS、FAS 等）来完成。

设备层的功能主要包括采集现场信息、上传监控信息和执行控制层下达的控制命令等。该部分功能主要由各现场设备来完成。

综合监控系统总体架构如图 4-2-1 所示。

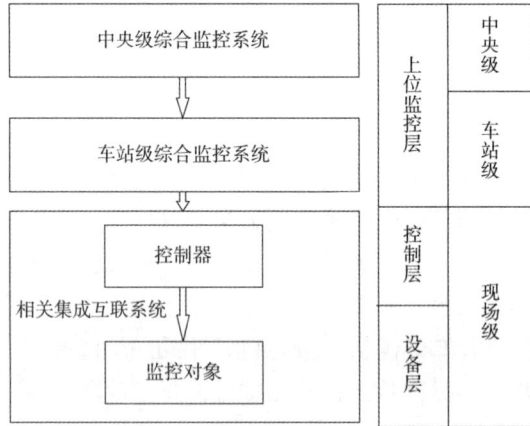

图 4-2-1　综合监控系统总体结构示意图

2. 运营机构

综合监控系统的运营机构包括控制中心、各车站、车辆段值班人员，具体内容包括如下。

（1）在线路控制中心设值班主任，主要负责各专业运转协调、任何事件下的统一指挥和集中处理等，同时接收上层管理系统的统一协调、运营调度指令，并反馈信息。

（2）在线路控制中心设置有环控调度员、主要负责全线环控及其他机电设备的集中监控及火灾报警集中监控等。

（3）在线路控制中心设置有电力调度员、主要负责全线电力的统一配给和运转监视等。

（4）在线路控制中心设置有维修调度员、主要负责日常的设备维护和临时故障处置工作等。

（5）线路控制中心行车调度人员主要负责监视信号系统并指挥列车运行等。

（6）在各车站控制室，由车站控制室的值班人员对车站机电设备进行全面监视和控制，并能对控制设备进行正常操作和日常维护。

（7）在车辆段控制室，由车辆段控制室的值班人员对车辆段机电设备进行全面监视和控制，并能对控制设备进行正常操作和日常维护。

综合监控系统运营机构示意如图 4-2-2 所示。

3. 维护要求

综合监控系统的使用者是调度和车站值班人员，在设备运用过程中应该对设备进行一般的维护。主要包括两个方面：良好的工作环境和系统运行的检查。

（1）良好的工作环境。综合监控系统设备对工作环境有着较高的要求，主要包括：环境温度、环境清洁度和环境湿度。

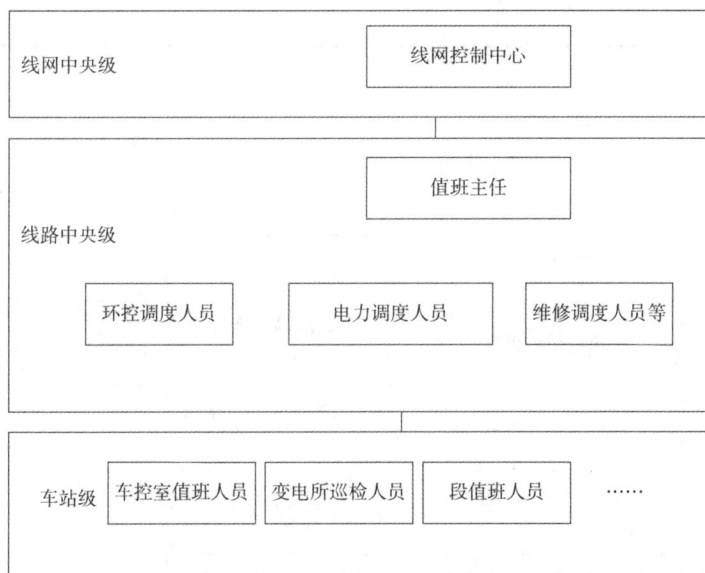

图 4-2-2 综合监控系统运营机构示意图

设备一般要求工作环境温度在 28℃ 以下，温度过高，会导致综合监控系统工作站工作不稳定，甚至故障。

综合监控系统设备多精细的仪器，要求灰尘尽量少，保持设备的清洁，可以提高系统的稳定性并延长设备的准确性和使用时间，如果出现较多的灰尘，服务器、工作站甚至交换机都可能出现工作不稳定，甚至发生故障。

同样，综合监控系统设备多精细的仪器，也对环境的湿度有较高的要求，北方地区干燥可进行加湿，南方地区潮湿，可采用去湿器。

（2）系统运行的检查。系统运行的检查有两种基本形式：一是使用人员的设备运行过程中注意观察，监控设备出现故障尽早报修；二是检修人员进行综控设备巡检，每日对 IBP 盘、工控机、服务器、交换机、前置机、各种接口设备、UPS，以及低压供电设备等进行预防检查。有的运营公司设备的巡检是由车站站务人员或值班负责人完成的。某线路综合后备盘的巡查主要内容见表 4-2-1。

综合后备盘的巡查记录　　　　　　　　　　　　　　　　　表 4-2-1

地点：　　　　　　　　　　巡查人员：　　　　　　　　日期：

序号	巡检内容	巡检步骤	巡检标准	结果检查	设备故障或异常情况	备注
1	盘面的指示灯	是否亮	正常亮			
		按钮盖是否损坏	正常使用、无损坏			
		系统试验按钮是否正常	试验按钮正常、指示灯正常亮起			
2	设备外观	是否有裂纹、刮花或破损	无裂纹、刮花或破损现象			

续上表

序号	巡检内容	巡检步骤	巡检标准	结果检查	设备故障或异常情况	备注
3	连接部件的紧固情况	用旋具紧固电线卡座及螺钉	卡座牢固、螺钉无松动			
		观察接线状况	各设备接线无松脱、锈化、破皮等			
4	柜体后门内情况	散热风扇是否正常	散热风扇正常运转、无异响			
		照明灯管是否正常	照明灯管正常亮，平时关闭			
		接地端子排是否正常接地	接地端子排正常接地			
		防火泥是否脱落、有否漏洞	防火泥是无脱落、无漏洞、封堵严密			
5	盘面、柜体内外卫生	对盘面、柜体内外进行卫生清扫	盘面、柜体内外均干净、清洁、无积尘			

4. 维修机构

城市轨道交通运营维修部门一般将综合监控系统及各监控子系统合并设置成综合自动化维修车间。

综合自动化维修车间一般设置于车辆段维修基地内，岗位主要包括：车间主任、副主任、值班人员、技术组（包括技术主管、技术主办、技术助理等）、检修工班（包括工班长、检修工）等。

二、综合监控系统故障处理

1. 维修类型

综合监控系统设备故障的维修一般有三大类：一类维修是当设备发生故障时，使用替代模块和配件的方法，使得系统在最短的时间内恢复运营；二类维修是指拆除下来的可替代模块和配件的修理和软件程序的维修，此类维修适用于对故障件的维修和仅仅需要对系统软件进行修复升级的情况；三类维修是从二类维修中得到的模块和配件的深入修理和软件程序的维修以及工厂维修。此类维修是前两类维修的延伸，对维修水平要求最高。

2. 维修方式

综合监控系统设备故障的维修一般有三种方式：

（1）定期维护方式，由维修人员根据检修日程安排定期进行维护，包括线路检查、设备运行情况检查、计算机设备磁盘清理等；

（2）故障维护方式，由维修人员针对报告的设备故障信息进行设备更换、线缆更换、现场维修等；

（3）在线维护方式，主要是指软件的维护，一般在正常运营期间不能进行软件修改，由软件测试平台编制并测试通过在非运营时间段进行下载更新。

由于各地铁公司的维修架构和维修水平不同，综合监控系统的维修管理也略有差别。但一般是以一线维修即更换型维修为主，二线和三线维修建议采用委外的方式，或由产品供货商提供保修服务。综合监控系统的维修管理一般考虑两种方式。

3. 常见故障处理

关于常见故障处理，以综合后备盘的两个常见故障处理为例说明。

（1）按下按钮后没有相应动作故障。

①确认相应系统已经对 IBP 盘端子排送电。

②找到该按钮控制线在后面端子排上对应的端子。检查端子排接线以及按钮后面接线有无松动、松脱。如有，紧固端子和接线。

③松脱端子排接线，检查按钮是否正常。

对于常开按钮、交替按钮常开端子，一人在前面盘面按压按钮（或按下端子），另一人用万用表的电阻挡或者短路挡检测上述两个端子。如果电阻接近 0，或用短路挡发出蜂鸣声，证明 IBP 盘内部接线良好，由专业人员检查其系统接线或其他原因。如果用万用表测出开路，应为按钮损坏，更换按钮。

对于常闭按钮、交替按钮常闭端子，一人在前面盘面按压按钮（或按下端子），另一人用万用表的电阻挡或者短路挡检测上述两个端子。如果电阻由 0 变为无穷大，或用短路挡测得开路，证明 IBP 盘内部接线良好，由专业人员检查其系统接线或其他原因。如果用万用表测出短路，应为按钮损坏，更换按钮。

（2）按钮灯或者指示灯不亮，蜂鸣器不响故障。

①确认相应系统已经对 IBP 盘端子排送电。

②找到该按钮/灯的信号线在后面端子排上对应的端子。检查端子排接线以及按钮接线有无松动、松脱。如有，紧固端子和接线。

③检查灯是否损坏。

用万用表的电阻挡测上述两个端子，若电阻无穷大则说明灯烧坏，需更换。

──────────── ◇ **任 务 实 施** ◇ ────────────

1. 课堂讨论

（1）交流与讨论一：综合监控系统的维护人员应该是谁？维修人员应该是谁？

（2）交流与讨论二：综合监控系统的维修机构怎样设置是合理的？

（3）交流与讨论三：常见有哪些故障？怎么处理？

2. 小组工作

一般 4~7 人一组进行认知性学习和讨论。

一般 4~7 人一组进行操作性学习、演练和讨论。

3. 综合监控设备的故障处理

（1）针对实训综合后备盘进行巡查并完成填表4-2-2。

综合后备盘的巡查记录

表 4-2-2

地点：　　　　　　　　巡查人员：　　　　　　　日期：

序号	巡检内容	巡检步骤	巡检标准	结果检查	设备故障或异常情况	备注
1	盘面的指示灯	是否亮	正常亮			
		按钮盖是否损坏	正常使用、无损坏			
		系统试验按钮是否正常	试验按钮正常、指示灯正常亮起			
2	设备外观	是否有裂纹、刮花或破损	无裂纹、刮花或破损现象			
3	连接部件的紧固情况	用旋具紧固电线卡座及螺钉	卡座牢固、螺钉无松动			
		观察接线状况	各设备接线无松脱、锈化、破皮等			
4	柜体后门内情况	散热风扇是否正常	散热风扇正常运转、无异响			
		照明灯管是否正常	照明灯管正常亮，平时关闭			
		接地端子排是否正常接地	接地端子排正常接地			
		防火泥是否脱落、有否漏洞	防火泥是无脱落、无漏洞、封堵严密			
5	盘面、柜体内外卫生	对盘面、柜体内外进行卫生清扫	盘面、柜体内外均干净、清洁、无积尘			

（2）在实训中心，针对车站综合监控设备IBP盘的常见故障进行分组处理训练，每人完成填空。

故障一：按钮不起作用了，按下按钮后没有相应动作故障。

①确认_____对IBP盘端子排送电。

②找到该按钮控制线_____对应的端子。检查端子排接线以及按钮后面接线有_____。如有，紧固_____。

③松脱端子排接线，检查_____是否正常。

对于常开按钮、交替按钮常开端子。一人在前面盘面按压_____，另一人用万用表的_____挡或者短路挡检测上述两个端子。如果电阻接近0，或用短路挡发出蜂鸣声，证明IBP盘内部_____，由专业人员检查其系统接线或其他原因。如果用万用表测出_____，应为_____损坏，更换按钮。

对于常闭按钮、交替按钮常闭端子。一人在前面盘面按压_____，另一人用万用表的电阻挡或者_____挡检测上述两个端子。如果电阻由 0 变为_____，或用短路挡测得开路，证明 IBP 盘内部接线_____，由专业人员检查其系统接线或其他原因。如果用万用表测出_____，应为按钮损坏，更换按钮。

故障二：表示灯不亮。

①确认相应系统已经对_____排送电。

②找到该按钮/灯的信号线_____上对应的端子。检查端子排接线以及按钮接线有无_____。如有，紧固端子和接线。

③检查灯是否_____。

用万用表的_____挡测上述两个端子，若电阻无穷大则说明_____，需_____。

复习思考题

一、填空题

（1）综合监控系统的发展经历了三个基本阶段：第一阶段是_____系统，由电话调度系统加上分立电气元件控制设备再辅以手工操作就算是对设备监督和控制了；第二阶段是_____系统，这阶段形成了 BAS、PIS、CCTV、FAS、AFC 等各专业分别建成的计算机多点监控；第三阶段就是_____系统，随着监控技术的发展，建成统一的分层分布式计算机网络。

（2）一般来说综合监控系统的总体结构可以分为三层：最上层为_____层或称上位监控层、中间层为_____层、最底层为_____层。其中信息管理层包括_____级信息管理层和_____信息管理层。信息管理层的功能主要包括对_____监控对象的监控功能、各接入系统的信息互通和协调互动功能、监控信息的汇总统计功能，以及系统的维护管理功能。该部分功能主要由_____来完成。中间控制层的功能主要包括接收_____设备上传的监控信息、下传的_____和控制器之间底层联动等功能，该部分功能一般由相关子系统（比如 SCADA、BAS、FAS 等）来完成。设备层的功能主要包括采集_____信息、上传_____信息和执行控制层下达的_____命令等功能。该部分功能主要由各_____设备来完成。

（3）综合监控系统的运营机构包括_____、各车站、车辆段值班人员，具体包括：①在线路控制中心_____，主要负责各专业运转协调、任何事件下的统一指挥和集中处理等，同时接收上层管理系统的统一协调、运营调度指令，并反馈信息；②在线路控制中心设置有_____调度员，主要负责全线环控及其他机电设备的集中监控及火灾报警集中监控等；③在线路控制中心设置有_____调度员，主要负责全线电力的统一配给和运转监视等；④在线路控制中心设置有_____调度员，主要负责日常的设备维护和临时故障处置工作等；⑤线路控制中心_____调度人员，主要负责监视信号系统并指挥列车运行等；⑥在各车站控制室，由_____对车站机电设备进行全面监视和控制，并能对控制设备进行正常操作和日常维护；⑦在车辆段控制室，由车辆段控制室的值班人员对车辆段机电设备进行_____和控制，并能对控制设备进行_____和日常维护。

（4）在线路控制中心设置有环控调度员，主要负责_____等。在线路控制中心设置有_____，主要负责全线电力的统一配给和运转监视等。城市轨道交通运营维修部门一般将_____综合监控系统及各监控子系统合并设置维修车间。

（5）一般来说综合监控系统的总体结构可以分为三层：最上层为信息管理层或称上位监控层，中间层为_____层，最底层为设备层。其中信息管理层包括_____层和车站信息管理层。

（6）系统运行的检查有两种基本形式：一是_____人员的设备运行过程中注意观察，监控设备出现故障尽早报修；二是_____人员进行综控设备巡检，每日对IBP盘、工控机、服务器、交换机、前置机、各种接口设备、UPS，以及低压供电设备等进行预防检查。有的地铁运营公司设备的巡检是由_____人员或值班负责人完成的。

（7）综合自动化维修车间一般设置于车辆段维修基地内，岗位主要包括：_____、副主任、值班人员、_____组（包括技术主管、技术主办、技术助理等）、_____工班（包括工班长、检修工）等。

（8）综合监控系统设备故障的维修一般有_____大类：一类维修是当设备发生故障时，使用_____方法，使得系统在最短的时间内恢复运营；二类维修是指_____和配件的修理和软件程序的维修，此类维修适用于对_____的维修和仅仅需要对系统软件进行修复升级的情况；三类维修是从二类维修中得到的模块和配件的深入修理和软件程序的维修以及工厂维修。此类维修是前两类维修的延伸，对维修水平要求最_____。

（9）综合监控系统设备故障的维修一般有_____种方式：定期维护方式，由维修人员根据_____安排定期进行维护，包括线路检查、设备运行情况检查、计算机设备磁盘清理等；故障维护方式，由维修人员针对_____信息进行设备更换、线缆更换、现场维修等；在线维护方式，主要是指_____的维护，一般在正常运营期间不能进行软件修改，由软件测试平台编制并测试通过在非运营时间段进行下载更新。

二、简答题

（1）综合后备盘的巡查内容有哪些？
（2）综合监控系统维护的要求有哪些？
（3）综合监控系统设备故障的维修一般有哪几类型？
（4）综合监控系统设备故障的维修一般有哪几种维修方式？

（5）综合后备盘按下按钮后没有相应动作怎么办？

（6）综合后备盘出现按钮灯或者指示灯不亮，蜂鸣器不响故障怎么处理？

三、案例分析

查阅"广州地铁综合监控系统应用及特点"相关材料，分析广州地铁综合监控系统应用发展有何特点？对地铁的运营带来什么好处？进而分析广州地铁综合监控系统运营维护有何发展特点？

案例分析

附录 城市轨道交通综合监控系统常用术语中英对照表

城市轨道交通综合监控系统常用术语中英对照表

序号	缩写词	英 文	中 文
1	ACS	Access Control System	门禁
2	AFC	Automatic Fare Collection	自动售检票系统
3	AI/AO	Analogue Input/Analogue Output	模拟输入/模拟输出
4	ALM	Telecommunication Alarm System	通信集中告警系统
5	ASD	Automatic Sliding Door	滑动门
6	ATC	Automatic Train Control	自动列车控制
7	ATO	Automatic Train Operation	自动列车驾驶系统
8	ATP	Automatic Train Protection	自动列车保护系统
9	ATS	Automatic Train Supervision	自动列车监控系统
10	AUI	Attachment Unit Interface	连接单元接口
11	BAS	Building Automatic System	环境与设备监控系统
12	BNC	Basic Net Card	基本网络卡
13	C/S	Client/Server	客户机/服务器
14	CCTV	Closed Circuit Television	闭路电视系统
15	CISCS	Central ISCS	中央综合监控系统
16	CLK	Clock	时钟系统
17	COM	Communication System	通信系统
18	CORBA	Common Object Request Broker Architecture	公共对象请求代理体系结构
19	CPU	Central Processing Unit	中央处理器
20	DCS	Distributed Control System	分布式控制系统
21	DCU	Door Control Unit	门机控制器
22	DFD	Defensive Door	人防门
23	DI/DO	Digital Input/Digital Output	数字输入/数字输出
24	DID	Detailed Interface Document	详细接口文档
25	DIS	Detailed Interface Specification	详细接口规范书
26	DISCS	Depot ISCS	车辆段综合监控系统

续上表

序号	缩写词	英　文	中　文
27	DITP	Detailed Interface Test Plan	详细接口测试计划
28	DLP	Digital Light Processing	数字光处理
29	DLT	Dispatcher Link Telephone	调度电话
30	DMS	Devices Maintenance System	设备维护系统
31	DNS	Domain Name Server	域名解析服务器
32	DTS	Detector of Temperature Sensing	感温光纤探测系统
33	DVD-ROM	Digital Video Disk-Read Only Memory	数字视盘 – 只读存储器
34	EED	Emergency Door	应急门
35	EMC	Electromagnetic Compatibility	电磁兼容性
36	EMCS	Electrical and Mechanical Control System	机电设备监控系统
37	FAS	Fire Alarm System	火灾自动报警系统
38	FAT	Factory Acceptance Test	工厂验收测试
39	FC	Fiber Channel	光纤通道
40	FEP	Front End Processor	前端处理器
41	FG	Flood Gate	防淹门
42	FIX	Fixed Door	固定门
43	FIT	Factory Integrated Test	工厂综合测试
44	FTP	File Transfer Protocol	文件传送协议
45	FTU	Feeder Terminal Unit	馈线终端单元
46	GCC	Graghic Control Center	图文显示控制工作站
47	HMI	Human Machine Interface	人机界面
48	I/O	Input /Output	输入/输出
49	IAS	Intrusion Alarm System	门禁系统
50	IBP	Integrated Backup Panel	综合后备盘
51	IEEE	Institute of Electrical & Electronic Engineers	电气与电子工程师协会
52	IMP	Interface Management Plan	接口管理计划
53	IMS	Integrated Information Management System	综合信息系统
54	IPC	Internet Process Connection	互联网通道连接
55	ISCS	Integrated Supervision and Control System	综合监控系统
56	ITU-R	International Telecom Union-Radio	国际电信联盟 – 无线
57	ITU-T	International Telecom Union-Telecom	国际电信联盟 – 通信
58	L/E	Lift/Escalator	电/扶梯
59	LCD	Liquid Crystal Display	液晶显示器

序号	缩写词	英　　文	中　　文
60	LCP	Local Control Panel	就地控制盘
61	MBN	Main Backbone Network	通信骨干网
62	MCP	Monitor Control Panel	监控盘，综合后备盘的另一说法
63	MSD	Metro Meridian Door	端头门
64	MTBF	Mean Time Between Failure	平均无故障时间
65	MTTR	Mean TimeTo Repair	平均修复时间
66	NFS	Network File System	网络文件系统
67	NMS	Network Management System	网络管理系统
68	OA	Office Automation	办公自动化系统
69	OCC	Operating Control Center	控制中心
70	OPS	Overview Projection System	大屏幕系统
71	OS	Operation Station	操作工作站
72	OSI	Open System Interconnection Reference Model	开放式系统互联通信参考模型
73	P/C	Producer/Consumer	生产者/消费者
74	PA	Public Address	广播系统
75	PIS	Passenger Information System	乘客信息系统
76	PLC	Programmable Logic Controller	可编程序控制器
77	PS	Protocol Specification	协议规范
78	PSA	Platform Supervisions Booth Local Alarm Panel	远端报警盘
79	PSB	Platform Supervisions Booth	站台监视亭
80	PSC	Platform Signal Contral	主控机、站台门中央控制器
81	PSCADA	Power Supervision Control and Data Acquisition	电力监控系统
82	PSD	Platform Screen Door	站台门
83	PSL	PSD System Local Controller	站台门系统就地控制盘
84	PVS	Public Ventilation System	公共区通风系统（大系统）
85	QoS	Quality of Service	服务等级
86	RAID	Redundant Array of Independent Disks	冗余磁盘阵列
87	RCS	Radio Communication System	无线通信系统
88	RGB	Red Green Blue	红绿蓝
89	RISC	Reduced Instruction Set Computer	精简指令集
90	RTU	Remote Terminal Unit	远程终端单元
91	RVS	Room Ventilation System	房间通风系统（小系统）
92	SCADA	Supervisory Control and Data Acquisition	数据采集与监视控制系统

序号	缩写词	英　　文	中　文
93	SCR	Station Control Room	车站控制室
94	SCSI	Small Computer Serial Interface	小型计算机接口
95	SD/EED	Sliding Door/ Emergency Door	滑动门/应急门
96	SI	Standard International	国际单位
97	SIG	Signaling	信号系统
98	SISCS	Station ISCS	车站综合监控系统
99	SMTP	Simple Mail Transfer Protocol	简单邮件传输协议
100	SNMP	Simple Network Management Protocol	简单网络协议
101	SOE	Sequence of Event	事件序列
102	STP	Software Test Platform	系统软件测试平台
103	TCC	Traffic Control Centre	轨道交通指挥中心
104	TCP/IP	Transmission Control Protocol/Internet Protocol	传输控制协议/网络互联协议
105	Telnet	Teletype Network	远程登录协议
106	TIS	Train Information System	列车信息系统
107	TISCS	Train ISCS	列车综合监控系统
108	TMS	Training Management System	培训管理系统
109	TPO	Total PO	总线接口
110	TS	Transmit System	传输系统
111	TVS	Tunnel Ventilation System	隧道通风系统
112	UPS	Uninterruptable Power Supply	不间断电源
113	USB	Universal Serial Bus	通用串行总线
114	VGA	Video Graphics Array	视频图形阵列
115	VLAN	Virtual Local Area Network	虚拟局域网

注：本表根据《地铁设计规范》（GB 50157—2013）、《城市轨道交通工程基本术语标准》（GB/T 50833—2012）
及全国科学技术名词审定委员会公布术语（术语在线）整理。

参 考 文 献

[1] 中华人民共和国住房和城乡建设部．城市轨道交通综合监控系统工程技术标准：GB/T 50636—2018［S］．北京：中国建筑出版社．

[2] 中华人民共和国住房和城乡建设部．地铁设计规范：GB 50157—2013［S］．北京：中国建筑工业出版社．

[3] 北京市轨道交通建设管理有限公司．北京市轨道交通综合监控系统图元设计指导意见，2010 年［EB/OL］．(2016-06-20)．https：//wenku. baidu. com/view/d4344b0d80eb6294d-c886c01. html．

[4] 刘宏泰，郝晓平，张兴凯．郑州轨道交通综合监控系统人机界面（HMI）标准［M］．北京：中国铁道出版社，2018.

[5] 杨捷．深圳地铁一期工程 EMCS 系统 MCP 盘设计规范［EB/OL］．(2003-04-10)．https：//wenku. baidu. com/view/8678e18cf8c75fbfc77db2c2. html．

[6] 梁锦华．南京地铁综合监控系统 ppt［EB/OL］．(2018-06-1)．https：//wenku. baidu. com/view/7dddb910b5daa58da0116c175f0e7cd18525186f. html？fr = search．

[7] 百度文库．广州、深圳及上海地铁综合监控系统考察调研报告［EB/OL］．(2006-07)．https：//wenku. baidu. com/view/b2ec918c3069a45177232f60ddccda38366be10a. html？fr = search．

[8] 百度文库．综合监控系统［EB/OL］．(2018-07-01)．https：//wenku. baidu. com/view/7b3e9ce8524de518964b7dea. html．

[9] 百度文库．地铁 IBP 盘常见操作手册［EB/OL］．(2018-08-07)．https：//wenku. baidu. com/view/3fc1b7dddc88d0d233d4b14e852458fb770b3825. html．

[10] 颜月霞．城市轨道交通综合监控系统［M］．北京：人民交通出版社股份有限公司，2015.

[11] 吴晓华．城市轨道交通传感器与检测技术［M］．北京：中国铁道出版社，2014.

[12] 人力资源和社会保障部教材办公室，广州市地下铁道总公司．机电设备检修工综合监控系统检修［M］．北京：中国劳动社会保障出版社，2011.

[13] 广州市地下铁道总公司．城市轨道交通综合监控系统的研究与应用［M］．北京：机械工业出版社，2012.